河南省2022年度"中原英才计划——中原文化领军人才"项目成果

河南省重点社会科学研究基地"河洛文化与中华民族现代文明建设研究中心"研究成果

河南高等教育教学改革研究与实践重点项目"'大思政课'视域下高校
思政课'多维一体'实践教学创新研究"成果

河南省高校思政课名师工作室（河南科技大学）阶段性成果

二程理学思想
及其当代价值研究

STUDY ON CHENG HAO AND
CHENG YI'S NEO CONFUCIANISM AND
ITS CONTEMPORARY VALUE

刘振江　吴建设　张　丽　任金帅/著

社会科学文献出版社
SOCIAL SCIENCES ACADEMIC PRESS (CHINA)

前　言

2023 年 6 月 2 日，习近平总书记在文化传承发展座谈会上，提出了"担当使命、奋发有为，共同努力创造属于我们这个时代的新文化，建设中华民族现代文明"① 的历史课题。文明包括器物、制度和文化，而在这三者之中，文化处于核心地位。在中华优秀传统文化的思想谱系中，儒家文化无疑处于主干和主流的地位。而上承孔孟儒学，下启朱熹理学，为宋明理学奠基的二程理学，则是中国近世道德文明的思想精华。二程理学丰富的哲学思想、人文精神、教化思想、道德理念，是建设中华民族现代文明的宝贵思想资源。

本书着眼于挖掘与阐释二程理学在建设中华民族现代文明中的时代价值，力图让二程理学中具有跨越时空、历久弥新的价值的内容，成为中华民族现代文明建设的精神滋养，并结合现代思想实际，力求用通俗的语言，使二程理学由学术殿堂走向民间，为民众日用而不觉的道德理想和道义自觉奠定学理基础，让二程理学在当代思想道德建设中焕发新的生命力，助力现代文明建设。

什么是文明？程颐在《程氏易传》中说："止于文明者，人之文也。止谓处于文明也。……天文，天之理也；人文，人之道也。"② 程颐以"止""处"释"人文"，以"人道"释"人文"。他虽然把"文明"和"人文"二者等同，但揭示了人文的内涵乃是"人道"，即"文明"与"人文"皆为"人道"。

何谓"人道"？人道，即人之为人所应遵循的基本道德规范。如果说王弼对文明、人文的解释是不以武力、刑罚为内容，那么程颐对文明、人文

---

① 习近平：《在文化传承发展座谈会上的讲话》，人民出版社，2023，第 12 页。
② 程颢、程颐：《二程集》，中华书局，2004，第 808 页。

的解释，显然更进一步，即文明、人文是以人之道德规范为内在本质特征的。我们今天所使用的"文明"一词，通常理解为外在的行为风貌，比如行为文明等，而实际上，这种外在文明行为反映着人的道德本质。我们今天要建设中华民族现代文明，要从中华优秀传统文化中寻找资源。而在中华优秀传统文化中，孔孟儒学和二程奠基的以宋明理学为核心的新儒学就是宝贵的思想资源。

陈来在考察了宋明理学的时代背景及文化价值后指出："宋明理学恰恰是摆脱了中世纪精神的亚近代的文化表现，是配合、适应了中国社会变迁的近世化所产生的文化转向的一个部分。"① 吴震在《朱子与阳明学》一书中提出："宋代之后，儒学已成为中国全域性的本土文化，深深扎根于文化土壤中的朱子学和阳明学也就带有了笼罩文化中心与边缘地区的性质。在中国近世的哲学史上，新儒学的哲学性和义理性展示了中国传统文化的精神方向。新儒学既是一种哲学更是一种文化，它不仅是一种有关'性与天道'如何合一、何以证成的心性论或宇宙论的哲学系统，更是引领人们如何由凡入圣、实现与天德合流的人格境界的精神文化。"② 郑永年指出："在西方，从古希腊到近代文艺复兴再到启蒙时代，这是一个辉煌的知识时代，没有这个时代，就很难有今天人们所看到所体验到的西方文明。中国也是如此，春秋战国时代的'百家争鸣'到宋朝的朱熹，再到明朝的王阳明等，铸造了中国文明的核心。"③ 由此可见，二程奠基的宋明理学具有了与近代欧洲文艺复兴相似的意义，铸造了中国文明的核心，是代表东亚近世道德文明的思想精华。尤其是二程理学更关注人的道德修养、精神追求、义利之辨、理欲之辨、公私之辨，这些思想和理念，在建设中华民族现代文明中，更具有特别重要的意义。牟宗三说："儒家是真能正视道德意识的。视人生为一成德之过程，其终极目的在成圣成贤。所以其教义不由以神为中心而展开。自孔子讲仁，孟子讲尽心，《中庸》《大学》讲慎独、明明德起，下届程朱讲涵养察识、阳明讲致良知，直至刘蕺山讲诚意，都是就这如何体现天道以成德上展开其教义。……家国天下尽涵其中，其极为'仁者，

---

① 陈来：《宋明理学》，辽宁教育出版社，1991，第17页。
② 吴震：《朱子与阳明学》，北京大学出版社，2022，第368页。
③ 郑永年：《互联网时代知识分子的名利场》，《汕头大学学报》（人文社会科学版）2017年第7期。

以天地万物为一体'（程颢语）。"① 中华民族现代文明建设，是在市场经济条件下进行的，从一定程度上说，中华民族现代文明面对市场经济条件下人化物的考验，所要解决的是人的价值观错位、道德危机、精神信仰迷失问题。而在这个方面，二程理学有丰富的思想资源。在新的时代，我们要从建设中华民族现代文明的高度认识孔孟儒学和以程朱理学、陆王心学为代表的新儒学对构建新的价值观、文明新形态的意义，就要从中挖掘思想资源，结合新的实际，进行创造性转化与创新性发展，熔铸新的文化形态、价值理念、精神信仰。

发端于伊洛地区的二程理学，是中原文化的重要组成部分，是河洛文化、黄河文化时代精神的丰富宝藏。特别是二程在伊洛之滨创立的理学是宋以后黄河文化的主流价值形态，是黄河文化的思想之魂。北京大学教授王博指出："在文化和价值重建的意义上，二程发挥了关键的作用。小程子论其兄云：'周公没，圣人之道不行；孟轲死，圣人之学不传。道不行，百世无善治，学不传，千载无真儒。……先生生千四百年之后，得不传之学于遗经，志将以斯道觉斯民……辨异端，辟邪说，开历古之沉迷，圣人之道得先生而后明，为功大矣。'这绝非简单的溢美之词。在宋代新儒学的建立过程中，程颢和程颐兄弟功不可没。南宋朱熹在二程的基础之上，辨证群经诸子、融通理气心性，成为新儒学的集大成者，奠定了此后一千年中国正统文化的基础。"② "道学又叫理学。理既是普遍真理，又是人的理性，也是道德价值，道学用'理'的概念贯穿天地人，对儒学作了全新的时代诠释。二程先生的理学不仅通过'天即理也''性即理也'重建了儒家的宇宙论和人性论，而且通过'天理'与'人欲'的对立、'道心'与'人心'的紧张，凸显了道德价值的绝对尊严，还提出'格物穷理'和'尽心知天'引导人的学问修养和精神境界。经过对儒家经典的重新诠释和对佛道思想的选择吸收，古典的儒家思想通过二程先生和道学实现了创造性转化和创新性发展。"③ 郑州大学历史学院教授魏涛认为，"通观整个中原文化的发展谱系，没有其他任何一种文化能够像二程理学文化一样占据意识形态的主

① 牟宗三：《中国哲学的特质》，上海古籍出版社，2008，第86~87页。
② 转引自吴建设《两程故里 理学圣地》（序一），河南大学出版社，2013，第5页。
③ 陈来：《二程与宋代道学的文化意义》，《人民政协报》2017年4月10日。

导地位，持续影响中国社会的整体发展达近 800 年之久，也没有任何一种文化能够像二程理学一样在整个东亚乃至世界都产生了那样广泛的影响"①。二程理学的天人合一的理性主义世界观，成德成圣的道德修养观，诚敬为本的修身、处世之道，利不妨义的义利观，至公无私、大同无我的公心思想，是跨越时空、具有当代价值的精华，尤其是二程以公释仁的公心思想和利不妨义的义利观，是极具时代价值的理念，"要把二程思想研究自觉放到构建中华民族的精神家园中来，自觉放到构建有引领力和凝聚力的社会主义意识形态中来，自觉放到对中华优秀传统文化的创造性转化和创造性发展中来"②。本书作为中原学系列丛书和中原学研究的课题成果之一，意义就在于此。

二程理学内容博大精深，本书着重挖掘其中具有现实价值的内容进行新的阐释与升华，并试图在对二程理学思想重构方面进行探索，凸显二程理学在建设中华民族现代文明中的时代价值。本书共分十一章，第一章，二程与二程的精神世界，介绍二程的生平与二程的精神境界；第二章，二程理学的当代表达，对二程理学的核心内容用当代人能理解的方式进行诠释，将程朱理学中备受争议的"存天理、灭人欲"，转化为"存天理、节嗜欲"，并将二程理学中极具时代价值的内容概括为明理、修德、诚敬、义利、大公；第三章至第九章分别论述二程的天理思想、二程的道德思想、二程的义利思想、二程的诚敬思想、二程的公心思想、二程的理政思想、二程的教育思想；第十章论述二程理学的当代价值；第十一章论述二程理学与中华民族现代文明。

"儒家思想中负载着强烈而执着的信念。孔子告诉学生，获得儒学之道最为神圣，所谓'朝闻道，夕死可矣'；孟子认为儒学之道是正义之道，应做到'富贵不能淫，威武不能屈，贫贱不能移'；而'为天地立心，为生民立命，为往圣继绝学，为万世开太平'，则成为宋明儒学的普遍信念。而且，儒学对义利、公私、理欲关系的处理，也都充分展示出儒学的信念向度。因此，信念向度亦是儒学本有的向度。遗憾的是，在当今的儒学研究

---

① 魏涛：《二程理学是中原文化的灵魂》，《黄河科技学院学报》2022 年第 4 期。

② 李庚香：《二程洛学与中华民族思想体系的第五次重构》，《黄河科技学院学报》2021 年第 1 期。

中，这一向度显得有些匮乏。"① 建设中华民族现代文明，是一个宏大的课题，本书试图从二程理学中，挖掘二程理学的思想资源，使其为建设中华民族现代文明作出应有贡献。这是一种具有开拓意义的探索，既是对二程理学思想本有社会关怀"信念向度"的开掘，也是对二程理学进行创造性转化与创新性发展的一次尝试。

本书是集智攻关、团结协作的成果。河南科技大学马克思主义学院刘振江教授负责全书的提纲拟定并负责统稿、定稿。河南省嵩县二程理学文化研究会吴建设副会长、河南科技大学马克思主义学院张丽博士和任金帅副教授共同承担了书稿的主要撰写任务。由于水平所限，书中错讹难免，欢迎读者批评指正。

---

① 李承贵：《儒学的形态与开展》，社会科学文献出版社，2016，第90页。

目　录

第一章 二程与二程的精神世界

程颢（1032~1085）、程颐（1033~1107）是宋代著名的思想家、哲学家、教育家，理学的奠基人。程颢，字伯淳，号明道；程颐，字正叔，号伊川；世称二程。他们出生在黄州黄陂县（今武汉市黄陂区），十四五岁时师从周敦颐。程颢于宋仁宗嘉祐三年（1058）进士及第，在十余年的仕宦生涯中，先后做过陕西户县（今西安市鄠邑区）、江宁府上元县（今南京市一带）主簿，山西晋城、河南扶沟县令。熙宁二年（1069），程颢被任为监察御史，熙宁三年（1070）因与王安石变法意见不合改差签书镇宁军节度判官事。熙宁五年（1072）程颢回到洛阳，与其弟程颐讲学于家中，"士大夫从游者盈门。自是身益退，位益卑，而名益高于天下"。元丰六年（1083）监汝州酒税。元丰八年（1085）六月，宋哲宗任程颢为宗正寺丞。六月十五日，程颢因病猝死而未能赴任。

程颐，二十六岁时考进士未中，从此绝意仕途，在洛阳讲学。元丰五年（1082），受洛阳西京留守文彦博资助，程颐在鸣皋镇创建伊皋书院。在他去世前的二十多年里，他经常往来于洛阳和伊皋书院，从事讲学。元祐元年（1086），程颐被任为崇政殿说书，担任宋哲宗的老师。他在讲书时"以师道自居，侍上讲，色甚庄，以讽谏，上畏之"。他由于对朝政"议论褒贬，无所顾避"，引起权臣不满，故而在做了一年多崇政殿说书之后，被差回洛阳管理国子监。绍圣四年（1097），受"党争"影响，程颐被贬到四川涪陵。元符三年（1100）回到洛阳，崇宁二年（1103）定居杷耧山下（今嵩县田湖程村），大观元年（1107）九月十七日病逝。程颢、程颐先后葬于伊川坟茔。

第一节 程颢：视民如伤的理学家

宋嘉祐二年（1057），程颢的父亲程珦将家安在洛阳履道坊（今洛龙区

1

李楼镇贺村)，①程颢遂为洛阳人。程颢与其弟程颐不仅在伊洛之滨创立了影响深远的洛学，而且他由于从政期间保民爱民的情怀，被称为视民如伤的理学家。

程颢于宋嘉祐二年（1057）考中进士，在十余年的从政生涯中，曾任陕西户县主簿，江宁府上元县主簿代县事，山西晋城、河南扶沟县令，他每到一地，就在坐处书"视民如伤"。并说："颢常愧此四字。"视民如伤，源于《春秋左氏传》："臣闻国之兴也，视民如伤，是其福也；其亡也，视民如土芥，是其祸也。"意思是，百姓容易受到伤害，为政者尊重、爱护百姓，害怕惊扰他们，则国家就会兴盛，百姓也能得到幸福；视百姓如泥土、小草，恣意践踏，则国必亡。

"视民如伤"成为程颢从政的座右铭，其中折射出他强烈的民本思想。"视民如伤"也由于程颢的推崇与践行，成为儒家民本思想的集中表达，以及历代有作为官吏的官箴和座右铭。

一 十岁吟诗表心志

程颢出生在官宦世家，祖父程遹曾任黄州黄陂县令，在黄陂除暴安良，人称"程青天"。父亲程珦以荫庇在黄陂任县尉。母亲侯氏知书达理、好读书史，对程颢影响很大。程颢五六岁的时候，母亲就教他背诵古诗。程颢十岁时，有一天，母亲给他讲晋代廉吏吴隐之的《酌贪泉》诗。吴隐之到广东上任时路过石门，见到一处泉水，当地人叫它贪泉，一般官员是不喝的，因为喝了之后，就会变贪。吴隐之却喝了，并写了《酌贪泉》："古人云此水，一歃怀千金。试使夷齐饮，终当不易心。"程颢受到启发，写了两句诗："中心如自固，外物岂能迁?"②并常常独自吟诵。"中心如自固，外物岂能迁?"意思是只要内心意志坚定，就不会被外物诱惑。一个十岁的孩童，能写出这样的诗句，足见程颢的聪慧与睿智，也表现了他的心志高洁。

二 视民如伤传佳话

嘉祐三年（1058），考中了进士的程颢，到陕西户县任主簿。程颢在户

---

① 王曾惠、贺培材：《程颢、程颐洛阳地区史迹调查记》，《中州学刊》1982年第1期。
② 程颢、程颐：《二程集》，中华书局，2004，第664页。

县十分注重修护河堤，因而当洪水来临时，当地庄稼没有受到损失。而邻县县令却不把修护河堤当回事，结果洪水到来时冲毁了庄稼。当程颢接到支援邻县抢修河堤的任务后，很快就组织起民工，赶往邻县救灾。当地人说程主簿指挥民工就像号令军队一样，行动迅速。程颢在户县智破叔侄争钱疑案、戳破寺庙佛头发光骗局，表现出色，同张载、朱光庭一起被誉为"关中三杰"。

三年后，程颢到江宁府上元县任主簿并代县事。程颢上任后，经过调查了解到这里田税不均，比其他地方严重。原因在于该县邻近江宁府，肥沃的田地都被贵家富户以高价收买了，乡民贪图一时之利，把田地都卖了。程颢看到乡民卖地的严重后果后，协助县令制定了不准买卖土地的规定。该县至此土地大均，民受其惠。

江宁地处长江南岸，是水运要道。从长江上游给京城运粮的船夫生了病的，便留下来治病，每年不下几百人。程颢了解到这些船夫的粮食供应要向江宁府报告，府上给粮券才能发粮。等拿到漕司的批文，这些船夫都饿了几天了，有的甚至因此饿死。程颢向漕司报告说：要改变报批的办法，事先将稻米储存在这些船夫居住的地方，船夫一来就给粮食。有人问程颢是怎样想到这个办法的，程颢说："一命之士，苟存心于爱物，于人必有所济。"① 也就是说，作为朝廷的命官，只要心中存有爱意，就能找到帮助别人的办法。程颐评价说："措置于纤微之间，而人已受赐。"②

治平元年（1064），程颢被调任山西晋城县令。他一上任，就在县衙大堂的桌子上写了"视民如伤"四个字，时时提醒自己要爱民保民。具体来说，他采取了如下措施。

其一，改变赋税缴纳办法。过去按照朝廷的规定，晋城的赋税要运到很远的边界去缴纳。老百姓肩挑粮食十分辛苦。程颢在了解到这一情况后，便让富户每年到边界去收购粮食，先储存起来。到缴税的时候，便就近缴纳，使晋城的老百姓免除了长途跋涉运输之苦。

其二，推行"伍保"互助。程颢按照村民居住远近为其编组，使其互助，既维护治安，又"力役相助，患难相恤"，对孤寡、残疾、流浪者，责成有能

① 程颢、程颐：《二程集》，中华书局，2004，第632页。
② 程颢、程颐：《二程集》，中华书局，2004，第632页。

力的亲戚、朋友、富户给予照顾、帮助，使奸伪无所容，疾病有所养。

其三，重教化。程颢以"教化为先"，致力于发展教育，使不知学习为何物的晋城，建起七十二所学校，办学数量居全国第一。每当政务闲暇时，程颢常常到乡间学校去，"亲为句读"。他挑选学生中的优秀者，建起书院，重点培养。十几年后，晋城穿儒生衣服者已有几百人，考中秀才者十余人，一改当地"朴陋"的风俗，出现了"耕夫贩妇，亦知愧谣诼，道文理，带经而锄者四野相望，济济洋洋有齐鲁之风焉"的动人景象。北宋人黄廉在"行县诗"中称赞说：

> 迩来习俗益趋善，家家户户争相高。
> 驱儿市上买书读，宁使田间禾不薅。①

由于程颢教化有方，晋城这个有几万户人家的大县"三年之间，无强盗及斗死者"，俨然成为一个礼仪之乡。程颢在晋城期间，爱民如子，平易近人。有些问事的乡民不经通报就径直到县堂上去找他。程颢从不责怪，而是耐心听其诉说，再仔细开导，谆谆不倦。程颢"在邑三年，百姓爱之如父母，去之日，哭声振野"。

程颢不增加百姓负担。他在扶沟任县令时，有一年，宦官王中正要到豫东一带巡查。王中正权倾朝野，沿途各县竭尽所能大肆铺张，高规格接待他。主簿对程颢说，王中正要来咱们县巡查，听说有的县连他住的蚊帐都是专程到京城开封购置的。程颢说："吾邑贫，安能效他邑？且取于民，法所禁也。今有故青帐，可用之。"② 程颢的话传到了王中正的耳中，他自知在扶沟捞不到好处，于是在程颢任职的三年中，他每次到扶沟都绕城而过。

在扶沟，程颢不媚上，为了百姓利益，他宁愿牺牲自己的仕途，也不隐瞒灾情。有一年扶沟遭受水涝之灾，庄稼颗粒无收。这一年刚好又是考绩之年，有的县怕影响考绩，影响升官，便予以瞒报。程颢在实地调查之后，向朝廷据实呈报灾情，要求放粮赈灾。百姓拿到朝廷的赈灾粮后，连称程颢是为民着想的好官。程颢在扶沟一心为民着想，教百姓掘井灌田，

---

① 凤台县志整理委员会编纂《凤台县志》，三晋出版社，2012，第416页。
② 程颢、程颐：《二程集》，中华书局，2004，第636页。

免除不合理的赋税，深得百姓爱戴。离别时百姓依依不舍地送他到县境，攀辕号哭。

程颢在澶州（今濮阳）担任签书镇宁军节度判官时，有一年冬天，河清县埽兵①在修河堤时，天降大雪，800多名逃亡的埽兵围住城门，守城的人害怕追究责任不敢开城门。程颢说："这些人逃命而归，不开城门，必发生暴乱，如果怪罪下来，我来承担。"于是亲自开了城门。程颢对涌进城门的兵卒说："天太冷，你们回家休息几天，再回去筑河堤。"埽兵们自然欢呼雀跃，感谢程颢的仁慈、体恤之情，三天之后，又都回去修河堤。

第二节　程颐：内圣外王的理学家

程颐"幼有高识，非礼不动"②，一生以阐释儒学经典为己任，"言学便以道为志，言人便以圣为志"③，以一介布衣，在伊洛之滨思考内修身心、外治天下之道，被誉为内圣外王的理学家。

一　修身目标：人皆可以至圣人

尧、舜被儒家尊崇为上古的智者、圣人。孟子最早提出人皆可以至尧、舜。程颐则明确提出"人皆可以至圣人"，就是说，人人通过道德修养都能达到圣人的思想境界。

程颐认为，圣人也是平常的人。"圣人之所为，人所当为也。"④圣人所做的事情，平常人也应当能做到。为什么这样说？程颐特别指出，人要有自信，确信自己能达到圣人的思想境界，因为"人之性一也，而世之人皆曰吾何能为圣人，是不自信也"⑤。作为人来说，本性、本质一样的，只要不放弃自己的努力，不放弃自己的追求，就能达到圣人的思想境界。怀疑自己不能成为圣人，就是不自信的表现，是自己放弃努力的结果。

那么，达到圣人的标准是什么？程颐认为，一是要尽人之道。孝悌是

---

① 河清埽兵是北宋时期的一个水利专业兵种。
② 程颢、程颐：《二程集》，中华书局，2004，第338页。
③ 程颢、程颐：《二程集》，中华书局，2004，第189页。
④ 程颢、程颐：《二程集》，中华书局，2004，第319页。
⑤ 程颢、程颐：《二程集》，中华书局，2004，第318页。

人道之本。程颐说："孝其所当孝，弟其所当弟，自是而推之，则亦圣人而已矣。"① 弟，同悌，指敬爱兄长。也就是说，只要做到孝敬你所应当孝敬的父母，敬爱你所应该敬爱的兄长，按这样的标准推而广之，善待所有的人，就达到圣人的境界了。二是要"中、正、诚"。中、正、诚是为人处世的基本原则。程颐在《颜子所好何学论》中说："中正而诚，则圣矣。"② 三是要明理。要明白万事万物的运行规律和为人处世的道理。程颐说："随事观理，而天下之理得矣。天下之理得，然后可以至于圣人。"③

"人皆可以至圣人"论断的提出，是程颐打破圣人神秘论的一次思想解放。其开创价值在于，将圣人从高不可攀的圣坛拉向人间，将圣贤思想和修为变成普通大众都可以达到的思想境界。这是程颐在思想道德建设方面的最大贡献，具有极大的阐释与创新性发展的空间。

二 治国安邦：以民为本

程颐自幼就具有远大的政治抱负和关爱天下苍生百姓的情怀。他在二十岁时写了一篇《养鱼记》④，由鱼的命运联想到天下苍生百姓的命运，表现了深厚的仁者之爱。程颐在二十五岁时，给宋仁宗写了封上书，以其所学议天下之事，言辞恳切，展卷读来，其忧国忧民之胸怀、直陈时弊之胆略令人感佩。

当时程颐正在太学读书，他有感于宋代社会民无储藏、京城游民百万的现实，向宋仁宗发问："不识陛下以今天下为安乎？危乎？治乎？乱乎？乌可知危乱而不思救之之道！如曰安且治矣，则臣请明其未然。方今之势，诚何异于抱火厝之积薪之下而寝其上，火未及然，因谓之安者乎？"⑤ 在历数了百姓贫困、国库匮乏的时弊后，他一针见血地指出"陛下承祖宗基业，而前有土崩瓦解之势，可不惧哉？"继而程颐劝宋仁宗以民为本，"'民惟邦本，本固邦宁。'窃惟固本之道，在于安民，安民之道，在于足衣食"⑥。这

---

① 程颢、程颐：《二程集》，中华书局，2004，第318页。
② 程颢、程颐：《二程集》，中华书局，2004，第577页。
③ 程颢、程颐：《二程集》，中华书局，2004，第316页。
④ 程颢、程颐：《二程集》，中华书局，2004，第578页。
⑤ 程颢、程颐：《二程集》，中华书局，2004，第511页。
⑥ 程颢、程颐：《二程集》，中华书局，2004，第511页。

句话体现了程颐的民本思想。程颐在《代吕公著应诏上神宗皇帝书》中，进一步提出"为政之道，以顺民心为本，以厚民生为本，以安而不扰为本"①，在《论语解》中，提出"政在修己，身正则官治"②，表达了完整的治国安邦思想，这也是他外王思想的反映。

程颐是知行合一论者，他不仅提出了内修身心、外行王政的思想，而且付诸实践。他立身行事以义为取舍标准，对自己几近严苛。在当宋哲宗的老师时，朝廷几个月没给他发俸禄，他也不提出，只是把自己的衣物当了买粮食吃。后来有大臣发现，才督促给他发了俸禄。晚年时他家生活困难，当朝宰相吕大防派人给他送来丝绢，补贴家用。他执意不要，说："天下像我这样困难的人多的是，朝廷都能救济吗？"他与做过洛阳知府的韩持国关系好，有一次他去看望韩持国，韩持国想送他一个重二十两的黄金盒子，被他断然拒绝。他在给年幼的宋哲宗当老师时，向他灌输民本思想，告诫他人主地位崇高，奉养备极，故而要学颜子甘于箪食瓢饮之志，不为富贵所移。这表现了理学家以道匡君、敢于格君心之非的担当精神。

第三节　二程的精神境界

通常人们对于创立了理学的二程，都认为他们是以说理、理性见长的，甚而认为他们有些古板、不近人情，只会讲"存天理、灭人欲"，一派师道尊严的气象。其实，当你走进他们的精神世界，就会发现呈现在我们面前的二程有着"活泼泼的"精神世界，有着以天地万物为一体的精神境界，有浩然之气充盈的精神追求，有廓然大公、至公无私的天地胸怀。

一　"孔颜之乐"打下的人生底色

二程少年时曾师从理学开山鼻祖周敦颐，周敦颐以孔颜之乐来教育和启发他们要追求崇高的精神境界，这为他们的人生打下了至纯至善的底色。程颐曾说"遂厌科举之业，慨然有求道之志"。

---

① 程颢、程颐：《二程集》，中华书局，2004，第531页。
② 程颢、程颐：《二程集》，中华书局，2004，第1148页。

何谓孔颜之乐？周敦颐在《通书·颜子第二十三》说："颜子一箪食，一瓢饮，在陋巷，人不堪其忧，而不改其乐。夫富贵，人所爱也，颜子不爱不求而乐乎贫者，独何心哉？天地间有至贵至富、可爱可求而异乎彼者，见其大而忘其小焉尔。见其大则心泰，心泰则无不足，无不足则富贵贫贱处之一也。处之一则能化而齐，故颜子亚圣。"① 孔颜之乐，本是孔子称赞颜回在贫困环境中不改乐道之志，周敦颐却借此引申出以圣贤之志为人生追求的最高境界，可以"心泰""无不足"，这是一个人最大的乐。周敦颐以此开导二程，遂使二程在小小年纪就具有成德成圣的精神追求，对科举考试、功名利禄不系于心。程颢后来再见到周敦颐，则有"吾与点也"的感慨，意思是同孔子的弟子曾点的想法一致，不以做官为人生追求目标。程颢在考中进士后，被朝廷派到陕西户县任主簿，而初涉仕途的程颢，在一首诗中曾流露出辞官归隐的想法："世路险巇功业远，未能归去不男儿。"程颐则一生以处士身份研究道学，以成圣成贤为精神追求。程颐曾描述他学习《论语》后的愉悦情状："某自十七八读《论语》……有读了后全无事者，有读了后其中得一两句喜者，有读了后知好之者，有读了后不知手之舞之足之蹈之者。"② 朱熹称赞说他"幼有高识，非礼不动"。程颐的弟子说他"言学便以道为志，言人便以圣为志"。程颐将为学的性质与目的定位于"正其心，养其性"，将为学的最高目标定位于成为圣人，并说："人皆可以至圣人，而君子之学必至于圣人而后已。不至于圣人而后已者，皆自弃也。"③

二程少年时跟从周敦颐"学孔颜之乐"打下人生底色，一生以成德成圣相期许，终成具有圣贤思想境界的新儒学创立者。二程给我们的启示在于：用圣贤思想打下的人生底色，是人生命的基石。

二 廓然大公的无我境界

"廓然大公"出自程颢的《定性书》，是二程天理思想的核心，也是二程理学的精神标识。程颢在《定性书》中提出："夫天地之常，以其心普万

---

① 转引自黄宗羲《宋元学案》，中华书局，1986，第490页。
② 程颢、程颐：《二程集》，中华书局，2004，第261页。
③ 程颢、程颐：《二程集》，中华书局，2004，第318页。

物而无心，圣人之常，以其情顺万事而无情。故君子之学，莫若廓然而大公，物来而顺应。"① 在程颢看来，天地哺育万物供人类食用，是因为天地没有一己之私，"心普万物而无心"，是没有为我之私心；圣人的处世规则，是顺应万事万物的本来面目、按其规律行事，而没有自己的一己私情，不因自己的私情而改变对事物的判断和处理原则。因而作为一个君子，就要有廓然大公之心，不为私心所累，不被私利干扰和影响对事物的判断。对此，程颐也有同样的思考。他说："天心所以至仁者，惟公尔。人能至公，便是仁。"② 在程颐看来，天心之所以有仁爱之心，就在于其有普惠万物的公心，没有自己的私心。

"廓然大公"是二程天理思想的本质特征。从自然界无私无欲之心生发天理之公心，是二程对理学的重要贡献，也是二程对天下为公思想所做的哲学思考。程颢说"理者天下之公，不可私有也"③，是说理具有公的本质，具有公理的特征，是为天下公众谋利的，不是为一己所私有的。为一己之私就不具有公理的属性，就不具有公理的特征。程颐也说"天理无私。一入于私，虽欲善其言行，皆非礼"，"虽公天下事，若用私意为之，便是私"④。这里程颐讲得十分明白，天理是公的最高境界，一有私意，便非礼，这里的"礼"指的是社会通行的准则。一有私意掺杂其间，人便不会公正地处理问题。而执掌公权力的人，如果有私心，便不会为公，只是为私了。

二程对公与私的思考并没有只停留在哲学的层面，而是进一步指向了治国安邦的思想高度，直指执政者的公心、私心关系国家兴亡。程颢说："一心可以丧邦，一心可以兴邦，只在公私之间尔。"⑤ 执政者出于公心，不管是决策还是处理问题，没有一己之私，一切以为民谋利为出发点，就会得到人民的拥护；反之，一切从一己之私利出发，就会损害人民的利益，自然得不到人民的拥护。程颐也说："公则一，私则万殊。至当归一，精义无二。人心不同如面，只是私心。"⑥ 公则会人心统一、万众一心，私则会

---

① 程颢、程颐：《二程集》，中华书局，2004，第460页。
② 程颢、程颐：《二程集》，中华书局，2004，第439页。
③ 程颢、程颐：《二程集》，中华书局，2004，第1193页。
④ 程颢、程颐：《二程集》，中华书局，2004，第77页。
⑤ 程颢、程颐：《二程集》，中华书局，2004，第134页。
⑥ 程颢、程颐：《二程集》，中华书局，2004，第144页。

出现人心涣散、一盘散沙。人心之所以不同，是有私心的缘故。在发展市场经济的条件下，二程的公心思想，是亟待挖掘与弘扬的宝贵思想资源。

三　浩然之气充盈的天地境界

在二程的思想中始终充盈着浩然之气，正是这种浩然之气，使他们具有与天地参赞化育、与天地同体的精神境界。

那么，二程是如何养自己的浩然之气的？他们同样从公与私的关系入手，给出了自己的答案。

我们看二程是如何论浩然之气的：

> 浩然之气，天地之正气，大则无所不在，刚则无所屈，以直道顺理而养，则充塞于天地之间。①
>
> 浩然之气难识，须要认得。当行不慊于心之时，自然有此气象。然亦未尽，须是见"至大""至刚""以直"之三德，方始见浩然之气。②

在二程看来，浩然之气，是天地间的正气，具有"至大、至刚、以直"的特性，且缺一则不能称为浩然之气。就人来说，当人"行不慊于心"时，便会生浩然之气。何谓"行不慊于心"？也就是当人无愧于心、没有办不合理之事时，便会生浩然之气，所谓君子坦荡荡，不愧屋漏是也。而要养浩然之气，就要"直道顺理而养""须是集义乃能生""志为之主"。也就是说，要养浩然之气，就要做到立志、直道顺理、明白义理。程颐还特别指出，浩然之气是"集义所生"。义是什么？义就是合宜之事，不合宜就是不义。人只有用义来修养自身，才能有浩然之气。

而在程颢看来，要养一个人的浩然之气，根本在于"至公无私"："至公无私，大同无我。虽眇然一身，在天地之间，而与天地无以异也。"③ 程颐则认为，具有浩然之气的人，应具有天地之境界，而具有天地境界的人

---

① 程颢、程颐：《二程集》，中华书局，2004，第11页。
② 程颢、程颐：《二程集》，中华书局，2004，第170页。
③ 程颢、程颐：《二程集》，中华书局，2004，第1172页。

则只有圣人："人有斗筲之量者，有钟鼎之量者，有江河之量者，有天地之量者。斗筲之量者，固不足算；若钟鼎江河者，亦已大矣，然满则溢也；唯天地之量，无得而损益。苟非圣人，孰能当之！"[①] 有天地之量者，是以天地万物为一体的大爱大仁之人，是如程颢所说的具有"至公无私，大同无我"的思想境界的人，是与天地合其德，与日月合其明的人。

　　二程的精神世界，有孔颜之乐打下的人生底色，有天理流行的充盈，有廓然大公的胸襟，有无私无我、浩然之气的浸润。

---

①　程颢、程颐：《二程集》，中华书局，2004，第108页。

第二章 二程理学的当代表达

为了实现二程理学的当代表达，我们在名家对二程理学论述的基础上，将备受争议的"存天理、灭人欲"转化为"存天理、节嗜欲"，并对二程理学的核心内容进行了新的诠释与升华，对二程理学进行了创造性转化与创新性发展。

第一节 名家论述

二程理学博大精深，涉及宇宙观、世界观、人生观的诸多方面。为了在名家对二程理学论述的基础上，结合时代特点解决二程理学的当代表达问题，使二程理学由学术殿堂走向民众生活，我们先梳理诸多名家对二程理学思想的概括和论述。

朱熹与吕祖谦在其合编的《近思录》中，将理学的基本内涵归纳为五个方面：一是以探讨道体和生命为目标；二是以穷理为精髓；三是以存天理、去人欲为存养功夫；四是以齐家、治国、平天下为实质；五是以为圣为目的。这里的"道体"是指宇宙的运行规律；生命是指人性。从朱熹对理学的概括来看，理学是以探究宇宙和人的本性，成就人品，齐家、治国、平天下为宗旨的。

张岱年在《中国哲学大纲（中国哲学问题史）》中说："二程之理的观念，实渊源于先秦。在先秦时代，理的观念发生较晚。《论语》及《老子》中无理的观念。《孟子》中单独的理字曾一见，'心之所同然者何也？谓理也义也'（告子篇）。其所谓理指当然准则。孟子书中又有所谓条理，云'始条理者智之事也，终条理者圣之事也'（万章篇）。……可以说，在宇宙论中，理的观念，主要有二意谓。第一意谓是形式。《庄子·外篇》云：'物成生理谓之形。'（天地）《荀子》云：'形体色理以目异。'（正名）

《易·系辞上传》云：'仰以观于天文，俯以察于地理。'《韩非子·解老篇》云：'理者成物之文也。'又说：'凡理者方圆短长粗靡坚脆之分也。'又说：'短长大小方圆坚脆轻重白黑之谓理。'所谓理都是物之形式。第二意谓是常则或规律。《庄子·外篇》云：'依乎天理。'（养生主）所谓天理即其自然而不易的规律。《庄子·外篇》云：'尔将可以语大理矣。'（秋水）大理即根本规律或根本原则。《庄子·外篇》云：'是未明天地之理，万物之情也。'（同上）又说：'是所以语大义之方，论万物之理也。'（同上）《杂篇》云：'万物殊理，道不私。'（则阳）又说：'判天地之美，析万物之理。'（天下）所谓天地之理，万物之理，即是天地之常则，万物之规律的意思。《荀子》云：'凡人之患，蔽于一曲，而暗于大理。'（解蔽）《荀子》又云：'凡以知，人之性也；可以知，物之性也。'（同上）物之理即物之性，亦即物之常则之意。《易·系辞上传》云：'易简而天下之理得矣。'所谓天下之理，即万物之规律。《易·说卦传》云：'穷理尽性以至于命。'所谓理亦即事物之理。"① 张岱年认为，二程所谓理，主要是规律的意思。而程颐所谓理，在规律的意谓中，更主要是万物之所以然的意思。二程以理为宇宙本根，认为理是事物之根本。程颢以为事物之最根本的常则是宇宙本根。程颐认为凡事物皆有其所以，一切事物之究竟所以，是宇宙本根。程颢以生或易为宇宙之最根本者。程颢所谓生，以今语释之，即是创造。程颐认为，一切事物皆有其所以然，他说："天下物皆可以理照，有物必有则，一物须有一理。"程颐所谓理，包含自然规律与道德标准，他认为二者只是一：自然规律即道德规律，乃一切之根本。②

冯友兰认为，宋明道学的形成以程颢、程颐兄弟思想的形成为标志。程颐释理为不增不减、不变不动的宇宙人事的当然之则，所以然之故，程颢则把理看作一种自然的趋势，把理看作一种离开宇宙人事的独立存在的东西，程颐则不多言理离开事物而独立。程颐注重道、气的差别，以为事物的形成即始于气化，人之才出于气，性则得于理；程颢不多讲气，认为人性即得于道，是天所赋予的。在修养方法方面，程颐主张格物穷理，强调通过格物致知穷理。程颢也讲穷理，但更重内心的主观修养，强调先认

---

① 张岱年：《中国哲学大纲（中国哲学问题史）》，中国社会科学出版社，1982，第51~52页。
② 张岱年：《中国哲学大纲（中国哲学问题史）》，中国社会科学出版社，1982，第53页。

识理，然后穷理。程颐的思想为后来的朱熹所发挥，形成了庞大的理学体系；程颢的思想则为后来的心学家所继承，开心学之先。①

钱穆认为，二程"主张心与道一致，身与道一致。他们可以说是两位大心理学家。他们以心教心，以身教身，以生活教生活，这真是人生之大导师。因此后人才推奉他们为宋学之正统，推奉他们为道学先生理学家标准的代表"②。

牟宗三认为，理学家的义理规模上承《论语》《孟子》《大学》《中庸》《易传》而来，传承的是儒家所发掘的道德形而上学这一"常道"，故特重内圣面，其成就是"道德形上学"，这是中国人存在的生命智慧。③

陈来认为："理的意义可分析为五个方面：宇宙的普遍法则，可称为天理；作为人性的理，可称为性理；作为伦理与道德规范的理，可称为伦理；作为事物本质与规律的理，可称为物理；以及作为理性的理。"④

蒙培元认为，"理"作为本体范畴，同时又是价值范畴，是二者的合一。从宇宙论讲，"理"主要不是讲人伦关系，而是讲自然界的一般规律，但二程把它实体化之后，不只是讲自然规律，他们的真正目的是要将其落实到伦理上。实际上，他们对伦理的强调和重视，远远超过对自然规律的研究，物理也就变成了性理。这是二程论理的一个重要特点。⑤

有学者认为，二程理学是以儒家伦理为本位，批判地吸取佛、道的思辨哲学，把儒家思想哲理化，把儒家经学义理化，把儒家道德体系化，把儒家学说大众化，构筑起逻辑严密、内涵丰富、博大精深的思想体系。

有学者认为，先秦时期，诸子学为中国哲学发展开了个好头，水平之高并不在古希腊哲学之下。在展开期，经学取代诸子学，成为掌控话语权的官方哲学，哲学沦为政治的婢女；玄学取代经学，试图改变政治哲学话语，把目光转向精神现象，又掀起中国哲学小高潮；中国化佛学取代玄学，运用宗教话语，一度掌握了在精神领域中的话语权。在高峰期，宋明理学完成三教合流，用人生哲学话语取代宗教哲学话语，使中国哲学形成完整

① 田文军：《冯友兰新理学研究》，武汉出版社，1990，第90页。
② 钱穆：《宋明理学概述》，九州出版社，2022，第90页。
③ 《儒家文明论坛》（第7期），山东大学出版社，2021，第170~171页。
④ 陈来：《宋明理学》，辽宁教育出版社，1991，第15页。
⑤ 蒙培元：《理学的范畴系统》，人民出版社，1989，第15页。

的哲学形态，为中华民族找到内在超越的精神生活方式。而宋明理学的奠基者正是二程。

综上所述，从朱熹到张岱年、冯友兰、钱穆，再到牟宗三、陈来，都认为二程理学涉及宇宙法则，事物的规律、规则，人生修养等内容。朱熹认为二程理学是人生"修养工夫"，钱穆认为二程是"人生之大导师"，张岱年认为理学是"自然规律和道德原则"，有学者认为，二程理学为中国人找到了内在超越的真正的精神生活方式，二程有关道德修养、人生价值、精神境界方面的论述，至今仍有跨越时空的启迪意义。

第二节　当代表达

要实现二程理学的创造性转化，首先要解决二程理学的当代表达问题，也就是说，要用通俗易懂的语言，对二程理学进行新的阐释。二程理学的原典并不深奥，二程是善于用通俗易懂的语言来说明问题的。这从二程弟子记录的二程语录中可见一斑。比如程颢说人心要"活泼泼地"，"心要在腔子里"，意思是人心要有所主，不能受外物诱惑而迁移、改变。程颐说"敬"时还特地站立起来，脸色庄重，说这就是"敬"。而后来的学者对二程的语言进行加工，越来越难懂。二程理学在一定意义上说是道德哲学，是探讨生命的哲学。如程颐说："有得无得，于其心气验之：裕然而无不充悦者，实有得也；切切然心劳而气耗，谓己有得，皆揣度而知之者也。"[1]这里的"有得无得"，显然不是针对学习的有得与无得来说的，实际是指思想道德的提升。如果是自己体悟到的东西，内心会有豁然开朗而喜悦的感受，这是有得；如果是劳心费神得到的东西，就不是有得，而是一种揣度别人感受的迎合。如果将这句话与程颐下面两句话对照来看，则更能明确"有得无得"是指道德层面的东西。程颐说："得之于心，谓之有德，自然'睟然见于面，盎于背，施于四体，四体不言而喻'，岂待勉强也？"[2]何谓德？在程颐看来，自己内心得到的东西，就是有德。凡是使内心感到很充实、喜悦的东西，就是有得，也就是道德得到了提升。我们都有体会，当

---

① 程颢、程颐：《二程集》，中华书局，2004，第 1255 页。
② 程颢、程颐：《二程集》，中华书局，2004，第 147 页。

你通过你的劳动，得到了物质利益或精神鼓励时，你的内心很充实，精神很愉悦。可当你接受了不应当接受的东西，内心会总觉得有愧，并没有喜悦的感受，反而有害怕出事的感觉。这就是人的道德、良心在提醒你：不可接受不义之财。有德无德，从人的内心体验来验证，内心感到喜悦的为有德，内心感到厌恶的为无德，程颐以内心体验来解释何为有德与无德，为我们进行道德建设提供了有益的启示：当我们面临物质诱惑的时候，先用心来验证一下，这样就不会做出有违道德的决定，就不至于失德。

上至皇帝，下至平民百姓都受二程教化，被称为"理学天子"的乾隆认为程朱理学可以"化民成俗，正己修人"。如果我们今天仍然面向广大民众去使用只有学者才听得懂的语言，去宣传二程理学，这显然是行不通的。比如二程关于性、命的概念，实际上讲的是人的道德本质、道德修养。如果向老百姓讲性、命，其显然难以理解。要使二程理学从学术殿堂走向民间，就要解决二程理学的当代表达问题。

其次，要针对社会现实弘扬二程理学精粹。毋庸置疑，二程理学作为明清以来封建社会的意识形态，有其被统治者利用、压抑人性的一面。正如程颐临终前，其学生说："'先生平日所学，正今日要用。'先生力疾微视曰：'道着用便不是。'"[1] 本来是正人心、格君心之非的理学，却被统治者用来压抑人的正常欲望，维护其统治。2013 年 11 月 26 日，习近平总书记在曲阜讲话中提出，"一个国家、一个民族的强盛，总是以文化兴盛为支撑的，中华民族伟大复兴需要以中华文化发展繁荣为条件。对历史文化特别是先人传承下来的道德规范，要坚持古为今用、推陈出新，有鉴别地加以对待，有扬弃地予以继承"[2]。今天到了对二程理学正本清源、"拭去其被统治者利用而蒙上的依附于权力的灰尘，释放其超越时空的符合良心的光芒"[3] 的时候了。二程理学内容博大精深，既有对宏观的自然、社会规律的探索，又有对人生意义的思考。当前，社会上存在一些道德、诚信等方面的不良现象，要解决这些问题，就要紧扣时代脉搏，从现实需要出发，依

---

① 卢连章：《程颢、程颐评传》，南京大学出版社，2011，第 437 页。

② 《习近平：汇聚起全面深化改革的强大正能量》，《人民日报》2013 年 11 月 29 日，第 1 版。

③ 《弘扬中国传统文化 助力廉政文化建设——"践行习近平总书记曲阜讲话"座谈会在京召开》，中国共产党新闻网，http://theory.people.com.cn/n/2014/1218/c40534-26231392.html，最后访问日期：2024 年 1 月 5 日。

据"原典作者实际说了什么""原典作者说的意思是什么""原典作者所说的可能蕴含的是什么""原典作者应当说出什么""原典作者今天必须说出什么"的"傅伟勋原则"①，探索如何对二程理学进行创造性继承与创新性发展。

依据上述原则，我们对二程理学进行了新的概括和阐释：将"存天理、灭人欲"转化为"存天理、去嗜欲"。"存天理、灭人欲"既是程朱理学的核心，又是他们饱受非议和诟病的原因。在发展市场经济的今天，有必要对这一理学的根本问题进行辨析，并找出能为今天的人们所接受的转化办法。

长期以来，人们对二程论"欲"存在根本的误读：将"欲"与人的欲望对立起来，认为二程是反对人的正常欲望的，是不食人间烟火的禁欲主义者，其理学的核心是"存天理、灭人欲"。从清代戴震说"理学是杀人"始，直至今天，人们还对二程理学颇有微词。

实际上，梳理二程对"欲"的理解，可以发现二程论"欲"的真谛——只涉及认识事物之意义，换句话说，二程说到"欲"的时候，是说不合理的私欲会影响人对事物的认识和判断；他们并不反对人的正常欲望。人的正常欲望与对事物的判断不是一个问题，应该区分开来。

我们先来看二程对欲的论述。

程颢说："人心莫不有知，惟蔽于人欲，则亡天德也。"②

程颐说："人心私欲，故危殆。道心天理，故精微。灭私欲则天理明矣。"③

程颢说："人于天理昏者，是只为嗜欲乱著佗。庄子言'其嗜欲深者，其天机浅'，此言却最是。"④

程颐说："利者，众之所同欲也。专欲利己，其害大矣：贪之甚，则昏蔽而忘理义；求之极，则争夺而致怨。"⑤

在二程看来，人心都有良知，都有对事物是非曲直的判断能力，可私

---

① 陈来：《中华文化的现代价值》，中国文史出版社，2020，第211页。
② 程颢、程颐：《二程集》，中华书局，2004，第123页。
③ 程颢、程颐：《二程集》，中华书局，2004，第312页。
④ 程颢、程颐：《二程集》，中华书局，2004，第42页。
⑤ 程颢、程颐：《二程集》，中华书局，2004，第1187页。

欲的阻挠，影响了人对事物的判断，或者由于私欲的驱使，人会有意做出违背常理的判断。举例来说，农村司空见惯的邻里宅基地纠纷，明明知道多占对方的地是不对的，可有的人硬是做出不合理的事情，硬要占人家的地皮，造成邻里反目。这就是私欲在作怪。这就是程颢说的"人心莫不有知，惟蔽于人欲，则亡天德"，也就是程颐说的"灭私欲则天理明"。

在认识论上，私欲、非分的欲望不仅影响人对事物的正确判断，而且影响人的胸怀与气量，影响人的心志。程颢说："人于天理昏者，是只为嗜欲乱著佗。庄子言'其嗜欲深者，其天机浅'，此言却最是。"程颢对庄子所说的"其嗜欲深者，其天机浅"，是很赞成的，嗜欲深的人、只为一己私欲考虑的人，胸怀不广、气量不大、格局不高，这些人在社会上也不会行稳致远，难有大的发展。

私欲盛的人，不仅气量狭窄，内心也不会刚直。内心刚直，一直是儒家修养所追求的目标。二程修身的目标就是"敬以直内"，用"敬"来使自己内心正直。而要做到"敬"，就要内心专一，心无旁骛，排除物欲的干扰。程颐说："有欲则不刚，刚者不屈于欲。"① 程颢则在十岁时，就写出了"中心如自固，外物岂能迁？"的诗句，强调了内心情操高洁、刚直对排除物欲干扰的重要性。

从以上分析来看，二程所说的"欲"着眼点在于对事物的判断，培养人的博大心胸、刚直品格，并不涉及对追求财富、追求富裕生活的压制和排斥。相反，程颐还说过"以富贵为贤者不欲，却反人情"② 的话，在他看来，追求幸福、富裕的生活，是人之常情，反之，却是反人情的。程颐还说在符合"义"的前提下，即使委屈自己也要去追求富裕的生活："富，人之所欲也，苟于义可求，虽屈己可也；如义不可求，宁贫贱以守其志也。非乐于贫贱，义不可去也。"③ 孔子说过这样的话："富而可求也，虽执鞭之士，吾亦为之。如不可求，从吾所好。"（《论语·述而》）孔子的"富而可求"即是程颐所说的在符合"义"的前提下"追求财富"，而程颐所说的"屈己"，即委屈自己，就是孔子说的"执鞭之士"，在符合"义"的前提

① 程颢、程颐：《二程集》，中华书局，2004，第1199页。
② 程颢、程颐：《二程集》，中华书局，2004，第88页。
③ 程颢、程颐：《二程集》，中华书局，2004，第1144页。

下去追求富裕的生活，从孔子到程颐，都持相同的观点。说二程轻视物质利益、乐于过贫困的生活，是不对的。正如程颐所说："圣人于利，不能全不较论，但不至妨义耳。"① "人无利，直是生不得，安得无利？"② 当然，正如孔子所说的"如不可求，从吾所好"，不可求，就是不符合"义"的标准，就是不能去追求，而要"从吾所好"，即追求有意义的生活，即使过贫困的生活，也不去做不义之事。正如程颐所说的"非乐以贫贱，义不可去也"，不是以贫贱为乐，而是义不能舍弃呀！

不知从何时起，以从孔孟到二程乃至朱熹为代表的儒学家，被打上了安贫乐道、重义轻利甚至不食人间烟火的迂腐标签。实际上他们并非如此，以上对从孔子到二程的经典语录梳理，可以起到正本清源的作用。二程论"欲"之本义：只涉及对事物的认识与判断；若掺杂私欲在其间，就不能正确地认识事物；同时，去除不合理的欲望，涉及修德与养心。

天理人欲之辨是二程理学的重要命题，也是整个儒家学派所关注的核心命题。二程天理人欲之辨的核心有二，一是承认人的正常欲望的合理性，二是要节制人的非分欲望。在市场经济条件下，实现二程天理人欲思想的转化与发展，要研究以下问题。

第一是将"存天理、灭人欲"转化为"存天理、去嗜欲"。从二程到朱熹都将"存天理、灭人欲"或灭私欲标榜为理学的核心思想，尽管在二程那里更多的是说"灭私欲则天理明矣"，朱熹所说的人欲有特指的含义，指超出人的正常欲望的嗜欲；同时二程和朱熹所说的"灭人欲"更多地指向统治者，但是，在发展市场经济的今天，将"存天理、灭人欲"作为一种价值取向、一种文化符号，在社会上作为传统文化的主流价值来宣传，还是容易产生歧义，会被人诟病为抑制人的合理欲望。若用"存天理、去嗜欲"取代"存天理、灭人欲"③，则更容易被世人所接受，作为传统文化的主流价值观融入现代社会生活，成为上至为政者，下至普通民众的价值追求，这也使"存天理、灭人欲"这一影响近千年的价值观，在新时期焕发新的生命力。

---

① 程颢、程颐：《二程集》，中华书局，2004，第396页。
② 程颢、程颐：《二程集》，中华书局，2004，第215页。
③ 朱熹与吕祖谦合编的《近思录》中，在对理学的概括中就有"以存天理、去人欲为存养功夫"的说法。

第二是承认人的合理欲望，鼓励人人为实现美好生活而追求个人利益。程颐虽然承认人的正常欲望是合理的，但他又说："且譬如椅子，人坐此便安，是利也。如求安不已，又要褥子，以求温暖，无所不为，然后夺之于君，夺之于父，此是趋利之弊也。利只是一个利，只为人用得别。"① 这里且不说争权夺利之"权欲"，就拿正常人谋求改善生活的欲望来说，"又要褥子，以求温暖"，也是合理的。而在这一点来说，程颐确有压抑人的个人利益的倾向。这种压抑，放大来说，将不利于社会生产力的发展和人的生活水平的提高。在市场经济条件下，我们要承认并鼓励追求个人正当利益，为人们提供创造合理个人财富的良好社会环境，这样，整个社会的财富才会增加。改革开放极大地调动了人的积极性和创造性，人们的生活水平得到了极大提高。从鼓励人人追求个人正当利益出发，要突破程颐对个人"以求温暖"的束缚，调动人的积极性，使人们为个人、为社会创造财富。

第三是坚守道义底线，节制嗜欲。程子曰："人虽不能无欲，然当有以制之，无以制之而惟欲之纵，则人道废而入于禽兽矣。"② 二程已经提出节制嗜欲的命题。而早在儒家经典《礼记》中就有"以道制欲"："君子乐得其道，小人乐得其欲。以道制欲则乐而不乱，以欲忘道则惑而不乐。"③ 在道德规范制约下追求幸福生活，则得来的幸福是能使内心充满快乐的，不会给人带来不安；而放纵欲望追求的幸福则会使人心灵迷失并给人带来危害。在市场经济条件下，如何对待利与义？如何处理正常追求个人利益与嗜欲的关系？程颐的上述论断对我们应有启发意义。首先，在符合国家法律法规、符合道德底线的前提下，人们可以大胆地追求个人利益。同时，当个人利益与国家法律法规相冲突，或者违反基本道德底线时，就要断然拒绝。现实中一些人坑蒙拐骗、掺杂使假，一些行使公权力者收受贿赂、以权谋私，就是不能明辨利与义的结果。关于个人欲望与嗜欲的关系问题，首先要明确个人欲望与嗜欲的界限。个人欲望是无止境的，人们对美好生活的向往也是无止境的。随着社会的进步，人的欲望也在发展，这种随社会进步而发展的欲望是合理的。比如说，原先住在土房里，后来条件

① 程颢、程颐：《二程集》，中华书局，2004，第216页。
② 朱熹：《诗集传》，中华书局，2017，第50页。
③ 孙希旦：《礼记集解》"乐记第十九之二"，中华书局，1989，第1005页。

好了，住上了电梯房，有了空调，这都是合理的。但如果一味地求大、比装饰豪华，生活上奢侈糜烂，就属于嗜欲了。而为了满足嗜欲铤而走险、谋财害命，就是嗜欲发展的恶果，属于犯罪了。因此，我们要在坚守道义底线的前提下，追求正当的个人利益；同时要节制非分的欲望，抑制嗜欲。

第三节　核心内容

二程理学是以天理论为哲学基础，以正人心、立诚敬、明义利为核心，以成德成圣为最高价值追求，为普通中国人建立起以天理为核心的价值理想和道义自觉的人生道德哲学。之所以这样概括基于两点考虑，一是天理论是二程理学的哲学基础，是二程思考问题的出发点。程颢说："吾学虽有所受，'天理'二字却是自家体贴出来。"[①] 二程首先在对天的理解上已经颠覆了商周文化中把帝和天当作人格神、最高主宰的观念，把古代文化中代表宇宙最高实在、最高主宰的观念理性化，表达为理或者天理，这是哲学上的一大进步，也代表了他们自家体贴出来的新内容和理解。如此一来，"理"成为二程哲学的最高范畴，理学得名也跟这个有关系。在二程理学的体系里，理或者天理的概念被提升至跟上古宗教中神的地位一样高的本体地位，成为一种最高的范畴。而这个最高的范畴贯通天人，统摄自然世界和人文世界，可以说这为儒家的价值原则提供了一个形而上学的依据，这是理学之所以为理学的一个根本所在。二程作为理学的创始人，在这点上有他们的贡献，"理"在这个新时代的新儒学里具有了以前的儒学里并不具有的至高无上的地位。二程认为，天人是一体的，自然界与人是息息相通的，上天具有无私无欲、至纯至善的天性，这种天性赋予人，人也具有善良的天性。只是人的欲望的驱使使人迷失、丢掉了这种天性，这就需要正心，需要用诚敬之心、明义利之辨，来恢复人的善良的天性。二是挖掘二程理学的道德哲学内涵，彰显二程以天理为核心的道德信仰的时代价值。二程理学固然有天道（自然规律）、性理（人性）、物理（事物之理）、伦理（人伦道德）、理性之含义，但核心乃是以天理为本根的道德信仰。二程

---

① 程颢、程颐：《二程集》，中华书局，2004，第 424 页。

在打破"天者神"崇拜之后，又从"天者理"①"天者道"② 出发，给中国人建立起道德理想和精神信仰。

二程的"天理论"有如下特征。一是天理是人之道德本能。从天人合一之思维出发，二程认为作为万物之灵的人，都有爱亲、敬亲、向善之道德本性。程颐说："物有自得天理者，如蜂蚁知卫其君，豺獭知祭。礼亦出于人情而已。"③ 有天理是人与禽兽相区别的根本标志。程颐说："人之所以为人者，以有天理也。天理之不存，则与禽兽何异矣？"④ 由此可知，天理是一种道德、道义，是人都有的与禽兽相区别的分水岭。失去了这个以道德为主要标志的天理，人就与禽兽无异了。二是天理是道德原则。程颢说："要修持他这天理，则在德，须有不言而信者。言难为形状。养之则须直不愧屋漏与慎独，这是个持养底气象也。"⑤ 这里程颢虽然没有直接说天理是道德，但从他说要得到天理则在于德，可以看出天理就是道德，同时他说只有做到"不愧屋漏与慎独"，才能修养到天理，更说明天理就是道德原则。程颐也说："今人自少所见皆不善，才能言便习秽恶，日日消铄，更有甚天理？"⑥ 在程颐看来，人从小所见皆是不善之事，刚学会说话便接触污秽之恶习，日日消磨，心中的善便消失殆尽，更有甚天理？这里的天理分

---

① 程颢、程颐：《二程集》，中华书局，2004，第132页。关于"天"，二程还说："天之所以为天，本何为哉？苍苍焉耳矣。其所以名之曰天，盖自然之理也。"（程颢、程颐：《二程集》，中华书局，2004，第1228页）谢良佐说："所谓天理者，自然底道理，无毫发杜撰。今人乍见孺子将入于井，皆有怵惕恻隐之心。方乍见时，其心怵惕，即所谓天理也。要誉于乡党朋友，内交于孺子父母兄弟，恶其声而然，即人欲耳。天理与人欲相对。有一分人欲即灭却一分天理。有一分天理即胜得一分人欲。人欲才肆，天理灭矣。任私用意，杜撰做事，所谓人欲肆矣。故庄子曰：'去智与故，循天之理。'若在圣人分上，即说'循'字不着。勿忘又勿助长，正当恁地时自家看取，天理见矣。所谓天者，理而已。只如视听动作，一切是天。天命有德，便五服五章，天讨有罪，便五刑五用，浑不是杜撰做作来。学者直须明天理为是自然底道理，移易不得。不然，诸子百家便人人自生出一般见解，欺诳众生。识得天理，然后能为天之所为。圣门学为天之所为，故敢以天自处。佛氏却不敢恁地做大。明道尝曰：'吾学虽有所受，"天理"二字却是自家拈出来。'"（转引自黄宗羲《宋元学案》卷二十四《上蔡学案》，中华书局，1986，第918~919页）
② "夫天，专言之则道也，天且弗违是也。"见程颢、程颐《二程集》，中华书局，2004，第695页。
③ 程颢、程颐：《二程集》，中华书局，2004，第180页。
④ 程颢、程颐：《二程集》，中华书局，2004，第1272页。
⑤ 程颢、程颐：《二程集》，中华书局，2004，第30页。
⑥ 程颢、程颐：《二程集》，中华书局，2004，第35页。

明就是善，就是道德原则。三是天理是人伦道德。人伦道德是天理的重要体现，是古代社会至高无上的道德原则。程颐说："父子君臣，天下之定理，无所逃于天地之间。"① 在人伦关系中，父子和君臣关系是两对最重要的关系，涵盖了家庭伦理和国家上下级关系两个方面。在程颐看来，父子君臣是天下之定理。父慈子孝、君义臣忠是人伦道德的核心。同时，程颐还提出了正身、正心在维护父子、君臣人伦道德关系中的重要作用。提出"天下之治，正家为先"②，"治家之道，以正身为本"③。在君臣关系中，程颐并不一味强调君为臣纲，反而提出"格君心之非"的思想。"正身"和"正君"是程颐对古代人伦道德的创造性发展，具有以理抗尊、以理抗势的价值，对当代家庭建设、政治伦理建设亦有启示意义。四是天理是无私、公心。天理来源于天命，即天的生命、天的本质。天的本质是什么？在程颢看来，天的本质是无私、无欲，廓然大公。他说"夫天地之常，以其心普万物而无心"，即没有一己之私心。"天命不已，文王纯于天道亦不已。纯则无二无杂，不已则无间断先后"④，天命之所以生生不息、运转不停，在于其"纯"，即纯粹之心。"理者天下之公，不可私有也"⑤，程颢明确提出理是天下最公正的，不可有私心。"人于天理昏者，是只为嗜欲乱著佗。"⑥ "人心莫不有知，惟蔽于人欲，则亡天德也。"⑦ 程颢认为，人心都有良知，都有对是非曲直的看法，只是由于个人私欲的影响，而扭曲了对真理的认识。程颐也有这样的认识，他说："天心所以至仁者，惟公尔。人能至公，便是仁。"⑧ "虽公天下事，若用私意为之，便是私。"⑨ "天理无私。一入于私，虽欲善其言行，皆非礼。"⑩ "无人欲即皆天理。"⑪ 在程颐看来，大地万物之所以有仁心，在于有公心，人能做到有公心，就是仁。

① 程颢、程颐：《二程集》，中华书局，2004，第77页。
② 程颢、程颐：《二程集》，中华书局，2004，第1046页。
③ 程颢、程颐：《二程集》，中华书局，2004，第888页。
④ 程颢、程颐：《二程集》，中华书局，2004，第77页。
⑤ 程颢、程颐：《二程集》，中华书局，2004，第1193页。
⑥ 程颢、程颐：《二程集》，中华书局，2004，第42页。
⑦ 程颢、程颐：《二程集》，中华书局，2004，第123页。
⑧ 程颢、程颐：《二程集》，中华书局，2004，第439页。
⑨ 程颢、程颐：《二程集》，中华书局，2004，第77页。
⑩ 程颢、程颐：《二程集》，中华书局，2004，第1271页。
⑪ 程颢、程颐：《二程集》，中华书局，2004，第144页。

天理是无私心的，人做到了无私欲，就到达了天理的境界。二程以道德信仰为核心的天理观，在中国古代成为普通民众的道德信仰和为人处世的道德原则，成为百姓日用而不觉的行为准则。在道德理想普遍缺失、人们信仰无处安顿的当下，弘扬二程理学思想，重建人的道德理想，让天理成为人们心中敬畏的道德铁律，并赋予天理新的时代内涵，具有十分重要的意义。

正人心、立诚敬、明义利既是在《大学》中就已阐发的儒学的核心理念，又是当今社会缺失而亟待弘扬的核心价值。而二程有关正人心、立诚敬、明义利的思想正是二程理学的精华所在，是我们今天对传统文化进行创造性继承与创新性发展的宝贵思想资源。

二程理学极具当代价值的内容，包括以下五个方面：明理、修德、诚敬、义利、大公。

明理。即明自然之理和人生之理，涵盖了二程天人合一的理性主义世界观。天人合一是二程理学的哲学基础，是二程认识论的基石和前提。程颢提出"天者，理也"，程颐提出"性者理也"，开辟了人类认识自然和人性道德伦理的新境界。如果说程颢的"天者理也"是对"天者神"的突破，那么程颐的"性者理也"则将人性也纳入理的范畴，认为人人心中都有道德和道义自觉，都懂得哪些事是合理的，哪些事是不合理的，只是由于私欲的遮蔽，人丧失了良知，这就需要克除己私，恢复人的良知。天理的含义有三，一是自然规律，二是事物的规则、标准，三是人伦道德原则。我们常说合不合理，就有这三个方面的意思：合不合自然规律、合不合事物的规则、合不合人伦道德原则。天理，即自然之理、社会之理、人生之理、处事之理，涵盖了当今社会的各个方面，包括人与自然的关系、人与人的关系等。从天人合一的认识论出发，二程打破了"天者神"的精神桎梏，为中国人建立起内在超越的精神信仰与道德理想，尤其是由天道转向伦理道德，为普通中国人建立起日用而不觉的道德理想和道义自觉：敬畏天理，有天理良心，成为普通民众为人处世的道德标准。天理作为中国人日用而不觉的道德信仰和道义自觉，经过历代儒学士大夫的传播已经潜藏在中国人的心灵深处。做一个明理之人，讲道理之人，不做伤天害理之事，早已化为中华民族的道德基因，也是今天公民道德建设的基本要求。二程的天人合一思想还是生态文明思想的文化来源。

　　修德。即修养道德，成就人品，亦即二程的成德成圣的道德修养观。成德成圣是二程修德的最高境界。程颐"言学便以道为志，言人便以圣为志"①，一生以成为圣贤为最高追求。"人皆可以至圣人"，程颐将圣人诠释为人人通过道德修养都能达到的思想境界。认为做到了孝悌、爱人，做到了处事公正、为人正直、诚实守信就是圣人，为人建立起修养自信，自信人人可以达到圣人的思想境界，这是二程对道德建设的重要贡献。

　　诚敬。即诚敬为本的修身、处世原则。二程认为，诚敬是一个人的安身立命之本、立身立业之基。程颢说："诚者天之道，敬者人事之本。敬则诚。"② 程颐说："诚无不动者：修身则身正，治事则事理，临人则人化。"③诚敬是二程贡献给中国传统文化的最具共同价值的理念，是中国人确立道德信仰的根基，是当今诚信社会建设亟待弘扬的宝贵思想资源。

　　义利。即利不妨义的义利观。义利之辨是二程理学的重要命题，也是历代儒家关注的心性修养中的核心命题。二程并不反对利，并不反对人们追求富裕生活的正常欲望。二程反对的是见利忘义，告诫人们在面对诱惑的时候，要分清是非、坚守道义底线，去除非分的、不合理的嗜欲。二程利不妨义的义利观，是市场经济条件下正确处理义和利关系的重要原则，具有深刻的理论价值和时代意义。

　　大公。大公是仁爱思想的哲学基础，也是大公无我执政理念的思想来源。二程以公释仁，提出"天心所以至仁者，惟公尔"④ "天理无私""天理至公""廓然大公"，开辟了"仁者，以天地万物为一体"的哲学思考路径，提出了仁爱必以公心，无公心则不能仁爱的深刻论断，并将孔孟的"仁者爱人"升华到公心、公天下的境界，激励着一代代志士仁人为人民利益砥砺奋进。二程由大公引申的以公心治国思想，就是强调为政者要有大公之心，有为天下百姓谋利益的宽广胸襟。二程"至公无私、大同无我"的思想，是"天下为公""我将无我"思想的文化渊源。

---

① "问：'学者须志于大，如何？'曰：'志无大小。且莫说道，将第一等让与别人，且做第二等。才如此说，便是自弃，虽与不能居仁由义者差等不同，其自小一也。言学便以道为志，言人便以圣为志。自谓不能者，自贼者也；谓其君不能者，贼其君者也。'"（程颢、程颐：《二程集》，中华书局，2004，第189页）
② 程颢、程颐：《二程集》，中华书局，2004，第127页。
③ 程颢、程颐：《二程集》，中华书局，2004，第1170页。
④ 程颢、程颐：《二程集》，中华书局，2004，第439页。

第三章　二程的天理思想

二程的天理思想，是对先秦儒家天理思想的继承与发展。在保留自然规律含义的同时二程更多地将其指向人伦道德，为中国人建立起具有道德信仰性质的核心价值观。

第一节　二程的天理观

程颢说："吾学虽有所受，'天理'二字却是自家体贴出来。"① 从这句话可以看出，我们今天所说的"天理"的概念，是程颢在继承先秦古圣先贤思想的基础上，自己体悟出来的。

"天理"二字最早见于古代典籍《庄子》、《韩非子》和《礼记》。《庄子·天运》："夫至乐者，先应之以人事，顺之以天理，行之以五德，应之以自然，然后调理四时，太和万物。"②《韩非子·大体》："寄治乱于法术，托是非于赏罚，属轻重于权衡；不逆天理，不伤情性。"③《礼记·乐记》："人生而静，天之性也。感于物而动，性之欲也。物至知知，然后好恶形焉。好恶无节于内，知诱于外，不能反躬，天理灭矣。夫物之感人无穷，而人之好恶无节，则是物至而人化物也。人化物也者，灭天理而穷人欲者也。"④

在先秦思想家看来，天理是自然的法则和人的良知良性。从"顺之以天理""不逆天理"的论述来看，这些思想家告诫人们，人要顺应自然法则，不能违背自然规律。同时，从"不能反躬，天理灭矣"论述来看，古

---

① 程颢、程颐：《二程集》，中华书局，2004，第424页。
② 王先谦：《庄子集解》，中华书局，1987，第123页。
③ 王先慎：《韩非子集解》，中华书局，1998，第209页。
④ 孙希旦：《礼记集解》"乐记第十九之二"，中华书局，1989，第984页。

代思想家亦将天理作为"人的良知良性"来看待，人若不能反躬自省，那么人的良知良性就会丢掉。这是因为"夫物之感人无穷……灭天理而穷人欲者也"。物欲对人的诱惑是无穷的，如果不限制人的物质欲望，人就会丢弃良知良性。由此可以看出，天理既是自然法则，又是道德原则。

二程从先秦思想家对天理的基本认识出发，将天理升华为宇宙的最高本体，并以此建立起自己的理学体系，具有开创意义。

何谓天理？天是人们所看到的自然的天。程颢说："天之所以为天，天未名时，本亦无名，只是苍苍然也，何以便有此名？盖出自然之理，音声发于其气，遂有此名此字。"① 程颢直接指出天有自然之理，即有其运行的规律。理字的本意是石中之脉，木中之纹，后引申为道路与方法、为人处世的道理与原则。最初，理是古人在划分田地时掌握的规矩，应该尽量将田地划分得合理，后来就引申出道理、道义之意。人类社会初期，人们受认知水平的限制，将自然界的天视为无所不能的上帝，认为天可主宰人类的命运，是神。汉代董仲舒就认为是上天在主宰着人的命运，称天命。而程颢却提出"天者理也"，认为天是有自己的运行规律的。从认识论来说，"天者理也"，是对"天者神""天命"的一次思想解放，将自然之天作为可认知的对象，将自然的天是有规律可认知的学问提了出来，开辟了人们认识自然的新路径。程颢关于"天者理也"的命题，包含着承认自然界运动变化规律、承认自然界自己运动的思想，有以"理"代替"帝"的作用。天的概念因此烙印在每个人的心中，成为中华文明的核心要素，成为古代中国人的道德信仰。程颐提出"性即理也"②，认为人的本性也是有自己的"理"的（指道德原则、规范），这就将天理与人性联系起来，认为人性为理，人与天一样，都有其安身立命之理，即仁、义、礼、智、信之"理"

---

① 《端伯传师说》，载程颢、程颐《二程集》，中华书局，2004，第9页。此语则源自程颢："物之名义，与气理通贯。天之所以为天，本何为哉？苍苍焉耳矣。其所以名之曰天，盖自然之理也。"（程颢、程颐：《二程集》，中华书局，2004，第1228页）关于"天"之含义，《说苑·贵天》记载，齐桓公问管仲曰："王者何贵？"曰："贵天。"桓公仰视曰："所谓天者，非谓苍苍莽莽之天也。君人者，以百姓为天。百姓与之则安；辅之则强；非之则危；背之则亡。"（刘向《说苑·贵天》）"以百姓为天"将天赋予政治之意义，而程颢的"自然之理""天者理也"，则将"天"扩展为道理、规律之含义。

② "性即理也，所谓理，性是也。天下之理，原其所自，未有不善。喜怒哀乐未发，何尝不善，发而中节，则无往而不善。"（程颢、程颐：《二程集》，中华书局，2004，第292页）

这一是非判断标准。程颐将人性归为理，"这就是用儒家的'理'来规定人性，发展了儒家的性善论。……实际上是以社会的道德原则为人类永恒不变的本性"①，为人确立了伦理道德和人生理想。朱熹说："如性即理也一语，直至孔子后，惟是伊川说得尽。这一句便是千万世说性之根基。"②

如果说程颢的"天者理也"，是对"天者神"的突破，那么程颐的"性者理也"，则是将人性也纳入理的范畴，认为人人心中都有道德和道义自觉，有是非判断标准。我们说，人应讲良心，说明人都有良知，这个良知就是理，是道德、道义的范畴。二程在对自然和人伦深入观察之后，将自然和人伦贯通，提出了贯通天人的天理的概念：将自然之理和人伦之理融为一体，借助人们对自然的敬畏和尊崇，将人的道德、伦理升华为至高无上的天理，为普通民众建立起精神信仰和共同价值。过去目不识丁的普通民众也懂得要讲理，为人处世不能违背天理，不能做伤天害理之事。可见二程天理思想的影响之深。

二程创立的"天理"学说在哲学史上的意义，正如著名哲学史家陈来所言："从宋明理学思想史的角度来看，二程与周、张、邵的最大差别是，二程把'理'或'天理'提升为本体，这是使理学得以区别于魏晋玄学、汉唐儒学的重要根据。把天理确立为最高范畴，使之贯通天人、统摄自然世界与人文世界，为儒家的价值理想提供了形上的依据，这才是理学之所以为新儒学的根本。在周敦颐、张载、邵雍的哲学中，他们都没有把儒家的价值明确置于哲学的最高地位，而二程正是在这一点上，超过了宋代理学初期的发展，奠定了其在理学史上的地位。从总体上说，二程用'理'这一范畴作为最高的本体，以'理'来规定人性的本质，以'理'为万物的所以然，以穷'理'为知识论的主要方法，可以说，'理'的体系和骨架已经由二程建立起来了。"③ 这就告诉我们，正是二程为人的道德之理赋予了天理的意义，或者说是为天理赋予了道德之理的含义，为中国人确立了道德信仰，使之成为人们日用而不觉的道德自觉，成为烙印在人们心中的道德铁律。

---

① 陈来：《宋明理学》，辽宁教育出版社，1991，第 102 页。
② 朱熹：《朱子文集》，中华书局，1985，第 2360 页。
③ 陈来：《早期道学话语的形成与演变》，安徽教育出版社，2007，第 3 页。

第二节 天理观的含义

具体来说，二程建立的天理学说，有四个方面的含义。

一 将天理道德化：将天理化为人伦道德、人生处世原则

在理学家中，周敦颐、张载、邵雍偏重于阐释人与宇宙的关系，二程则偏重于将人与宇宙的关系落实到人的道德原则上，让人们从天（自然）的生生不息的创造精神、诚实无欺、至纯至善、无私无欲的本质属性上建立起人的道德自觉。

我们来看二程对天道和人道的论述。

"天者，理也"（程颢），是说自然的天也是有它的运行规律和道理的。

"性即理也"（程颐），是说人性中也有自己的理，这个理就是为人处世的道理、原则。

那么，自然之天理和人性之理是如何融为一体的？换句话说，人性之理是如何与自然之理结合在一起的？

程颢认为，人与万物是浑然一体的。"学者须先识仁。仁者，浑然与物同体。"① 既然人与万物一体，人之理也就与物之理为一体，天理也就与人性联系在一起了。程颢还具体地说明人与万物的关系："若夫至仁，则天地为一身，而天地之间，品物万形为四肢百体。夫人岂有视四肢百体而不爱者哉！……圣人，仁之至也。"②

那么，天有何性？天性与人性有何联系？"生生之谓易，是天之所以为道也。天只是以生为道。"③"诚者天之道""夫天地之常，以其心普万物而无心"，在二程看来，自然的天具有生生不息的创造性，守时不易的诚实性，无私无欲、至纯至善的本性，人应该效法它，将之赋予人自身，成为自己的德性。程颢说："盖上天之载，无声无臭。其体则谓之易，其理则谓之道，其用则谓之神，其命于人则谓之性。"④ 自然运行的变化之理，即自

---

① 程颢、程颐：《二程集》，中华书局，2004，第16页。
② 程颢、程颐：《二程集》，中华书局，2004，第74页。
③ 程颢、程颐：《二程集》，中华书局，2004，第29页。
④ 程颢、程颐：《二程集》，中华书局，2004，第4页。

然规律，其赋予人，则为人性。"知天命，是达天理也。必受命，是得其应也。命者是天之所赋与，如命令之命。天之报应，皆如影响。得其报者是常理也。……天命不可易也。然有可易者，惟有德者能之。"① 程颐明确天命是天理，天命是天所赋予人的天性，而有德之人可以改变天命。程颢则说："有道有理，天人一也，更不分别。"② 在二程看来，天和人是一体的，天和人都有道有理，天之道、天之理赋予人，人就具有了与天相同的道德属性。以自然现象说人事，以自然之道启发人的人生之道，是古代哲学家的思维特点。这样，二程就把天理和人性贯通，把社会普遍的道德原则与自然的天理融为一体。

在实现了天理与人性的贯通之后，二程有意将天理人伦化、道德化，将人伦道德、五常关系乃至社会关系一并涵盖在天理之中，建立起理学思想体系。"人伦者，天理也"，他们先从基本的父子人伦道德说起："父子有亲。"父子是至亲的关系，父子之间的伦理，就是天理。接着二程将仁、义、礼、智、信都纳入理的范畴。程颐说："仁，理也；人，物也。以仁合在人身言之，乃是人之道也。"③ 仁是天理，以仁合人，也就是人与天理结合，人要践行仁，这就是人之道。在人的日常行为中，程颐提出："视听言动，非礼不为。即是礼，礼即是理也。"④ 理即是礼，这是从理的外在形式上说礼的，同时亦指出礼的内在本质是理。二程进而将老有所安、朋友有信、少者有人关怀的理想社会称为天理（天道）："'老者安之，朋友信之，少者怀之'，乃天道也。"⑤ 这就把天理由伦理道德上升到政治道德和政治理想层面。应该指出，像二程这样把老有所安、朋友有信、少者有人关怀的社会理想视为天道，在历代思想家中还是不多见的，其反映了二程浓厚的民本思想与深邃哲思。

二　天理是客观的，自然规律是不以人的意志为转移的

二程认为，天理是客观的。从这一点来说，二程是从哲学的高度来思

① 程颢、程颐：《二程集》，中华书局，2004，第 161 页。
② 程颢、程颐：《二程集》，中华书局，2004，第 20 页。
③ 程颢、程颐：《二程集》，中华书局，2004，第 391 页。
④ 程颢、程颐：《二程集》，中华书局，2004，第 144 页。
⑤ 程颢、程颐：《二程集》，中华书局，2004，第 366 页。

考天理的，言同时代其他哲学家所未言。程颢说："天理云者，这一个道理，更有甚穷已？不为尧存，不为桀亡。"① 在程颢看来，天理就像自然存在的天一样，是客观的，永恒不变的。正如程颐所明白指出的那样："自理言之谓之天。"② 理同天一样，那么，我们生活的自然界有什么属性？有什么特点和规律？二程回答说：天是自然而然运行的，不是人为可以改变的。程颐说："莫之为而为，莫之致而致，便是天理。"③ 比如水往低处流，春长冬藏，四季轮回等。而人同天有同样的属性，人都希望往高处走，都希望过幸福、富裕的生活，人都有生老病死，有兴盛和衰亡。我们说人的天性，就是人具有天的属性。

二程认为，天理是永恒的，是不以人的意志为转移的。程颐说："理则天下只是一个理，故推至四海而准，须是质诸天地，考诸三王不易之理。"④ 在程颐看来，天理是绝对的，是衡量一切的准绳，可以推之四海而皆准。原因就在于，这个天理来自天地运行的规律、尧舜禹三王所奉行的不变的道理。

自然界的规律是客观的，是不以人的意志为转移的，这是二程在近千年前提出的哲学观点。千年后的今天，自然和社会发生了极大的变化，科学与技术更是日新月异。随着科技的进步，过去人们认为不可能的东西变成了现实。因此，人们似乎认为，科技可以改变一切，具有无穷的力量。但随之而来的弊端也日益显现出来：环境污染、生态破坏，日益成为亟待解决的问题；速成食品、激素添加日益危害着人们的健康。人们在享受现代文明带来的方便和富裕的同时，也遭遇现代病的危害。在这种情况下，二程的顺应自然、不违背自然规律的天理观，将为解决现代社会的弊端提供哲学思考和反思：科技的发展，要以自然规律为底线，要在顺应自然的前提下进行探索，否则，科技的发展将带来灾难。

三　二程发现了事物运行的规律，开辟了认识事物的路径

在论述了天理的客观性、独立于人的特性之后，二程还认为，世间天

---

① 程颢、程颐：《二程集》，中华书局，2004，第31页。
② 程颢、程颐：《二程集》，中华书局，2004，第296页。
③ 程颢、程颐：《二程集》，中华书局，2004，第215页。
④ 程颢、程颐：《二程集》，中华书局，2004，第38页。

地万事万物都有一个相同的理。这是二程在对天地万事万物进行观察之后得出的结论。程颢认为，"万物皆只是一个天理"①。程颐说："天地之间，万物之理，无有不同。"② 程颐进而指出"一人之心即天地之心，一物之理即万物之理"③。"万物皆是一理，至如一物一事，虽小，皆有是理。"④ "天下物皆可以理照，有物必有则，一物须有一理。"⑤ 在二程看来，天地万物之间都有相同的内在的生成和运行规律，正是这内在的规律支配着万物的生长。虽然万物品类繁多、千差万别，但其运行的规律是一致的。比如万物都在春天发育、开花，在秋天成熟、结果，人们按照这个规律行事，就能事半功倍。违背这个规律，在夏天、秋天去植树造林，就会劳民伤财。

程颐提出的"一物之理即万物之理"，为科学分析同类事物之间的性质与联系指明了方向。比如懂得了一头牲畜的内脏结构，就懂得了众多牲畜的内脏结构。程颐的这个观点，在今天仍有认识价值。

四 二程系统地揭示自然界和社会的运行规律

（一）物理极而必反的辩证法则

二程在对自然现象、历史现象进行观察、研究后发现，物极必反、盛衰相乘是事物发展的普遍法则。程颐说："往来屈伸只是理也，盛则便有衰，昼则便有夜，往则便有来。"⑥《周易·否》中说："倾否，先否后喜。"程颐在《伊川易传》中解释说："上九，否之终也。物理极而必反，故泰极则否，否极则泰。上九否既极矣，故否道倾覆而变也。先极，否也；后倾，喜也。"程颐从"物理极而必反"，说明先否后泰，先危后安，从而揭示了事物"泰极则否，否极则泰"的发展规律。物极必反，否极泰来，这一规律在今天仍有认识价值，它告诫人们，当事业或人生处于辉煌巅峰之时，要居安思危，看到潜伏的危机，及时采取应对措施，防患于未然；当事业

---

① 程颢、程颐：《二程集》，中华书局，2004，第30页。
② 程颢、程颐：《二程集》，中华书局，2004，第1209页。
③ 程颢、程颐：《二程集》，中华书局，2004，第13页。
④ 程颢、程颐：《二程集》，中华书局，2004，第157页。
⑤ 程颢、程颐：《二程集》，中华书局，2004，第193页。
⑥ 程颢、程颐：《二程集》，中华书局，2004，第148页。

或人生处于低谷时，要看到孕育的转机，不气馁，善于寻找摆脱困境的时机，转危为安。

（二）万物莫不有对的法则

二程从自然和社会普遍存在的对立现象体悟出天地万物、社会、人事都有与之相对的方面。程颢说："天地万物之理，无独必有对，皆自然而然，非有安排也。每中夜以思，不知手之舞之，足之蹈之。"[1] 程颢从日常事物来说明这种对立关系："万物莫不有对，一阴一阳，一善一恶，阳长则阴消，善增则恶减。斯理也，推之其远乎？人只要知此耳。"[2] 程颐也说："盖天地间无一物无阴阳"，并指出，"天地之间皆有对，有阴则有阳，有善则有恶。君子小人之气常停（对半之意），不可都生君子"[3]。"理必有对待，生生之本也。有上则有下，有此则有彼，有质则有文，一不独立，二则为文，非知道者，孰能识之？"[4]

在二程看来，天地万物和社会人事都有对立的方面，正是这种对立在推动事物的发展变化，是事物发展的内在动力。比如，在自然方面，表现为阴阳、上下、东西、昼夜、寒暑的对立；在人事方面，表现为男与女、好与坏、善与恶、褒与贬、正确与错误的对立等；在对事物的认识上，表现为此与彼、表面与本质、前进与倒退的对立等。"理必有对"的思想，使我们能正确对待社会上出现的矛盾和问题，正是这些矛盾和问题促使人们寻找解决的途径和方法，这就推动了社会进步；在对人和事的认识上，不能绝对肯定也不能绝对否定，既要看到成绩也要看到不足，既要看到现象也要看到本质，防止片面性、绝对化。

二程既看到事物的对立，同时又看到事物的相互联系和统一，这反映了其思想的敏锐与逻辑的严密。二程把事物对立面之间的"相互交感""相须为用"（相互利用、相反相成）看成事物内在变化的原因。程颐在《伊川易传》中说："一阴一阳之谓道。阴阳交感，男女配合，天地之常理也。"

---

① 程颢、程颐：《二程集》，中华书局，2004，第121页。
② 程颢、程颐：《二程集》，中华书局，2004，第123页。
③ 程颢、程颐：《二程集》，中华书局，2004，第161页。
④ 程颢、程颐：《二程集》，中华书局，2004，第809页。

"天地交而阴阳和，则万物茂遂，所以泰也。"① "如天地阴阳，其势高下甚相背，然必相须而为用也。有阴便有阳，有阳便有阴。有一便有二，才有一二，便有一二之间，便是三，已往更无穷。"② 程颢说："冬至一阳生，而每遇至后则倍寒，何也？阴阳消长之际，无截然断绝之理。"③ 二程从天地阴阳相交、男女相配，一生二、三生万物等自然现象，揭示了对立事物的相互联系与转化。

二程关于事物相互联系、相互转化的观点，在今天有何认识价值？它启示我们看人看事要有发展的眼光，不能将任何人、任何事看成一成不变的。危机之中潜伏着转机，困难之中孕育着希望。在人与自然的关系上，人类为了生存，要开发自然资源，造福人类，但不能过度，否则这种开发将贻害人类自身。我们今天所经历的自然生态破坏、污染等问题，就是过度开发、不科学开发带来的后果。在东西方文明的交流上，要看到虽然东西方文明有不同，但相互碰撞与融合必能促进世界文明的发展和繁荣。改革开放后东西方文明的交流融合，促进了经济社会文化的发展和繁荣；同时，西方世界也吸收我国传统文化，以解决后工业化时代人们的精神信仰危机。

玉与石，本是对立的两个方面。在人的成长进步上，程颢还提出了与近朱者赤、近墨者黑所不同的观点，即"以石攻玉"。程颢说："尧夫解'他山之石可以攻玉，'玉者温润之物，若将两块玉来相磨，必磨不成，须是得佗个粗砺底物方磨得出。譬如君子与小人处，为小人侵陵，则修省畏避，动心忍性，增益预防，如此便道理出来。"④ 他还说："与好人处坏了人，须是与小人处，方成就得人。""以石攻玉"在人的成长方面的意义在于，恶劣的环境可以激发人的毅力与斗志，培养积极向上的精神。相反，优越、安逸的环境，反而消磨人的意志，使人萎靡不振。这也是我们今天的教育所要警醒的问题。

（三）"物之不齐，物之情也"的规律

事物的发展是千变万化的，不是整齐划一的。程颢说："天地阴阳之

---

① 程颢、程颐：《二程集》，中华书局，2004，第754页。
② 程颢、程颐：《二程集》，中华书局，2004，第225页。
③ 程颢、程颐：《二程集》，中华书局，2004，第47页。
④ 程颢、程颐：《二程集》，中华书局，2004，第35页。

变，便如二扇磨，升降盈亏刚柔，初未尝停息。阳常盈，阴常亏，故便不
齐。……故物之不齐，物之情也。"① 程颢认为，天地阴阳变化，有如石磨
的两个磨扇，升降盈亏刚柔，时刻都在变化，不会停止。阳气常充盈，阴
气常亏损，所以不会整齐划一。因此说物之不齐，是事物发展的规律。"物
之不齐，物之情也"，揭示了事物发展的规律，世间万事万物的发展是千变
万化的，不可能整齐划一。力求用一个模式去套事物的发展变化，反而窒
息了事物的生机与活力。在思想、学术研究中搞"统一"，没有百花齐放、
百家争鸣，则不利于思想交锋、学术繁荣。

（四）生生不息的进化法则

二程经过自己的观察和思考，将自然界的运行规律概括为三个方面。
一是天以生为道。意思是自然界有生长、孕育、创造的本性。程颢常说
"观生理可以知道"②，意思是观万物生长之理可以懂得事物的运行规律。程
颢常常观察天地自然万物生长现象，从中悟出自然和社会人生的道理。天
以生为道，源于《易经》"天地之大德曰生"，是程颢观察自然界生育万物
得出的结论，程颢说："'生生之谓易'，是天之所以为道也。天只是以生为
道，继此生理者，即是善也。善便有一个元底意思。'元者善之长'，万物
皆有春意，便是'继之者善也'。'成之者性也'，成却待它万物自成其性须
得。"③ "天以生为道"，意思是说，天是将生长万物作为自己的运行规律的。
生生不息的自然界将生育万物作为自己的美好善行，人类应继承此"生理"
善行，来成就自己的美好善行。如果说生有开始的意思，那么善也有元始、
首先的意思。万物生长时给人生机勃勃、春意盎然的气象，人们看到这种
气象，就要学习这种善，并将这种善变成自己善良的品性。二程还说"天
地以生物为心"④。也就是说，若将天地比作一个人的话，那么它的心是什
么？是生，也就是化生、繁育、生长万物。我们今天学习二程"天以生为
道"，有何意义？笔者想，我们人类在开发、利用大自然时，要认清大自然
生育万物的规律，不要扼杀自然界的生机，要尽可能保护自然界的生机，

---

① 程颢、程颐：《二程集》，中华书局，2004，第33页。
② 程颢、程颐：《二程集》，中华书局，2004，第1171页。
③ 程颢、程颐：《二程集》，中华书局，2004，第29页。
④ 程颢、程颐：《二程集》，中华书局，2004，第1175页。

尽可能多地留下绿地，做到与自然和谐相处。二是天以变为常。变，包括变动、变化、改变，革故鼎新。程颐说："天下之理，未有不动而能恒者也。动则终而复始，所以恒而不穷。……惟随时变易，乃常道也。"①"天下之物，无有住者。婴儿一生，长一日便是减一日，何尝得住？然而气体日渐长大，长的自长，减的自减，自不相干也。"②在程颐看来，大到巍峨的高山，小到柔弱的小草，生生不息的自然界时刻处于变动之中，虽然这种变动是不易察觉的。巍峨高山的改变以亿万斯年为期，柔弱小草的改变以年月为期，无时不在变动之中。正是生生不息的变动，才能保持永恒。我们看貌似柔弱的小草，春生夏长，一年一轮回，生生不息。当我们走过漫长的冬的原野，你会发现，就在积雪尚未融化的地面，会有不畏严寒的小草冒出来。而你身旁树木的枝头，也有含苞的花蕾快要绽放。天下事物运行的规律，未有不动而能长久的。动才能长久，动才能终而后始，周而复始，以至于无穷。因此，只有随时变易，才是事物发展的长久之道。从事物生生不息、不断变化出发，程颐在治理社会方面提出了"革故而图新"的主张。在《周易·革·序卦》中，程颐说："革者，变其故也……弊坏而后革之，革之所以致其通也，故革之而可以大亨，革之而利于正，道则可久而得去故之义。"③去故是为了图新，去故图新就是变革。从变革出发，程颐批评了佛家静止不变的观点，以为大变有大益，小变有小益，凡变皆有益。三是万物之进，皆以顺道。事物由小到大是自然规律，人们要顺应这个规律。程颐认为，事物变化的过程是一个由微至著，积微小以成高大的过程。《周易·升卦》象曰："地中生木，升，君子以顺德，积小以高大。"程颐解释说："木生地中，长而上升，为升之象。君子观升之象，以顺修其德，积累微小，以至高大也。顺则可进，逆乃退也。万物之进，皆以顺道也。善不积不足以成名。学业之充实，道德之崇高皆由积累而至。积小所以成高大，升之义也。"④在对《周易·渐卦》的解释中，程颐更进一步指出："君子之进，自下而上，由微而著，跬步造次，莫不有序。不失其序，则无所不得其吉。"从万物之进均由微至著、由小积大这一认识出

---

① 程颢、程颐：《二程集》，中华书局，2004，第862页。
② 程颢、程颐：《二程集》，中华书局，2004，第196页。
③ 程颢、程颐：《二程集》，中华书局，2004，第951页。
④ 程颢、程颐：《二程集》，中华书局，2004，第936页。

发，程颐主张在社会变革上，采取渐进的方式：循序渐进，不越次序，保持社会稳定。人的道德修养，也要从一点一滴的善事做起，从而达到至善的境界。在社会治理上，二程提出顺民心则治的思想。程颐说："为政之道，以顺民心为本，以厚民生为本，以安而不扰为本。"① 为政之道，要以顺民心为根本，以使人民生活富裕为根本，以安民而不扰民为根本。程颢说："天下之理，本诸简易，而行之以顺道，则事无不成。"② "事事物物各有其所，得其所则安，失其所则悖。圣人之所以能使天下顺治，非能为物作则也，惟止之各于其所而已。止之不得其所，则无可止之理。"③ 也就是说，万事万物都有其合适的位置，得到了合适的位置，就会安定，否则就会混乱。圣人之所以能使天下得到安定，不是能为天下万物制定规则，只是让万事万物都有合适的位置而已。如果万事万物没有合适的位置，则不会有天下的安定。

顺民心、厚民生、安而不扰，体现了二程的治政理想，也顺应了社会发展的规律。二程的顺民心、厚民生、不扰民思想，是针对王安石变法中出现的激进弊端、扰民问题而提出的，有很强的针对性。今天我们也可从二程的顺民心、厚民生、不扰民思想中汲取智慧。

（五）以"中"为道的原则

二程认为，"中"是自然界保持平衡和稳定的基础。二程十分推崇中庸，认为"中"是天下之正道，"庸"是天下之定理。程颢说："中则不偏，常则不易，惟中不足以尽之，故曰中庸。"④ 程颐说："不偏之谓中，不易之谓庸，中者天下之正道，庸者天下之定理。"⑤ 程颐在解释《周易·震卦》"六五"时说："六五虽以阴居阳，不当位为不正，然以柔居刚，又得中，乃有中德者也。不失中，则不违于正矣，所以中为贵也。……天下之理，莫善于中……随宜应变，在中而已……苟不失中，虽有危，不至于凶也。"⑥

---

① 程颢、程颐：《二程集》，中华书局，2004，第531页。
② 程颢、程颐：《二程集》，中华书局，2004，第457页。
③ 程颢、程颐：《二程集》，中华书局，2004，第1211页。
④ 程颢、程颐：《二程集》，中华书局，2004，第122页。
⑤ 程颢、程颐：《二程集》，中华书局，2004，第100页。
⑥ 程颢、程颐：《二程集》，中华书局，2004，第966页。

从这一点出发，程颐认为"中"的原则具有普遍性，"天下之理，莫善于中"，待人处事要不偏不倚，无过无不及。程颐说："善读《中庸》者，只得此一卷书，终身用不尽也。"① 以"中"的原则去应对错综复杂的人和事，做到不偏不倚，无过无不及，直到今天对于我们仍有启迪价值。

第三节 创新性发展

在中国人的心中，不管承认不承认、自觉不自觉，都有一个道德底线，那就是不能违背天理、不能做伤天害理之事。追溯这种沉淀在中国人心中的道德思想的源头，就是二程提出的天理思想。

那么，二程创立的天理思想在当代该如何创造性继承，又该如何创新性发展？我们认为要从二程提出的天理生生不息、矛盾对立、运动变化的自然法则中汲取思想智慧，重建人的伦理道德。

一 生生思想

二程从《周易》"天地大德曰生"发展出的"生生"思想是当前实现人与自然和谐相处、建设美丽家园的理念指引。"生生"是大自然生生不息、繁育万物的本质特征，是大自然无限生机、气象万千的根本动力，也是人保持旺盛生命力，建设精神家园、居住家园的思想源泉。改革开放后，在西方建筑思想的引领下，一座座高楼将人们囚禁在了水泥森林中，居住条件改善了，可大自然的生机不见了，人的心灵空间也变窄了。大广场倒是很广阔，可没有了绿树环绕、曲径通幽的惬意。庭院满是水泥地，虽然整洁了，但没有了绿草茸茸、藤萝爬墙的情趣。实现人与自然的和谐相处、改变城市规划理念，将程颢"生生"思想融入其中，将为解决目前的大城市病提供有益思考。从这一点来说，中国传统文化中的天人合一思想也应列入建筑设计、城市规划专业学生的必修课。

二 矛盾对立、物极必反思想的认识价值

先秦时期的儒学是道德哲学，鲜有辩证思维和辩证法思想。二程在与

---

① 程颢、程颐：《二程集》，中华书局，2004，第174页。

佛道思想的交流中，汲取其辩证思维，创立和发展了朴素辩证法思想，将中国哲学推向了新的高峰。二程的朴素辩证法思想，集中体现为"万物莫不有对"的矛盾对立思想、物极必反的思想、天地以动为心的发展思想和物之不齐、物之情的宽容思想。这些思想对中国古代哲学的发展产生了重要影响，对我们今天认识事物也有启迪意义。一是正确认识事物的对立统一规律。天地万物的构成，有它自己的原理。这个原理就是每个事物都不是孤立存在的，都有与之相对立的事物。程颢通过自己的观察，发现阴与阳、白与黑、大与小、高与低、好与坏的对应现象。万物莫不有对，是程颢辩证法思想的核心，也是程颢对古代哲学的一大贡献。尽管老子早就提出万物负阴而抱阳，但程颢鲜明地提出万物都有与之对立的方面，承认矛盾的普遍性，正是矛盾的对立与统一，促进了事物的发展。这一认识的意义在于，矛盾是普遍的，有对立才有发展，正是对立双方的相互促进和转化，促成了进步；万事万物没有绝对的好，也没有绝对的坏，在肯定好的同时，要看到不足之处；在看到坏的同时，要看到好的方面；避免片面性。二是事物转化思想。事物发展到极端就向相反的方向转化。有利发展到顶点就向不利转化，不利发展到顶点就向有利转化。人们如果认识到这一点，就要在处于困境时看到光明的前景，增强克服困难的信心；而当处于顺境时，要谨慎行事，防止盲目骄傲。

三　变革思想

动为天地之心，是程颐朴素辩证法的一大发现，也是他对古代哲学思想的重要发展。在程颐看来，世间万事万物时刻都处于发展变化之中。他曾说不但日月星辰处于变动之中，而且巍峨的山岳也处于变动之中。程颐认为动为事物发生发展的规律，这就告诫人们要用发展的眼光看问题，避免僵化、保守，要勇于变革、创新，与时俱进。就社会治理来说，要在静中求变，在变中求静，达到最佳的治理效果，即在维持正常的秩序中求变，在变中求得社会稳定。

四　事物的差异化思想

程颢认为，天地的自然变化，就像农家石磨磨面一样参差不齐，正是因为参差不齐，才形成千变万化、丰富多彩的世界。如果硬要整齐划一，必然是僵化死板、了无生机，社会也不会前进。如前所述"物之不齐，物之情也"，揭示了事物发展的规律：事物的发展是千变万化的，不是千篇一律的。尊重事物的发展规律，不搞整齐划一的规定、规范，对我们今天为政者的工作指导、城市规划，都有一定的启发价值。那种运动式、强迫命令式的工作指导，在城市规划时追求整齐划一，泯没地域文化特色、民情特点的建筑，就是我们应汲取的教训。

五　道德信仰的意义

如前所述，二程的"天理"具有诸多含义，但二程的天理学说，更多的是关注人的伦理道德。从天人合一的认识论出发，二程认为人作为大自然的一员，也有天理，人的天理，就是天赋予人的道德理性，就是人存在于内心的同情之心、恻隐之心、不忍人之心。正如谢良佐所说："今人乍见孺子将入于井，皆有怵惕恻隐之心，方乍见时，其心怵惕，即所谓天理也。"① 就是说，当你见到小孩子掉入井中的一瞬间心中产生的惊惧，就是天理。在理学家中，周敦颐、张载、邵雍偏重于阐释人与宇宙的关系，二程则偏重于将人与宇宙的关系落实到人的道德原则上，让人们从天的生生不息的创造精神、诚实无欺、至纯至善、无私无欲的本质属性上建立人的道德自觉。

在道德理想普遍缺失、人们信仰无处安顿的当下，弘扬二程理学思想，重建人的道德理想，让天理成为人们心中敬畏的道德铁律，并赋予天理新的时代内涵，实现天理的创造性继承与创新性发展，具有重要的时代意义。在赋予天理的时代内涵上，孝老、敬老、爱老，具有公德意识、爱国思想是公民的天理；以人民为中心、全心全意为人民服务，不以权谋私是担负领导责任的公务员的天理；做好本职工作、不怠政、不懒政、不以职谋私是所有公务人员的天理；不发不义之财、不坑蒙拐骗、不掺杂使假是经商者的天理；种出安全、无害的粮食是农民的天理；不发病人之财、为病人着想是医生的天理；公平教好每一个学生、不有偿补课是教师的天理；不违背科学伦理、不违背大自然规律进行科学研究是科技工作者的天理。

康德说过，这世界上只有两种东西能引起人心深深的震动，一个是我

---

① 转引自李敬峰《二程后学研究》，中国社会科学出版社，2020，第56页。

们头上的灿烂星空，另一个是我们心中的崇高道德。我们的古人在文明初开时，就对头上的星空怀有深深的敬畏之心，以宗教般虔诚之心膜拜上天，将其视为道德信仰的化身，告诫人们不能违背上天的旨意，不能做伤天害理之事，否则，将受到上天的谴责和良心的责备。二程的天理思想所蕴含的伦理道德，就是这种根植于人们心中的道德良知和头上的"三尺神明"，时时在告诫人们，不能做伤天害理之事，否则，天理不容。

第四章　二程的道德思想

如何成德、如何成就人品是儒学关注的核心命题，这是从"大学之道，在明明德，在亲民，在止于至善"到孔孟儒学都一以贯之关注的核心问题，因而儒学就是成人之学。二程理学在一定意义上也可称为人生道德哲学，二程被钱穆称为"人生之大导师"①。

第一节　二程论"德"

"德"，作为中国人最推崇的思想品质，历代先贤都有精辟的论述。仔细梳理古代先贤对"德"的论述，可以看到二程对"德"的论述最为详尽和完整，从"德"的含义到如何修德、践行，都涉及了。这是二程对中国人道德建设的最大贡献。

何谓"德"？上古时人们认为德为天上的七星，后人将有德之人比喻为天上的北斗七星，闪耀在夜空，照耀着人间，为人们树立楷模。"为政以德，譬如北辰，居其所而众星拱之。"（《论语·学而》）这是孔子对道德高尚之官员的最高评价，他们像北斗星一样闪耀，被众星拱卫。"夫大人者，与天地合其德，与日月合其明。"（《周易·易传·文言》）"大人"，即有德之人，有德之人，有天地哺育万物之德，像日月一样光照人间。

《周易》将"德"作为君子的品行提了出来，为君子提出了道德标准。《周易·系辞》说："地势坤，君子以厚德载物。"坤，指大地，大地辽远、深厚，君子应该效法大地生长万物之德、博施济众之德、涵容万物之德。

---

① "他（程颢）的精彩处，在其讲人生修养与心理修养上。因人对宇宙的了解总有限，再由宇宙论转到人生论，总是牵强不亲近，不如简捷从人生实经验，来建立人生界一切的理论。此乃颢所谓'鞭辟近里'，亦即是他对宋学思想最大贡献之所在。"（钱穆：《宋明理学概述》，九州出版社，2020，第63页）

《周易·乾卦》曰："君子进德修业。"唐孔颖达注："德，谓德行；业，谓功业。"这里进一步提出君子要修养道德，恪守道德规范的"操守""品行"。

周人制作礼乐，隆礼重义，确立了以"德"为先的价值原则。敬天、保民、明德、慎罚是周人的基本精神信仰。周人认为"皇天无亲，惟德是辅"（《尚书·蔡仲之命》）。后来，"德"被孔子发展为"道之以德，齐之以礼，有耻且格"的王道原则；被孟子发展为"民为贵，社稷次之，君为轻"的民本原则；被《礼记·大学》发展为"大学之道，在明明德，在亲民，在止于至善"的道德纲领。"德"成为中华传统伦理的核心概念，成为中华民族文化的核心价值。

人生天地间，之所以区别于其他动物，在于人有善良的德性。这种善良的德性，即人的道德。何谓德？程颢认为德是人"天然完全自足之物"："道即性也。若道外寻性，性外寻道，便不是。圣贤论天德，盖谓自家元是天然完全自足之物。"[1] "盖上下、本末、内外都是一理也，方是道。"[2] 在程颢看来，道是人之本性。人之本性是一生下来便"天然完全自足之物"，即天然的、善良的、圣人所说的天德。这个天德即无私无欲的道德。只是人由于后天受社会环境的影响，失去了至纯至善之德性，因而就需要从内心去寻找这个德性，而不是从外面去寻找这个德性，故而说道即是性。只有在现实生活中或是内心深处（上即形而上之思想，下即现实生活）、从生命一开始到生命最后（本末）、从内心到外表（内外）都坚持、保有一颗善良之心时，人才真正达到了理想之境界，才算是得道之人（方是道）。从中我们可以看出，程颢所说的道，即是人之至纯至善的德性，也就是我们今天所说的"道德"。程颢所定义的道德是人的一种品性，是内在于人内心深处的，只有从内心深处有所感悟，才能将之化为自己的品性，这不是外人所能给予的。依靠外人的监督或督促，人不会拥有内在的道德自觉，反而会千方百计地逃避这种督促或监督。正如程颢所说"然须'默而成之，不言而信，存乎德行'是所谓自得也"[3]。同时，程颢从"天地大德曰生"感悟出德是创生、创造之本。"天地之大德曰生"，天地之大德就是繁育万物。

---

① 程颢、程颐：《二程集》，中华书局，2004，第1页。
② 程颢、程颐：《二程集》，中华书局，2004，第3页。
③ 程颢、程颐：《二程集》，中华书局，2004，第24页。

作为以天地万物为一体的有思想的人，也应从天地生生不已之大德中受到启发，将创造生命之价值作为自己的最高德性。同时，天地之所以有"生之大德"，在于有"纯一不已"之心，即正是有心之纯洁才能有生生不已之创造。"纯一不已"是天地之心，人也应有至纯至善之心，这个至纯至善之心，就是人之道德。"心是道德的本心，本心即性，此亦是即活动即存有者，故能起道德之创造。"① 为什么人有了至纯至善之道德之心，就会有创造？因为人之心来源于天地之赋予，天地在生生不已地进行着创造，因而人之心亦在生生不已地进行着创造。天道的生生不已的创造，给人之创造提出了两个条件：一是人从天道之生生不已受到启示，也要进行生生不已的创造，如此才能创造生命的价值、延续自己的生命；二是人在生命创造时只有具有至纯至善之心，才能保证创造的正确方向，反之，私欲膨胀、邪念丛生则不仅不能进行有益的创造，反而会使自己误入歧途，毁了自己。程颐对德的解释如下："德"是真正内化于心的东西。② 程颐说："得之于心，谓之有德，自然'睟然见于面，盎于背，施于四体，四体不言而喻'，岂待勉强也？"③ 内化于心，自然发于外，充溢于面，达于四肢，表现为一种精神。得之于内心，谓之有德，是说德是人真正从内心深处体会到的，是融化在人的心灵深处，又支配和指导着人的思想和行为的。这种发自内心深处的东西，不是外面强加于人的，而是人自觉自愿的。比如说，当一个人认识到贪不义之财是对自己良好德行的伤害时，他就会视不义之财如粪土。在这种情况下，这个人即使独处暗室，也会拒绝送上门来的贿赂。德是人的内在品行，对人的外在行为起支配、主宰的作用。在二程看来，德有内心光明、仁义、中正、谦和、无我之意。

德是源于天德的内心的光明与纯洁。从天人合一的认识论出发，二程认为人与天是一体的，天具有光明之德，人也有光明之天德。光明之天德体现为日月的光明普照。而程颢则将"光明"解释为"心地之光明"：

---

① 牟宗三：《心体与性体》（中），吉林出版集团有限责任公司，2013，第57页。
② 程颢也说："德者得也，在己者可以据。'依于仁'者，凡所行必依著于仁，兼内外而言之也。"（程颢、程颐：《二程集》，中华书局，2004，第107页）关于"德"字的来源，老子云："道生之，德蓄之"（《道德经》第五十一章）；庄子云："物得以生，谓之德"（庄子《天地》）；江袤云："无乎不在之谓道，自其所得之谓德。道者，人之所共由；德者，人之所自得也"（焦竑《老子翼》卷七引）。
③ 程颢、程颐：《二程集》，中华书局，2004，第147页。

"'大人者，与天地合其德，与日月合其明'，非在外也。"① 这里的大人，指与天地合德、与日月合明的圣人，是将光明之天德内化为心灵的人，"非在外也"，是说将天德化为自己的内在心灵。同时天之光明之德，源于内在的纯粹之心，天然流行的生生不息。正是天之纯粹之心，成就了天之生生不息地哺育万物的天德。程颢说："子在川上曰：'逝者如斯夫！不舍昼夜。'自汉以来儒者，皆不识此义，此见圣人之心纯亦不已也。《诗》曰：'维天之命，于穆不已。'盖曰天之所以为天也。'於乎不显，文王之德之纯'，盖曰文王之所以为文也。纯亦不已，此乃天德也。有天德便可语王道，其要只在慎独。"② 孔子感叹流水之长流不息，汉以来的儒者认为是感叹时间的流逝，但程颢却认为是感叹水为圣人纯粹之心。天之所以运转不息，是因为天之纯一无妄的天德。而人要效法天德，就要做到慎独。程颢以天之光明、水之纯粹之德，来比喻人之内心之德，就启发人要有光明、纯洁之心，像日月一样光明，没有一丝阴暗；像流水一样晶莹，不染一丝杂尘，做个道德高尚之人。

德具有仁义之心。二程认为人有仁、义、礼、智四德，这是人之为人、人与动物区别的根本标志，同时仁德又对其他三德起统领、支配的作用。程颐说："君子所以异于禽兽者，以有仁义之性也。苟纵其心而不知反，则亦禽兽而已。"③ 人之所以与禽兽不同，是因为人有仁义之性，假若放纵其贪欲之心而不知收回，则人同禽兽是一样的。实际上，禽兽只是为了自己的生存而争夺而已，人如果放纵自己，其危害远大于禽兽。程颐以为儒家的仁、义、礼、智、信五德之中，仁起关键作用："自古元不曾有人解仁字之义，须于道中与他分别出五常，若只是兼体，却只有四也。且譬一身，仁，头也；其他四端，手足也。至如易，虽言'元者善之长'，然亦须通四德以言之，至如八卦，易之大义在乎此，亦无人曾解来。"④ 将仁与道相联系，并从道中分别出仁、义、礼、智、信五常或五德，是程颐的发现。他充分肯定了仁在五德中的地位和作用，认为仁是头，其他是四肢、手足。他还明确指出，仁是百善之首："仁即道也，百善之首也。苟能学道，则仁

---

① 程颢、程颐：《二程集》，中华书局，2004，第120页。
② 程颢、程颐：《二程集》，中华书局，2004，第141页。
③ 程颢、程颐：《二程集》，中华书局，2004，第323页。
④ 程颢、程颐：《二程集》，中华书局，2004，第154页。

在其中矣。"① 二程认为，人具有了仁义之德，就是懂得了人之道，即懂得了做人的规则，就是圣人。程颢说："圣乃仁之成德。谓仁为圣，譬犹雕木为龙。木乃仁也，龙乃圣也，指木为龙可乎？故博施济众乃圣之事，举仁而言之，则能近取譬是也。"② 圣人是具有仁德的人，就像将木雕为龙，木是仁，是雕龙的基础，能做到博施济众这些仁爱之事，就是圣人了。这是譬喻的说法。程颐则明确说："唯仁与义，尽人之道，尽人之道，则谓之圣人。"③

德是中正。中正即中正之德，是人之最高尚的道德。在二程看来，能做到中正、公平、不偏不倚地处理问题，是人的最高境界。程颐曾说"中者天下之正道，庸者天下之定理"④，中，就是天下最公正的处事原则。程颐认为，中正是文明中正之德，是美之盛、大善之吉。程颐说："二，居中得正，丽于中正也。黄，中之色，文之美也。文明中正，美之盛也，故云黄离。以文明中正之德，上同于文明中顺之君，其明如是，所丽如是，大善之吉也。"⑤ 中正之德，就像太阳普照大地一样，把光明、恩惠公正无私地奉献给人类。而要做到中正，就要"顺以从时，不竞于险难，所以不至于凶也。……盖无中正之德，徒以刚竞于险，适足以致凶耳"⑥。意思是要把握时势，不处于险难之地，就不会有凶险发生；而要做到中正，就要克服刚硬、躁动、不安之弊。程颐说："夫刚健而不中正，则躁动，故不安，处非中正，故不贞。不安贞，所以好讼也。若义不克讼而不讼，反就正理，变其不安贞为安贞，则吉矣。"⑦ 刚健、刚直、耿直是好的，但应有中正予以控制，否则一味刚健，就会躁动、不安，也不会吉利，反而会带来不好的结果。"有文明之德，而刚健以中正之道相应，乃君子之正道也。"⑧ 有刚健之心，再辅以中正之道，就是文明之德，乃成就君子之道。文明之德，是人之全德，人既有刚健之志，又能做到恰到好处，中正、公平地处理问

① 程颢、程颐：《二程集》，中华书局，2004，第283页。
② 程颢、程颐：《二程集》，中华书局，2004，第362页。
③ 程颢、程颐：《二程集》，中华书局，2004，第326页。
④ 程颢、程颐：《二程集》，中华书局，2004，第100页。
⑤ 程颢、程颐：《二程集》，中华书局，2004，第851页。
⑥ 程颢、程颐：《二程集》，中华书局，2004，弟726页。
⑦ 程颢、程颐：《二程集》，中华书局，2004，第731页。
⑧ 程颢、程颐：《二程集》，中华书局，2004，第764页。

题，就会有好的效果。在二程看来，中正之德，是天下最高尚的道德，是能为个人、为天下苍生带来福庆的大德。程颐说："既中正虚中，能受天下之善而固守，则有有益之事，众人自外来益之矣。"① 一个人能做到中正，就能接受天下之善而固守于心，就会行有益之事，众人也会来帮助你，"以中正之道益天下，天下受其福庆也"②。如果为政者以中正之道来为天下之人造福，天下人则会受到恩惠、得到幸福。

德是谦虚的品德。人有谦虚的品德，则能时刻学习别人的优点来充实提高自己，不会骄傲自满。程颐说："谦德充积于中，故发于外，见于声音颜色，故曰鸣谦。居中得正，有中正之德也，故云贞吉。"③ 谦德充实于内心，见于外则声音、面容也表现为谦恭，因而能有中正之德。当人处在顺境之时、取得成就之时、处于安乐之时，更要保持谦虚之心，否则就会失去中正之德，处于危险之地。正如程颐所说："逸豫之道，放则失正。……当豫之时，独能以中正自守，可谓特立之操，是其节介如石之坚也。"④ 逸豫之道，即安适、享乐之道，如果放纵自己，就会失去中正之德。人在安逸之时，若能以中正自守，就是具有特立之操，坚如磐石之节。可见一个人具有谦德，对于保持中正之德、特立之操、坚如磐石之节何等重要。

德是无我，无私欲。程颐说："德至于无我者，虽善言美行，无非所过之化也。"⑤ 德达到了无我的境界，必然是善言美行，所有人将受到感化。无我，即心中无一己之私欲，不被私心所系，才能做到公正。如果被私心所系，就会斤斤计较于个人利益，不能廓然贯通、无所偏向，而只会以一己之私心来观察和处理问题。正如程颐所说："正者，虚中无我之谓也。以有系之私心，胶于一隅，主于一事，其能廓然通应而无不偏乎？"⑥ 只有无我，才能在遇到可止之事时，做到当止则止，不失中正之德。"无我则止矣。不能无我，无可止之道。……外物不接，内欲不萌，如是而止，乃得止之道，于止为无咎也。"⑦ 不能无我，就不会在遇到该拒绝之物时断然拒

---

① 程颢、程颐：《二程集》，中华书局，2004，第 915 页。
② 程颢、程颐：《二程集》，中华书局，2004，第 912 页。
③ 程颢、程颐：《二程集》，中华书局，2004，第 775 页。
④ 程颢、程颐：《二程集》，中华书局，2004，第 780 页。
⑤ 程颢、程颐：《二程集》，中华书局，2004，第 414 页。
⑥ 程颢、程颐：《二程集》，中华书局，2004，第 1212 页。
⑦ 程颢、程颐：《二程集》，中华书局，2004，第 968 页。

绝。对身外之物不系于心，内心不萌生私欲，这才是真正懂得了可止之道，以此行事则没有危险。无我即无私，即有公心，只有做到无我无私至公，才能有中正之德，才能处事公正。二程说："惟圣人至公无我，故虽功高天下而不自有，无所累于心。盖一介存于心，乃私心也，则有矜满之气矣。"① 无名利之心，虽功高天下，也不会有矜持、傲慢之心，因为没有私心，不会偏离中正之德。"《系辞》曰：'德薄而位尊，知小而谋大，力小而任重，鲜不及矣'，言不胜其任也。蔽于所私，德薄知小也。"② 有了私心，就会使人德薄知小。可见私心不仅使人道德低下，还影响人的认知水平，程颐的这一真知灼见，在今天仍闪耀着真理的光芒。

如何成就人之道德？二程认为，修德一要诚敬；二要节制嗜欲；三要不断积累德善。

一要诚敬。"诚敬"在二程那里，是指诚心、恭敬的态度。朱熹说："因叹'敬'字工夫之妙，圣学之所以成始成终者，皆由此。……自秦汉以来，诸儒皆不识这'敬'字，直至程子方说得亲切。"③ 程颢说："诚者天之道，敬者人事之本。敬则诚。"④ 诚是天道，是天地运行之道，是天地运行之根本。大自然以诚实无欺的面目呈现在人们面前。程颢说："事天地之义，事天地之诚，既明察昭著，则神明自彰矣。"这里的"事天地之诚"，就是要人们效法大自然诚实无欺的本质，用诚心来加强自己的道德修养。程颐也说"诚无不动者，修身则身正"⑤，就是说诚心可以感动一切，用诚修身则身心端正。如果说"诚"讲的是心，"敬"讲的就是外貌整齐严肃，排除一切外界干扰，心主一事。二程非常重视"敬"的功夫。程颢说："君子之遇事，一于敬而已。"⑥ 程颐说："涵养须用敬。"⑦ "识道以智为先，入道以敬为本。……天下无一物非吾度内者，故敬为学之大要。"⑧ 在这里，二程把"敬"作为明道、修德的方法来看待。如何做到敬？程颐说："但惟

① 程颢、程颐：《二程集》，中华书局，2004，第 1034 页。
② 程颢、程颐：《二程集》，中华书局，2004，第 961 页。
③ 《朱子语类》卷十二，中华书局，1986，第 207 页。
④ 程颢、程颐：《二程集》，中华书局，2004，第 127 页。
⑤ 程颢、程颐：《二程集》，中华书局，2004，第 1170 页。
⑥ 程颢、程颐：《二程集》，中华书局，2004，第 1221 页。
⑦ 程颢、程颐：《二程集》，中华书局，2004，第 188 页。
⑧ 程颢、程颐：《二程集》，中华书局，2004，第 1184 页。

是动容貌、整思虑，则自然生敬，敬只是主一也。"① 就是说，要做到敬，必须容貌严肃，思虑周密，心志专一，这样就自然生敬。二程特别推崇《周易》"敬义立，德不孤"，一个人只要心存敬义就能修养道德，有了好的道德，就不会被孤立。

用诚敬之心来修德，是当今思想道德建设所要解决的重要问题。我们看到，有的人并非不懂是非善恶，而是并没有把善、道德、道义化作自己内在的品质，只是停留在口头上，或者只是用来教育别人。要解决这一道德建设的根本问题，就要像二程所说的，培养自己的诚敬之心，将善良、道德、道义这些做人的基本准则内化于心，外化于行，见诸实践，视不诚为自欺欺人，视不诚为欺人欺天，内心不得安宁，良心受到责备。做到以诚立心，以敬处事；做到表里如一，言行一致，知行合一。

二要节制嗜欲。用诚敬之心修德，就要解决人心被物欲所诱惑而不诚的问题。二程认为，无妄就是至诚，是天道，做到了至诚就可以与天地合其德。程颐说："无妄者至诚也，至诚者天之道也。天之化育万物，生生不穷，各正其性命，乃无妄也。人能合无妄之道，则所谓与天地合其德也。"② 按照二程人性本善的看法，本来人心是静的、是虚的、是无妄的，但由于物欲的影响，人心有了私欲，有了私欲就有了妄想，有了邪念，有了嗜欲。在这种情况下，人就没有了诚心，心也就不直，行也就不正，人的善良、正直、行正的道德就没有了。"灭私欲则天理明矣""养心莫善于寡欲"，而要修养道德，就要节制嗜欲，节制嗜欲实际上就要克己，克除一己之私，使内心恢复正直、善良的本心，恢复廓然大公之心，无私无欲之天性。

在市场经济条件下，要修养道德就要明义利之辨。市场经济条件下的人，不是不食人间烟火的苦行僧，人要生存，就不能不讲利。而要保持道德的纯洁，就要辨别义和利的关系，坚守义的道德底线，才能做到心诚。否则就会被利所羁绊，就会有欺诈之心。程颐说，圣人对于利，不能全不计较，但不至妨害义。人若无利，连生活都不能维持，因此怎么能没有利呢？程颐还说："富，人之所欲也，苟于义可求，虽屈己可也；如义不可

---

① 程颢、程颐：《二程集》，中华书局，2004，第149页。
② 程颢、程颐：《二程集》，中华书局，2004，第822页。

求，宁贫贱以守其志也。非乐于贫贱，义不可去也。"① 追求富裕的生活，是人的正常欲望。假如与义相符合，虽然委屈自己也可去追求；如果与义不相符合，就要守住贫贱以保持心志。这样做不是以贫贱为乐，而是义不允许去追求利。结合现实社会，我们面对市场经济的种种诱惑，要坚守义的道德底线，既要追求正当的个人利益，也要坚持不取不义之财、不谋不义之利。只有这样，才能做一个道德高尚的人。

三要不断积累德善。亚里士多德说过，幸福为善行的极致和善德的完全实现。这句话不仅说明幸福是善行和善德的统一，德是内在的德性，故其完全实现即是幸福，而且说明善的行为若仅见诸一两件小事是不够的，须达到极致才是幸福，这就要不断地积累德善。程颐也说过："乾体刚健，艮体笃实。人之才刚健笃实，则所畜能大，充实而有辉光，畜之不已，则其德日新也。"② "圣人之为圣人，不已其德而已。"③ 不断"积蓄"自己的德善，才能"其德日新"，圣人之所以成为圣人，就在于不停止修养自己的道德。程颐说："善不积不足以成名。学业之充实，道德之崇高，皆由积累而至。"④ 德和善本来是一种内在的品质，而这种内在的品质的培养，要靠善行的天天积累。换句话说，德是靠一个人在日常生活中的善行来体现的。孟子说："祸福无不自己求之者。《诗》云'永言配命，自求多福'。"⑤ 意思是一个人的福是自己追求来的，是自己通过道德完善、善行的积累回报来的。正如程颐所说："德善日积，则福禄日臻。"⑥

如何在生活中积累善行？正如毛泽东同志所说："一个人做点好事并不难，难的是一辈子做好事，不做坏事。"⑦ 在市场经济条件下，人们面临着种种考验，也面临着种种诱惑。最大的考验和诱惑是金钱和利益。这种考验是人的德行和善行的试金石。抵制了不合理的欲望，就表现了好的德行，否则，就表现出贪婪的恶行，就会葬送自己。正如程颐所说："利者，众人所同欲也。专欲益己，其害大矣。欲之甚，则昏蔽而忘义理；求之极，则

① 程颢、程颐：《二程集》，中华书局，2004，第1144页。
② 程颢、程颐：《二程集》，中华书局，2004，第828页。
③ 程颢、程颐：《二程集》，中华书局，2004，第1162页。
④ 程颢、程颐：《二程集》，中华书局，2004，第936页。
⑤ 朱熹：《四书集注》，中华书局，1983，第219页。
⑥ 程颢、程颐：《二程集》，中华书局，2004，第756页。
⑦ 《毛泽东文集》第二卷，人民出版社，1993，第261页。

侵夺而致仇怨。"①

第二节　修德境界

成德成圣是二程修德所追求的最高境界。二程"言学便以道为志，言人便以圣为志"，一生以培养人的圣贤品格为目标。孟子说"人皆可以为尧舜"，这是孟子基于性善论而提出的人人都可向善、个个都可以有所作为的命题。程颐说"人皆可以至圣人"，也就是说，人人都可以达到圣人的思想境界，都可以成为圣人。由程颐的这句话，我们想到了孔子说的"惟上智与下愚不移"，意思是聪明的智者和愚昧的人是不可改变的。程颐则说人人都可以成为圣人，这是对孔子的纠正。② 只要加强道德修养，人人都可以成为圣人。

那么，什么是圣人？古人眼中的圣人有两个基本的标准，一个是"言足法于天下"，也就是圣人的言论可以为天下人所效法；另一个是"德配天"，其德行能与无私无欲、至纯至善的天相匹配。按照这样的标准，只有尧、舜、禹、周公才是圣人，甚至连为万世师表的孔子都不敢称自己是圣人。这样一来，圣人就变成了神秘莫测，高高在上，使人可望而不可即的圣物，被高高地供奉起来，人们只能顶礼膜拜圣人，而不能接近，更不能修炼到他们的思想境界。二程的开创价值在于，他们从孟子的"人皆可以为尧舜"受到启发，将圣人从高不可攀的圣坛拉向人间，将圣贤思想和修为变成普通大众都可以达到的思想境界。这是二程在思想道德建设方面的最大贡献。

在二程看来，圣人也是平常的人。程颢说："圣人，人也，故不能无忧。"③ 圣人也是平常的人，不是神，也具有正常人的喜怒哀乐之情。"圣人之所为，人所当为也。……凡人之弗能为者，圣人弗为。"④ 圣人所做的事

---

① 程颢、程颐：《二程集》，中华书局，2004，第917页。
② 程颐说："孔子谓上智与下愚不移，然亦有可移之理，惟自暴自弃者则不移也。……性只一般，岂不可移？却被他自暴自弃，不肯去学，故移不得。使肯学时，亦有可移之理。"（程颢、程颐：《二程集》，中华书局，2004，第204页）
③ 程颢、程颐：《二程集》，中华书局，2004，第119页。
④ 程颢、程颐：《二程集》，中华书局，2004，第319页。

情，平常人也应当能做到；平常人不能做到的事情，圣人也做不到。为什么这样说？因为圣人也是常人。程颐特别指出，人要有自信，确信自己能达到圣人的思想境界。因为"人之性一也，而世之人皆曰吾何能为圣人，是不自信也"①。作为人来说，本性、本质是一样的，只要不放弃自己的努力，不放弃自己的追求，就能达到圣人的思想境界。怀疑自己不能成为圣人，就是不自信的表现。程颐说："人皆可以至圣人，而君子之学必至于圣人而后已。不至于圣人而后已者，皆自弃也。"② 这种人之所以不能成为圣人，是因为他们自己拒绝向圣人学习。这种人"虽圣人与居，不能化而入也"。即使他们与圣人居住在一起，也不能被圣人所感化。

那么，达到圣人的标准是什么？二程认为，一是要尽人之道。孝悌是人道之本。孟子说过："尧舜之道，孝弟而已。"（《孟子·告子下》）可见孝悌是尧舜之道的核心。程颐说："孝其所当孝，弟其所当弟，自是而推之，则亦圣人而已矣。"③ 弟，同悌，指敬爱兄长。也就是说，只要做到孝敬你应当孝敬的父母，敬爱你应该敬爱的兄长，按这样的标准推而广之，善待所有的人，就达到圣人的思想境界了。二是要"中、正、诚"。中、正、诚是为人处世的基本原则。程颐在《颜子所好何学论》中说："中正而诚，则圣矣。"④ 三是要明理。明白万事万物的运行规律和为人处世的道理。程颐说："随事观理，而天下之理得矣。天下之理得，然后可以至于圣人。"⑤ 四是要善于变通。程颢说："惟善变通，便是圣人。"⑥ 五是要致公，要有天下为公的胸怀。程颢说："圣人致公，心尽天地万物之理，各当其分。"⑦ "圣人公心尽天地万物之理，各当其分，故其道平直而易行。"⑧ 圣人有了公心，就会尽力符合天地万物之理，使万物都有自己发挥作用的地方，所以他们的道理是公正、平直且容易实行的。

这是二程提出的圣人的五个标准。概括起来，就是做到了为人之道、

---

① 程颢、程颐：《二程集》，中华书局，2004，第318页。
② 程颢、程颐：《二程集》，中华书局，2004，第318页。
③ 程颢、程颐：《二程集》，中华书局，2004，第318页。
④ 程颢、程颐：《二程集》，中华书局，2004，第577页。
⑤ 程颢、程颐：《二程集》，中华书局，2004，第316页。
⑥ 程颢、程颐：《二程集》，中华书局，2004，第80页。
⑦ 程颢、程颐：《二程集》，中华书局，2004，第142页。
⑧ 程颢、程颐：《二程集》，中华书局，2004，第1181页。

明白事理、有天下为公的胸怀。程颐认为，圣人之道，没有粗和精的区别，从日常人们的洒扫应对和待人接物到学问的高深精义，都能体现一个人的圣贤思想。他更通俗地说，从一个人的洒扫应对上可以看出他的圣贤气象。圣人并不是高不可攀的，这就为人们通过日常行为锻炼而达到圣贤思想境界指明了道路，也为人们增强了通过努力达到圣贤思想境界的信心。

那么，怎样才能成为圣人？二程提出要从以下三个方面做起。一是要读圣贤典籍，正心养性。程颐说："凡学之道，正其心，养其性而已。"[①] 圣贤典籍是圣贤思想品格的结晶，通过读圣贤典籍可以正心养性，提升道德生命。程颐认为，读圣贤典籍主要是读《大学》、《论语》、《孟子》及《中庸》、《诗经》。程颐说："入德之门，无如《大学》。今之学者，赖有此一篇书存。其他莫如《论》《孟》。"[②]《大学》是孔子的遗言，原本是分散的段落。二程分别对其进行过整理。《大学》是修身、齐家、治国、平天下的学问。《大学》开宗明义，提出"大学之道，在明明德，在亲民，在止于至善"。《大学》提出"自天子至于庶人，一是皆以修身为本""富润屋，德润身"。程颐为何对《大学》如此重视，将《大学》作为加强道德修养的入门之书？在程颐看来，"《大学》，圣人之完书也"[③]。也就是说，《大学》将圣人应具备的方方面面都说到了。当时的学者，只要将《大学》这一篇学好，就可以立身于世。那么，如何读经典？是不是只需弄懂经典的语言文字？不是。程颐说："凡看文字，非只是要理会语言，要识得圣贤气象……若读此不见得圣贤气象，他处也难见。学者须要理会得圣贤气象。"[④] 读书要识得圣贤气象，通过读经典学习圣贤崇高的道德生命和思想境界，进而提升自身的道德生命和思想境界，这才是会读书。程颐曾经感叹当时的儒生不会读书，因为他们读了经典之后自身的道德生命没有发生变化，是"读了后全无事者"，不像程颐读了圣贤经典高兴得"手之舞之、足之蹈之"。通过读书提高自身的道德生命和思想境界，进而培养人的圣贤气象、圣贤思想境界，对于我们今天的教育仍有启发意义。如何像程颐所说的，通过读圣贤经典、读人文书籍来提高人的人文素养，是今天的教育应着力

---

① 程颢、程颐：《二程集》，中华书局，2004，第 577 页。
② 程颢、程颐：《二程集》，中华书局，2004，第 277 页。
③ 程颢、程颐：《二程集》，中华书局，2004，第 311 页。
④ 程颢、程颐：《二程集》，中华书局，2004，第 284 页。

解决的问题。

那么，应该如何读圣贤书？在二程看来，第一，要体会圣人之用意，对比自身的差距来读书。程颐说："读书者，当观圣人所以作经之意，与圣人所以用心，与圣人所以至圣人，而吾之所以未至者，所以未得者，句句而求之，昼诵而味之，中夜而思之，平其心，易其气，阙其疑，则圣人之意见矣。"① 在读圣贤书的时候，要体会圣人写作的用意，他是如何花心思的，进而思考圣人是如何成为圣人的，而自己为何没有达到圣人的思想境界，没有成为圣人的差距有多少。然后一句一句地进行研究，日夜不停地体味，夜里也要进行思考，使自己的内心平静下来，改变不良的习气。"阙其疑"，阙，指挖掘，挖掘其主旨，破解其疑问，这样就得到了圣人的思想。第二，要设置场景，把自己摆进去读书。有一次，程颐的学生邵伯温问他"学者如何可以有所得？"程颐以读《论语》举例说："当深求于《论语》，将诸弟子问处便作己问，将圣人答处便作今日耳闻，自然有得。"② 程颐在给我们指出读圣贤经典要体会圣人作文时的用意之外，又给我们指出读经典的方法，就是要将自己摆进去，将孔子弟子的提问当作自己的提问，而孔子给弟子的答话就是孔子给自己的答话，这样自然就有收获。这种将自己摆进去、还原当时当地场景的学习方法，是程颐的独创，很有借鉴意义。第三，要通过体察历史人物的经历把握为圣之道，从而使自己有所效法。程颐说："凡读史，不徒要记事迹，须要识治乱安危兴废存亡之理。"③"看史必观治乱之由，及圣贤修己处事之美。"④ 在程颐看来，读史不是为了记住历史事件，而是要了解历史事件所揭示的治乱存亡的历史规律和古代圣贤是如何修己、处事的，从而汲取古代圣贤的智慧，来指导当下的实践，提升自己的道德生命。

二是要从日常洒扫应对做起，培养自己的圣贤品格。读了圣贤书，了解了圣贤的思想，并不意味着就具有了圣贤的思想境界，就可以成为圣贤，还必须在实践中培养自己的圣贤品格。从某种意义上说，在实践中培养圣贤思想是更重要的环节。仅仅读经典，会几句圣贤警句，却不遵照执行，

---

① 程颢、程颐：《二程集》，中华书局，2004，第 322 页。
② 程颢、程颐：《二程集》，中华书局，2004，第 279 页。
③ 程颢、程颐：《二程集》，中华书局，2004，第 232 页。
④ 程颢、程颐：《二程集》，中华书局，2004，第 313 页。

并不能成为真正的圣贤。那么，从何入手培养自己的圣贤思想品格？程颐从"人皆可以至圣人"出发，从普通大众都能成为圣人、普通大众都能做到的洒扫应对日常生活做起，来锻炼自己的圣贤品格。程颐说："穷理亦多端，或读书，讲明义理；或论古今人物，别其是非；或应接事物而处其当，皆穷理也。"① 在这里，程颐提出了穷理成为圣人的三个途径：读书明理；学习古今人物明辨是非；恰当地应事接物。这三个方面是并列的关系，缺一不可。

从日常生活中把握圣贤之道，解决了一个问题：认为圣贤太远，不是一般人所能追求到的。一般人只要从日常生活中认真把握圣贤之道，就能成为圣贤，这为普通大众修德修行、培养圣贤思想品格增强了信心。也许有人会问，洒扫应对、待人接物怎能培养人的圣贤思想？洒扫应对是普通人都会干的事，待人接物也是人们经常会遇到的事，与圣贤思想有何关系？在程颐看来，日常烦琐而平常的洒扫应对正是克服人的天然惰性，培养人的意志力、认真细致的工作精神的途径。程颢也说过"克勤小物最难"②，与后人所说的"一屋不扫，何以扫天下"，与今人所说的"伟大始于平凡""什么是不平凡？把平凡的事做好就是不平凡"是一个意思。从洒扫应对这类司空见惯的小事做起，就能培养人的坚韧、坚持、认真细致的精神。有的作家为什么能成功？就是从天天记日记这类小事做起的。至于待人接物方面的修炼，更是培养圣贤思想品格的重要环节。从人员层次上说，各类人员待人接物的要求是不同的。普通百姓的待人接物与学者、官员的待人接物，要求自然不同。恰当地处理好待人接物，就反映出一个人的修养和道德水平，乃至圣贤气象。正如程颐所说："圣人之道，更无精粗。从洒扫应对至精义入神，通贯只一理。虽洒扫应对，只看所以然者如何。"③ 在程颐看来，圣人之道，并没有大小、精粗的区别，并不是说圣人只能干大事，不能干小事，相反，洒扫应对这些小事与治国安邦这些大事，贯穿着相同的道理，关键在于你是如何做的。如果你将洒扫应对这些小事作为对意志力的磨炼，那么，你的圣贤思想品格就能得到培养。否则，你对这些小事

① 程颢、程颐：《二程集》，中华书局，2004，第188页。
② 程颢、程颐：《二程集》，中华书局，2004，第119页。
③ 程颢、程颐：《二程集》，中华书局，2004，第152页。

不屑一顾，办事马马虎虎，没有定力和毅力，即使将你放到治国安邦的位置上，你也只会一事无成。

那么，如何做好待人接物？程颐提出了"处其当"的要求。所谓"处其当"，就是符合基本的道德规范，符合圣人之道。在基本的道德规范上，孔子提出"非礼勿视，非礼勿听，非礼勿言，非礼勿动"，程颐写出了《四箴》诗，对视、听、言、动四个方面进行了规范。何为圣人之道？程颐从圣人说起，由圣人说到圣人之道："圣人未尝无喜也，'象喜亦喜'；圣人未尝无怒也，'一怒而安天下之民'；圣人未尝无哀也，'哀其茕独'；圣人未尝无惧也，'临事而惧'；圣人未尝无爱也，'仁民而爱物'；圣人未尝无欲也，'我欲仁，斯仁至矣'。但中其节，则谓之和。"① 程颐眼中的圣人，同常人一样，也有喜、怒、哀、惧、爱、欲，但圣人又不同于常人，其说话办事能处其当、中其节。这里的处其当、中其节，就是要有安天下之民的博大胸怀、仁民而爱物的仁者之情、临事而惧的谨畏作风。这就是从洒扫应对做起而培养出的圣贤品格。

三是要有自强不息的不放弃精神。二程认为，只有两种人达不到圣人的标准，一是自暴者，根本不相信自己能成为圣人；二是自弃者，自己拒绝、放弃向圣人学习。程颐说："不至于圣人而后已者，皆自弃也。"达不到圣人标准而停止学习的，都是他自己放弃努力的结果。当然，说人人都可以成为圣人，并不是说今天确立了目标，明天就可以实现。要达到圣人的标准，必须具备自强不息、坚韧不拔的勇气，经过漫长的磨炼。程颐说："大抵须是自强不息，将来涵养成就到圣人田地，自然气貌改变。"②

二程不仅给人们指出了成为圣人的途径与方法，同时他们也身体力行，一直向着成为圣人的目标努力。程颢十岁时就写出了"中心如自固，外物岂能迁？"的诗句，在十几年的从政生涯中，不为物欲所惑，一直保持清廉本色，做到视民如伤，广施仁政，深得百姓爱戴。他待人接物彬彬有礼，被人称为"温润如碧玉"。程颐幼有高识，非礼不动，一生以圣贤相期许，追求达到圣人的思想境界。他一生不饮茶，甘居清贫，不接受别人馈赠，被称为"纯粹如精金"。二程侍父至孝，将亲戚朋友失怙之孩子予以收养，

---

① 程颢、程颐：《二程集》，中华书局，2004，第403页。
② 程颢、程颐：《二程集》，中华书局，2004，第306页。

关爱有加，视如己出。其高尚品格为乡里所称颂，化行乡党。虽然程颢仅为小官，程颐除做了短期的皇帝侍讲外，一生为处士，但他们却思考天地万物之理，治国安邦之道，为人处世之方，一心成为当时的圣贤。

二程的成德成圣思想，对于我们今天的思想道德建设，仍有借鉴意义。对于一般民众来说，做到孝敬老人、尊重长上、关爱他人、诚实守信就具有了圣贤品格。对领导干部和各级公务员来说，要从传统文化中汲取营养，培养圣贤品格：具有"廓然大公"、以天下为己任的宽阔胸襟；正心、正志、正气，节制嗜欲，自觉抵御各种诱惑，成为全社会的道德典范。

第三节　德为人之本

二程十分关注"德"在成人、立人中的作用。如果把人比作一棵大树，那么，一个人的"德"就是树根。程颐说："德有本，本立则其道充大。孝悌于其家，而后仁爱及于物，所谓亲亲而仁民也。故为仁以孝悌为本。"[①]程颢说："'德不孤，必有邻'，一德立而百善从之。"[②] 德是人修养的根本。有了好的道德，众多的善就会跟着出现。程颐则认为盛德之人可以战胜艰难困苦、临生死而不变心。程颐说："德盛者，物不能扰而形不能病。形不能病，以物不能扰也。故善学者，临死生而色不变，疾痛惨切而心不动，由养之有素也，非一朝一夕之力。"[③]

道德是一个人思想品格、行为修养的反映，是一个人世界观、人生观、义利观的体现。在二程看来，一个人的道德情操，是由人所禀之气的清浊造成的。"气有清浊。禀其清者为贤，禀其浊者为愚。"[④] 贤者道德高尚，愚者道德低下。那么，如何使清者不浊，浊者澄清？二程认为，只有颐养之道。何谓颐养之道？程颐说："推养之义，大至于天地养育万物，圣人养贤以及万民，与人之养生、养形、养德、养人，皆颐养之道也。动息节宣，以养生也；饮食衣服，以养形也；威仪行义，以养德也；推己及物，以养

---

① 程颢、程颐：《二程集》，中华书局，2004，第1133页。
② 程颢、程颐：《二程集》，中华书局，2004，第371页。
③ 程颢、程颐：《二程集》，中华书局，2004，第321页。
④ 程颢、程颐：《二程集》，中华书局，2004，第204页。

人也。"① 在这里，程颐从养生、养形、养德、养人四个方面，提出了颐养之道。做到了这四个方面，就是贤德之人，也就是道德上的完人。

先来看如何养生。一是"动息节宣"。动息的本意是动和休息，节指节制，宣指言语。这句话的意思是动要有节，休息时不要说话。孔子说过"食不言，寝不语"，程颐将孔子的话加以引申，提出除了休息时不要说话外，活动也要有节制。程颢也说过："动息皆有所养。"宋明时期儒家修身思想的一个重要方面，是强调将"养"渗透到日常生活的每一个细节中去。二程认为，人们生活的各个领域，都涉及养生之道，饮食起居的方方面面都应精心讲究。从所听之乐、所习之礼到所用之具，从饮食起居到日常使用的盘盂几杖，从下棋、舞剑、练拳，到喝茶、饮酒、养花等，都是充满情调的生活艺术和韵味无穷的养生过程。二是注重饮食衣服以养形体。在吃饭方面做到不暴饮暴食，有利于保持身体健康；在穿衣方面做到干净、整洁、合体，保持良好的形象。三是注重神态庄重、威严以养德。有德之人，往往庄重、威严，令人肃然起敬。因此，要培养威严的仪态，以养德性。当然，威严的仪态只是外在的一面，还必须要"行义"，从行为上多做仁义之事，以此来培养良好的道德。四是推己及物、设身处地为别人着想、爱护天下之人。这里的"养人"，不是狭隘的养活人，而是爱护、保护天下万民。可见二程的颐养之道，不是一般意义上的养生之道，而是包括了养生、养形、养德甚至养天下万民的更广大的"颐养之道"，即修身、齐家、治国、平天下之道。

那么，究竟如何养德？一是要养心。怎样养心？程颐强调用礼义即义理来养心。程颐说："学莫大于致知，养心莫大于礼义。古人所养处多，若声音以养其耳，舞蹈以养其血脉。今人都无，只有个义理之养，人又不知求。"② 在程颐看来，做学问在于探求知识，探究真理，而养心就在于礼义。古人十分注重用音乐来养耳，养耳实为养心，通过音乐的悠扬旋律来滋养人的性情，同时用舞蹈来使血气运化，血脉畅通。今人却不在这两个方面下功夫，只剩下用义理来养，可又不知去追求。程颐在这里指出了当时宋代社会的严重问题：对于体现礼义的义理，人们不知去追求。这样一来，

① 程颢、程颐：《二程集》，中华书局，2004，第832~833页。
② 程颢、程颐：《二程集》，中华书局，2004，第177页。

道德滑坡就是必然的了。程颐曾对不注重养心的人给予明确的批评，认为其没有区分孰轻孰重。他引用孟子"求放心"的话说："心至重，鸡犬至轻。鸡犬放则知求之，心放则不知求，岂爱其至轻而忘其至重哉？弗思而已矣。今世之人，乐其所不当乐，不乐其所当乐；慕其所不当慕，不慕其所当慕；皆由不思轻重之分也。"[①] 人们一般认为心是至关重要的，鸡犬之类的东西是最轻的。可人们对鸡犬则知道放出去要找回来，对心却不知放出去要找回来。这不是爱惜轻的东西而忘了重要的东西吗？这是人们不会思考的结果呀。今世之人，把不应当乐的事当作乐来享受，却把本应乐的事丢掉了；把本不应羡慕的事拿来羡慕，却把本应羡慕的事丢在一边。这都是不好好思考孰轻孰重的结果。程颐之所以重视养心，是因为在他看来，"心至重"，是颐养之道的根本。他在《颜子所好何学论》中，明确指出"凡学之道，正其心，养其性而已"[②]。他是把正心、养性作为为学之根本目的来看待的。二是要明义理。程颐说："不动心有二：有造道而不动者，有以义制心而不动者。此义也，此不义也，义吾所当取，不义吾所当舍，此以义制心者也。"[③] 懂得了义，就能制不义之心、见利忘义之心、因欲望而浮躁之心，做到见利思义，对不义之财不动心，就能心安，心静。三是要以气养心。这里的气，是指天下为公的浩然之气。程颢说："浩然之气，乃吾气也，养而不害，则塞乎天地；一为私心所蔽，则欿然而馁，却甚小也。"[④] 程颐还说："至诚无私，可以蹈险难者，乾之行也。无私，天德也。"[⑤] 在程颐看来，人如果做到至诚无私，就可以跨越艰难险阻，像天宇一样运行。无私，是天德。

以礼义养心为核心的颐养之道，是二程道德修养功夫的重要内容，涵盖了从内心到外表的过程。程颐提出的"养心莫大于礼义"的论断，对于今天仍具有启示意义：就人的养生之道来说，缺少心灵健康的养生，是不健全的养生之道；只有既关注身体的养生又关注心灵的养生，才是健全的、全面的养生，才能颐养出身心健康的人。

---

① 程颢、程颐：《二程集》，中华书局，2004，第317页。
② 程颢、程颐：《二程集》，中华书局，2004，第577页。
③ 程颢、程颐：《二程集》，中华书局，2004，第273页。
④ 程颢、程颐：《二程集》，中华书局，2004，第20页。
⑤ 程颢、程颐：《二程集》，中华书局，2004，第764页。

第四节 当代价值

二程论德之当代价值，体现在有利于提高人的思想境界；有利于克服物欲的干扰、把握人生的方向；有利于创造生命的价值，使人生行稳致远三个方面。

一是有利于提高人的思想境界。人是有生命的存在，人之生命是有德性的，这个德性就是人的善良的天性，是人的同情之心、怜悯之心，是孟子所说的不忍人之心，即看到别人痛苦而由不忍生出的救助之心。二程正是在这个意义上论述人的生命价值在于创造，在创造属于自己的道德生命的同时，创造他人的生命价值。"'天地之大德曰生'，'天地缊缊，万物化醇'，'生之谓性'，万物之生意最可观，此元者善之长也，斯所谓仁也。人与天地一物也，而人特自小之，何耶？"① 程颢认为，在茫茫宇宙间，人和万物一样处于一个生命共同体中，天地哺育万物，化生万物，生是天地之大德，是天地之特性，万物之生意是最可观的，它是万物生长之元，是最大的善，是最高尚的品质，也就是仁的表现。人与天地是一体的，而人为何只考虑自己呢？西方市场经济将人异化为物，认为人是自私的，而在儒家思想体系中，人是以天地万物为一体的，人与人、人与物是一个生命体，正如程颐所说："'仁者己欲立而立人，己欲达而达人，能近取譬，可谓仁之方也已。'尝谓孔子之语仁以教人者，唯此为尽，要之不出于公也。"② 从孔子的己欲立而立人、己欲达而达人，到程颐对仁的阐释"要之不出于公"，都说明行仁要有公心，即超越一己之私。因而我们说，二程以"公"为核心的道德思想，可以使人达到廓然大公的思想境界。正如包弼德在《历史上的理学》中所说："程颢是 1400 年来唯一的真儒，因为他了解圣人之学。这使他成为历史上第二个开端，也使他的弟弟成为他的继承人。……程颐为正确的政治与正确的学术作了一个很重要的区分。他说，那些讨论圣人之道的人其实是在讨论政治。他们的意见虽然大部分正确，但他们实际上并不了解'圣人之学'和这是不同的。……程颢之所以不平

---

① 程颢、程颐：《二程集》，中华书局，2004，第 120 页。
② 程颢、程颐：《二程集》，中华书局，2004，第 105 页。

凡，正在于他是 1400 年后，第一个不假于人，并以自己的努力去发现其中的真理。"① 所谓发现"真理"，即程颢发现通过自己的努力可以提高自己的道德水平。

二是有利于克服物欲的干扰、把握人生的方向。市场经济的发展在促进物质丰富的同时也带来了人的物欲膨胀、精神空虚、道德滑坡。一些人为了个人利益见利忘义、唯利是图、行贿受贿、为富不仁，甚至图财害命。时代呼唤儒家道德的回归，呼唤儒家思想来救治人心。从孔子的"见得思义""不义而富且贵，于我如浮云"，到孟子的"富贵不能淫、贫贱不能移、威武不能屈"，再到二程的以节制嗜欲、利不妨义、公心思想为核心的道德思想，都将为我们提供丰富的精神滋养。"人于天理昏者，是只为嗜欲乱著佗""灭私欲则天理明矣"，二程的节制嗜欲思想是对人的不合理欲望的纠偏，唯有如此才能使人与动物区别开来，保持人的道德理性。"富，人之所欲也，苟于义可求，虽屈己可也；如义不可求，宁贫贱以守其志也。非乐于贫贱，义不可去也。"② 二程的利不妨义观是市场经济条件下，人们处理利与义关系的基本准则，也是普通民众的基本道德底线：在追求利的时候，不能妨害义，要做到君子爱财，取之有道，做到见利思义，不发不义之财。"圣人以大公无私治天下""至公无私，大同无我"，二程的公心思想是为为政者树立的道德标杆，只要各级公务员做到以公心立心，以公心行政，就能引领社会道德建设，形成崇德向善的社会风尚。

三是有利于创造生命的价值，使人生行稳致远。"德"是生生不息的生命创造，是人的生命大树之根，是人生命长河的纯洁之源。人生是一个生生不息地创造的过程，在这个过程中，有的人生生不息地进行着创造、不断使自己的生命长成参天大树焕发新的光彩，或如清澈的溪流，奔入浩荡的江河；有的人则误入歧途，走入邪路，在牢狱中度过人生，空自嗟叹。可以说，那些动辄贪污受贿上亿的人，也有奋斗史，可一旦被贪欲吞噬，则悔之晚矣。而良好的道德则是确保人生生不息地创造生命精彩的根基。程颐说："心犹种焉。其生之德，是为仁也。"③ 心就像树之种子，这个种子

---

① 〔美〕包弼德：《历史上的理学》，王昌伟译，浙江大学出版社，2010，第 85 页。
② 程颢、程颐：《二程集》，中华书局，2004，第 1144 页。
③ 程颢、程颐：《二程集》，中华书局，2004，第 1174 页。

能生长出道德，就是仁。人要想长成参天大树，有赖于心之仁德，心之仁德能使人成长为栋梁之材；心无仁德，则生出恶花，结出恶果。从这个意义上说，道德是成就人的，而不是对人自身生命的限制。它能使人具有生机无限的创造力，使人具有博施济众的仁爱之心，使人具有廓然大公的胸襟，使人具有与天地合德、与日月合明的精神境界。这种人将具有光辉灿烂的人生、光辉灿烂的未来。程颢说"'德不孤，必有邻'，一德立而百善从之"①，程颐说"德善日积，则福禄日臻"②。人无德不立，国无德不兴。在市场经济条件下，我们迫切需要加强人的道德建设，使人在金钱社会里保持自身道德的纯洁，不至于迷失自我，陷入金钱的泥沼。要用道德来筑起抵御金钱腐蚀侵袭的防线，视不义而富且贵如浮云；要时刻以陷入牢狱之灾的人为戒，慎微、慎独，保持高尚、纯粹的道德情操。

2019 年 3 月 6 日，习近平总书记在看望文艺界、社科界政协委员时的讲话中提出"为时代明德""用明德引领风尚"③ 的要求。用明德引领风尚实际上是以道德、价值引领风尚。二程的道德思想具有深刻的时代价值，对当代"用明德引领风尚"具有积极的借鉴意义、启迪价值。

---

① 程颢、程颐：《二程集》，中华书局，2004，第 371 页。

② 程颢、程颐：《二程集》，中华书局，2004，第 756 页。

③ 《习近平：坚定文化自信把握时代脉搏聆听时代声音 坚持以精品奉献人民用明德引领风尚》，《人民日报》2019 年 3 月 5 日，第 1 版。

第五章　二程的义利思想

如何处理好义与利的关系，是中国哲学的核心问题，也是当代道德哲学的基本命题。在义利之辨问题上，二程继承了古代先贤的基本思想，并结合当时的社会现实，明确提出了利不妨义的观点，这既是对传统儒学义利观的继承，又对其有新的发展，将求利视为人之所需，但又以不损害义为前提，具有重要的现实价值。

第一节　古代先贤的义利观

孔子提出"君子义以为上"（《论语·阳货》）、"君子义以为质"（《论语·卫灵公》），以"义"为行动的指南，让"义"化为自己的灵魂，改变自己的品质，进而使自己成为"君子"即完美的人，而完美的人应该"见利思义"（《论语·宪问》）。孔子对"不义"的态度是"不义而富且贵，于我如浮云"，《论语·季氏》中有"子曰：……见得思义"。

何谓"义"？《中庸》解释说："义者，宜也。"凡事适宜就叫作"义"。怎样才是"义"呢？孔子提出"君君，臣臣，父父，子子"（《论语·颜渊》），《礼记·礼运》对此进一步扩充说明："父慈、子孝，兄良、弟悌，夫义、妇听，长惠、幼顺，君仁、臣忠，十者谓之人义"，意思是这十个方面就是人应当做到的"义"，就是做人的基本伦理道德准则。做到这些才能做到"行己也恭""养民也惠""使民也义"，"其身正，不令而行"。

孔子培养人才的目标是使之成为"君子"，君子如果"放于利而行"，则"多怨"（《论语·里仁》）。"放于利"即放任、放纵个人欲望去逐利、牟利，任凭个人利益指导行动，如此则会招来很多怨恨，所以君子不能谋求个人私利。孔子要求"君子"把利益和恩惠给予老百姓。他提出"君子"

的美德之一是"惠而不费",是"因民之所利而利之"(《论语·尧曰》)。"君子"行政的"大节"应该是"礼以行义,义以生利,利以平民"(《左传·成公二年》)。意思是:礼法用来推行道义,道义用来产生利益,利益用来安定人民,使人民富裕。

孟子继承了孔子思想,特别推重"义"。他认为"义"是"人之正路"(《孟子·离娄上》),为了"义",甚至可以放弃生命:"生,亦我所欲也;义,亦我所欲也;二者不可得兼,舍生而取义者也。"(《孟子·告子上》)

西汉大儒董仲舒继承孔孟思想,提出了"义利"观。他在《春秋繁露·身之养重于义》中说:"天之生人也,使人生义与利。利以养其体,义以养其心。心不得义不能乐,体不得利不能安。"在董仲舒看来,利能养人的身体,义能养人的心灵。心没有义不会快乐,身体没有利不得安宁。董仲舒的"义利"观是义、利并行的。

第二节　二程的利不妨义思想

二程在继承古代先贤义利观的基础上,对义和利的关系进行了新的概括:以义为道德底线,做到利不妨义。二程对利和义的看法符合理学的基本精髓,是理性的、客观的,并非不食人间烟火的禁欲主义。

我们先来看看二程是如何论述利与义的关系的。程颐说:"圣人于利,不能全不较论,但不至妨义耳。"[1] "人无利,直是生不得,安得无利?"[2] 圣人对于利,不能全不计较,但不至妨害义。人若无利,连生活都不能维持,所以怎么能没有利呢?程颐更进一步说:"富,人之所欲也,苟于义可求,虽屈己可也;如义不可求,宁贫贱以守其志。非乐于贫贱,义不可去也。"[3] 追求富裕的生活,是人的正常欲望。假如与义相符合,即使自己受委屈也可去追求;如果与义不相符合,就要守住贫贱以保持心志。这样做不是以贫贱为乐,而是义不能舍弃! 在这里,程颐实际上提出了在义利关系中应遵守的基本道德底线:不反对人追求富裕、追求利的正常欲望,

① 程颢、程颐:《二程集》,中华书局,2004,第396页。
② 程颢、程颐:《二程集》,中华书局,2004,第215页。
③ 程颢、程颐:《二程集》,中华书局,2004,第1144页。

反而认为，只要与义相合，哪怕委屈自己也可去追求利；但反对对义有妨害的利，如果在追求利的时候，与义不相合，违背了义的原则，就要宁肯贫贱也要保持心志。程颐明确说："义吾所当取，不义吾所当舍。"① 程颐还进一步指出超出义的道德底线的危害："利者，众之所同欲也。专欲利己，其害大矣：贪之甚，则昏蔽而忘理义；求之极，则争夺而致怨。"② 利，是众人都想追求的，但专为自己的利益考虑，其害处就很大。欲望过甚，则会使人昏庸而忘义理；追求欲望过急，就会造成争夺、伤害而引起仇怨。他还说："甚矣欲之害人也。人之为不善，欲诱之也。诱之而弗知，则至于天理灭而不知反。故目则欲色，耳则欲声，以至鼻则欲香，口则欲味，体则欲安，此皆有以使之也。"③ 非分的欲望是害人的。人之所以不善，是非分的欲望诱惑的结果。受诱惑而不知，则人的天理良知泯灭而不知悔改。受欲的驱使，眼迷于色，耳迷于声，鼻迷于香，口迷于味，身体迷于安逸，这些都是过分追求欲造成的。在程颐看来，人的欲望过甚，不仅使人不能正确地认识事物，受欲望的诱惑，还使人不能有好的善行，甚至追求个人欲望过急，还会造成伤害和仇恨。

那么，如何处理好利与义的关系呢？程颢说："大凡出义则入利，出利则入义。"④ 意思是说：世间事大凡付出义就会得到利，同样，付出利也会得到义。程颐则说君子"以义为本"⑤，"圣人以义为利，义安处便为利"⑥。意思是说：君子当以义为根本。圣人以义为利，做到义，便可得到利。在日常生活中，那些凡事看重义的人，不把利放在眼里，为人处世显得慷慨、大方，看似失去了钱财，却换来了急公好义的名声，而当他遇到困难的时候，受过他帮助的人，就会以几倍的回报去报答他。这就叫出义则入利。

利不妨义，这就是二程的义利观。对那些见利忘义、损人利己、害己害人的人来说，二程的这些话真应该深长思之。在当前发展市场经济的条件下，学习二程利不妨义的思想，对于我们在追求个人合理物质利益的同

① 程颢、程颐：《二程集》，中华书局，2004，第273页。
② 程颢、程颐：《二程集》，中华书局，2004，第1187页。
③ 程颢、程颐：《二程集》，中华书局，2004，第319页。
④ 程颢、程颐：《二程集》，中华书局，2004，第124页。
⑤ 程颢、程颐：《二程集》，中华书局，2004，第101页。
⑥ 程颢、程颐：《二程集》，中华书局，2004，第173页。

时，坚守道德底线，具有启迪价值。首先，要明确人都有生存、求富、求利的欲望，正是这些欲望，激励人们为追求幸福生活而产生不竭动力，也推动了社会的发展和进步。同时也要明确，人的欲望要以"义"来引领。在市场经济条件下，公民为个人利益奋斗是合理的；科技人员、专家、学者按劳动成果取得报酬是合理的；公职人员随着经济发展提高待遇是合理的；但公民、科技人员、企业家在获取个人利益时，要有道德、道义底线，在追求个人财富的时候，要做到不损害他人、集体、国家利益，不见利忘义，不损人利己，不损公肥私，而当他人、集体、国家利益受到损害的时候，要勇于舍己为人、舍己为公、见义勇为；公职人员应以公心、公德引领社会，摈弃以权谋私、以职谋私行为，成为全社会的道德楷模。

第三节　节制嗜欲

二程的义利观的核心是节制嗜欲。因为即使懂得了义利观，如果不节制嗜欲，还是会被不合理的欲望所驱使。人都有欲望，都有求利的本能。前面已经说过，合理的欲望、正常的求利是社会发展、进步的动力，但不合理的嗜欲则是扼杀人正常欲望的毒瘤，必须去除。二程认为，人与动物的区别在于人有仁义之心。正如程颐所说："君子所以异于禽兽者，以有仁义之性也。苟纵其心而不知返，则亦禽兽而已。"[1] 这句话是说人与禽兽的区别在于人有仁义之心，但人的仁义之心并不是天生就有的，也不是一成不变的：假如"纵其心"，也就是放纵人的本心，仁义之心就会丢失，人就同禽兽没有区别了。我们来分析，为什么放纵人的本心，人的仁义之心就会丢失。实际上在程颐看来，人的本心是有欲望的，欲望又分为正常的欲望和非分的欲望。

人的本心是人的自然属性的反映。程颐说："口目耳鼻四支之欲，性也；然有分焉，不可谓我须要得，是有命也。仁、义、礼、智，天道在人，赋于命有厚薄，是命也，然有性焉，可以学，故君子不谓命。"[2] 在程颐看来，人的口目耳鼻和四肢都有欲望，这就是人的自然之性。比如说口欲甜，

---

① 程颢、程颐：《二程集》，中华书局，2004，第 323 页。
② 程颢、程颐：《二程集》，中华书局，2004，第 257 页。

目欲悦，耳欲乐，鼻欲香，四肢欲安逸，然而这些自然之性是有限度的，不可以放任去追求。仁、义、礼、智是天道，可天道赋予人性有厚薄，这是人的禀性所决定的。但这不是不可改变的，而是可以通过学习改变的。故君子不认命。程颐在这里着重提出，人有自然之性，但通过学习可以具有天道之性；天道之性可以改变自然之性。因而程颐说"君子不谓命"，即通过学习可以改变人的天赋之命。

既然人的自然属性中有追逐"物欲"的本能，那么，怎样才能将人心与物欲阻断，保持心灵的纯洁？程颐认为，这就要循"天理"，只有"天理"才能驱逐物欲。有一次，程颐的学生邵伯温问："孟子说的心、性、天，是否可以用理来概括？"程颐说："可以。从理的方面来说是天，从人的禀性来说是性，从存在于人的方面来说是心。可以用理来概括。"邵伯温又问："这样来说，凡是运用理就是心？"程颐说："不是心，是意，是人的意念。"程颐的学生唐棣问："意是由心生发的对不对？"程颐说："有心而后有意"。邵伯温又问："人有逐物，是心逐之否？"程颐说："心则无出入矣。逐物是欲。"① 这里，程颐是说意是由心生发出来的，而促使心生发意的则是追逐物的欲望。而要阻断这种逐物的欲望，就要遵循天理。那么，怎样才能遵循天理以阻断逐物的欲望？程颐认为是"窒欲"。何谓"窒欲"？就是抑制不合理的、非分的欲望，不使它对人心产生影响。

那么，怎么才能抑制不合理的欲望？二程认为，一要善思。程颐说："然则何以窒其欲？曰思而已矣。学莫贵于思，唯思为能窒欲。曾子之三省，窒欲之道也。"② 在程颐看来，只有善于思考才能抑制不合理的欲望。当你遇到外物诱惑的时候，仔细加以分析，经过判断之后再决定取舍，是抑制不合理欲望的前提。心理学家认为，人心与外物之间有两种情况。其一是不假思索地天然接受。如饥饿者对到手的饭菜，不假思索地吃下去；受贿者对行贿者的钱财不假思索地接受。其二是经过思索之后，"意志"力量决定拒绝。如饥饿者对到手的饭菜在经过思索后，认为给予者有不良动机，便予以拒绝；受贿者对行贿者经过思索后，看清不良动机、危害并予以拒绝。这就是程颐所说的"唯思为能窒欲"，因为经过思索之后，就能将

---

① 程颢、程颐：《二程集》，中华书局，2004，第297页。
② 程颢、程颐：《二程集》，中华书局，2004，第319页。

不合理的欲望抑制住。他还特别强调，只有曾子那样的三思而后行，才是抑制人的不合理欲望的正确方法。

二要思理。如果说善思是前提，那么思理便是根本。一事当前，先要思考，不能盲从。而接下来如何思考，凭什么决定取舍，才是根本。程颐说："视听言动，非理不为，即是礼，礼即是理也。不是天理，便是私欲。"① 在程颐看来，思考的时候，要以理为标准，符合理的，就可以去做，不合理的，就不能去做。甚至对不合理的，应该不要看，不要听，不要说，不要行。不合天理，就是私欲，私欲就是要舍去的东西。

程颐曾写《四箴》诗，对视、听、言、动这些日常接触的东西，如何先思而后看、而后听、而后说、而后行进行了规范。"视"箴是这样说的："心兮本虚，应物无迹；操之有要，视为之则。蔽交于前，其中则迁；制之于外，以安其内。克己复礼，久而诚矣。"②

在程颐看来，一个人的心原本是明净虚空的，就像镜子一样，顺应外界事物的变化而不留痕迹。那么，如何保持人的本心？这就要求守住"看"这一心灵的窗口，否则的话，将不好的东西看在眼里，内心就要受到蒙蔽，纯洁的心灵就会起变化。不合礼的不要看，要将其遏制于心外，以使心境得到安宁。或者即使看到了，而能以礼来加以约束，久而久之心志就能够专一了。这里程颐对"看"强调了两个方面，一是非礼勿视；二是即便视了、看了，要用礼去辨别，去克制，不使心灵受到污染。过去人们在解释这句话时，只看到"不看"的一面，实际上还有看到后如何办：克己复礼。这句话对我们今天的学生教育、电视传媒是有警示作用的：面对充斥电视屏幕的暴力、凶杀、色情等内容，作为学校、家长，该如何引导未成年的孩子不看？而作为电视工作者，该如何肩负起社会责任，将优秀的作品奉献给孩子们？这是需要我们加以思考的。

程颐的"听"箴是这样说的："人有秉彝，本乎天性；知诱物化，遂亡其正。卓彼先觉，知止有定；闲邪存诚，非礼勿听。"③ 在程颐看来，人都有美好的禀性，本来就是天生具备的。人的内心受到外物的诱惑，就会失

---

① 程颢、程颐：《二程集》，中华书局，2004，第144页。
② 程颢、程颐：《二程集》，中华书局，2004，第589页。
③ 程颢、程颐：《二程集》，中华书局，2004，第589页。

去好的禀性。而那些心志高洁卓然独立的人，则能事先察觉，不被外物所诱惑，做到知止有定。为抵御、抛弃邪念，保持诚心，不合礼法之言不要去听。在当今社会，如何保持人的美好天性，不被不良社会风气所污染？就要像程颐所说的那样，有卓尔不群的高洁之志，不被功名利禄所诱惑，懂得"止"：对嗜欲、对不合理的诱惑、对功名利禄懂得拒绝，才能保持心地纯洁，不被物化。

程颐的"言"箴是这样说的："人心之动，因言以宣；发禁躁妄，内斯静专。矧是枢机，兴戎出好；吉凶荣辱，惟其所召。伤易则诞，伤烦则支；己肆物忤，出悖来违。非法不道，钦哉训辞！"① 在程颐看来，人心的动摇是从人所说的话开始的，平息躁动和妄念，内心就可以专注和宁静。说话是关键，一句话没说好，就会引起战争。语言能够引起战争，也能带来和平；吉凶荣辱，往往是一个人说的话所招致。说话过于简单，就显得很荒诞；说得过于繁杂，又显得支离破碎。说话太放肆多半与事理相违背。你说出一些违背天道的话，则别人应对你的话往往也是如此。不符合天道、不符合礼的话，就不要去说。程颐从心理学的角度，说明人心的欲念是从人说话开始的，要制止人心的躁动，就不要说不合礼的话。这就告诫我们，不仅不要听不合礼的话，自己也不要说不合礼的话，这样才能保证心灵的平静。

程颐的"动"箴是这样说的："哲人知几，诚之于思；志士励行，守之于为。顺理则裕，从欲惟危；造次克念，战兢自持；习与性成，圣贤同归。"② 在程颐看来，哲人都知道那些很玄妙的、精深的道理，因为他们有缜密的、深刻的思考；有志之士常常在实践中磨砺自己的品行。顺理而做，就会道路宽广，前途光明。如果放纵私欲，就会使自己面临危险；人要克服鲁莽、仓促的念头，做每一件事情的时候，都能把持住自己；习惯和性情慢慢养成了良好的品性，就可以步入圣贤的境界。程颐告诫我们，在行动之前，一定要懂得"顺理则裕，从欲则危"的道理，克服不合礼、不合法、不道德的念头，在受到诱惑的时候，善于把持住自己。当这种好的品性养成的时候，人就有了圣人的思想境界了。

---

① 程颢、程颐：《二程集》，中华书局，2004，第589页。
② 程颢、程颐：《二程集》，中华书局，2004，第589页。

视、听、言、动与节欲养心修德的关系十分密切。视、听、言、动是外部世界的反映，把握好视、听、言、动的标准，做到非礼勿视、非礼勿言、非礼勿听、非礼勿动，就会把不合理的欲望抑制住，就能做到不动心。做到了不动心，就能养心修德。当前，我们面对各种各样的诱惑，对于把握好视、听、言、动的标准，一个很重要的方面就是要以社会主义核心价值观来对视、听、言、动进行衡量。不符合社会主义核心价值观的，就要不视、不听、不言、不动。当前一些人的价值观错位，把丑的、恶的、颓废的、暴力的、色情的当作正面的东西进行宣扬，污染、毒害人的心灵。应在"勿视"的同时，下大力气给人们提供健康向上的视觉艺术，以正视听。我们的各级公务人员，在面对物质利益诱惑时，要铭记"顺理则裕，从欲惟危"的话，以身陷囹圄的官员为鉴戒，做到对不义之财不动心，自觉抑制不合理的欲望。

第六章　二程的诚敬思想

　　"诚"是自先秦就有的概念，从孔子到孟子、荀子都有对"诚"的论说，但直到周敦颐才将"诚"与天道、人事相沟通，二程则不仅进一步发展了"诚"思想，将"诚"作为上至士大夫，下至庶民的修身、立业之本，而且提出了"敬"的概念，将"敬"作为立诚的根本途径，这是二程对思想史的重要贡献。

第一节　二程的"诚"思想

一　从先秦到周敦颐对"诚"的论说

　　《论语》中有对"信"的论述"人而无信，不知其可也"（《论语·为政》），但鲜有对"诚"的直接论说。有学者研究，《易传》"庸言之信，庸行之谨；闲邪存其诚，善世而不伐，德博而化。……君德也"（《周易·易传·文言》）和"君子进德修业，忠信，所以进德也；修辞立其诚，所以居业也"（《周易·易传·文言》）被认为是引述孔子的话。这里的"闲邪存其诚"和"修辞立其诚"，突出了"诚"的道德修养意义。朴绝邪念可以存诚，立诚可以修身，可以建立功业。如果这两段是引述孔子的话，说明孔子也有对"诚"的论说。

　　孟子肯定了"诚"对修身的作用，并进一步把"诚"与"天道"、"人道"相联系。孟子说："诚身有道，不明乎善不诚其身矣。是故，诚者天之道也，思诚者人之道也。至诚而不动者未之有也，不诚未有能动者也。"（《孟子·离娄上》）虽然孟子提出了"诚者天之道"，但并没有对何谓天道做出论述。

　　荀子论"诚"，则对"天道"进行了论说。荀子认为："夫此有常，以至其诚者也。"这里的"有常",即"天道",天道就是"诚":"天不言而人推高焉,地不言而人推厚焉,四时不言而百姓期焉。夫此有常,以至其诚者也。……天地为大矣,不诚则不能化万物;圣人为知矣,不诚则不能化万民;父子为亲矣,不诚则疏;君上为尊矣,不诚则卑。夫诚者,君子之所守也,而政事之本也。"(《荀子·不苟》)荀子把孟子的天道之诚具体化为天的四时更替之诚和化育万物之诚,并从不诚的角度论述不诚之害,提出"诚"为君子应持守的品德,为政事之本。而从天道到人道,从修身到治世,把"诚"置于一个核心的位置论述的,是《礼记·中庸》:

> 诚者,天之道也;诚之者,人之道也。诚者,不勉而中,不思而得,从容中道,圣人也。诚之者,择善而固执之者也。……唯天下至诚,为能尽其性;能尽其性,则能尽人之性;能尽人之性,则能尽物之性;能尽物之性,则可以赞天地之化育;可以赞天地之化育,则可以与天地参矣。其次致曲。曲能有诚。诚则形,形则著,著则明,明则动,动则变,变则化。唯天下至诚为能化。……故至诚无息。不息则久,久则征,征则悠远,悠远则博厚,博厚则高明。博厚所以载物也,高明所以覆物也,悠久所以成物也。……唯天下至诚,为能经纶天下之大经,立天下之大本,知天地之化育。

唐代李翱则提出"人之所以为圣人者,性也;人之所以惑其性者,情也"。他在《复性书》中说:

> 是故诚者,圣人性之也,寂然不动,广大清明,照乎天地,感而遂通天下之故,行止语默,无不处于极也。复其性者,贤人循之而不已者也,不已,则能归其源矣。……道者至诚也,诚而不息则虚,虚而不息则明。明而不息则照天地而无遗,非他也,此尽性命之道也。……道也者,至诚也。至诚者,天之道也。诚者定也,不动也。

李翱赋予了"诚"新的理论意义,认为"诚"在本质上与圣人之性、与道相一致,他进而把圣人之性的至诚心态,解释为无虑无思、摈思去情。

周敦颐论"诚"的来源与意义、天道与人道直接贯通,提出了"诚者圣人之本""诚，五常之本，百行之原"的概念，具有重要的理论创新。

周敦颐《通书》说：

> 诚者，圣人之本。"大哉乾元，万物资始"，诚之源也。"乾道变
> 化，各正性命"，诚斯立焉。①

"大哉乾元，万物资始"，出自《周易·乾卦·象传》，指开创万物的乾元之道，是万物借以生成的来源，也是"诚"的来源。周敦颐将天道与"诚"相联系，指出"诚"的概念来源于对天道专一、守时、亘古不变品行的认知与启迪，为人们由天道之诚而思人道之诚开辟认知道路。"乾道变化，各正性命"，出自《周易·乾卦·象传》，是说天道一阴一阳变化，万物由此确定性命，"诚斯立焉"，"诚"也就是这样确立的。意思是说，正是一阴一阳的变化，确立了万物的性命，阴阳变化使万物得以生长，人类也是顺应了阴阳变化的规律才得以确立性命。人类也应效法自然之诚，确立自己的诚心。周敦颐《通书》说：

> 圣，诚而已矣。诚，五常之本，百行之原也。静无而动有，至正
> 而明达也。五常百行，非诚，非也。邪暗，塞也。故诚则无事矣。至
> 易而行难。果而确，无难焉。故曰"一日克己复礼，天下归仁焉"。②

"圣，诚而已"，周敦颐将"诚"引为人的道德修养的最高境界即成为圣人。同时，具体将"诚"作为"五常"（仁、义、礼、智、信）之本、"百行"之原，将"诚"作为人修身、行事之基，作为行仁、行义、行礼、行智、行信乃至"百行"之本，将"诚"推崇到无以复加的地位。

"寂然不动者，诚也"，是周敦颐对"诚"之本质特征的又一揭示。大自然无私无欲，寂然不动，人要做到"诚"，必须在纷繁复杂的欲望、诱惑面前寂然不动。而做到了寂然不动，则可以成为圣人。

综合上述论述，可以看到，"诚"有四个特征。一是守时不易。日出日

---

① 转引自黄宗羲《宋元学案》，中华书局，1986，第482页。
② 转引自黄宗羲《宋元学案》，中华书局，1986，第482页。

落，春华秋实，四季轮回，这是大自然守时之诚的表现。二是持续不断。天天日出日落，年年春华秋实、四季轮回，这是大自然持续不断之诚的表现。三是真实无妄、无私无欲。阳光普照万物，没有一己之私，万物生长果实，供人类食用，没有一己之心。四是寂然不动，恒久不变。大自然不受外物之干扰，恒久保持自己的本性。即以树木之果实来说，甜的恒久甜，苦的恒久苦，从不改变。① 正如古代人们从自然形状受到启发而造出象形文字一样，古代哲学家也从天地之诚出发告诫人们要"思诚"，来成就自己的道德本质。这样，就把人的本性与天地宇宙的本性统一起来，复杂多样的人性所体现的人类道德法则就有了天地宇宙的本性的最终解释，这是周敦颐超越前人的重大理论创新。周敦颐完成了天道之诚与人道之诚的理论构建，使儒家的价值观与天道观统一起来，为宋代儒学的发展开辟了道路。

二 二程论"诚"并提出入"诚"之方："敬"

二程论"诚"则将"诚"更多地与人的道德修养、成事立业、治国安邦相联系，并提出了"敬"的概念：从"敬"入手，达到"诚"的境界。这是二程对"诚"的创新与发展。

"诚"是修身、治事、为学之本，是二程贡献给中国人最具共同价值的理念。二程分别对何谓"诚"，如何做到"诚"，"诚"的实际运用即功用方面有完备的阐述，这是当今亟待挖掘的宝贵思想资源。

二程对"诚"的阐述有以下方面：

> 诚者天之道，敬者人事之本。敬则诚。②
> 思无邪，诚也。③
> 真近诚，诚者无妄之谓。④

---

① 参见陈淳《字义·诚》："如天行一日一夜，一周而又过一度，与日月星辰之运行躔度，万古不差，皆是真实道理如此。又就果木观之，甜者万古甜，苦者万古苦，青者万古常青，白者万古常白，红者万古常红，紫者万古常紫，圆者万古常圆，缺者万古常缺。一花一叶，文缕相对，万古常然，无一毫差错，便待人力安排撰造来，终不相似，都是真实道理，自然而然。"
② 程颢、程颐：《二程集》，中华书局，2004，第127页。
③ 程颢、程颐：《二程集》，中华书局，2004，第106页。
④ 程颢、程颐：《二程集》，中华书局，2004，第274页。

"诚者天之道，敬者人事之本。敬则诚"，程颢这句话也是承接了《中庸》的思想，认为"诚"是大自然的属性。后面的两条是程颐对"诚"的解释。在程颐看来，做到思想纯正（思无邪）、真实无欺诈（无妄）就是"诚"。

同时，程颢还以人之射箭时的专注神态来说"诚"，实际是说"诚"的外在表现：

> 舞射便见人诚。①
> 射则观其至诚而已。②

二程将大自然"诚"的特性，引发为人的本性，认为人应效法大自然，将真实无欺、纯正真挚作为人的本性，由此确立人的立身之本：诚实无欺。程颐曾说："不信不立，不诚不行。"③ 就是说，为人不讲信用就不能立于世，为人不诚就不能在世上行走。

如何做到"诚"？"诚"作为人的道德品质，是从何而来的？在纷繁复杂的社会中该如何保持"诚"的本色？二程给出了自己的思考。一要知至，对"诚"有深刻的理解。"知至则便意诚，若有知而不诚者，皆知未至尔。"④ 程颢认为，要做到"诚"，首先要"知至"，就是要明白道理，只有深刻明白了事物的道理，才能意诚，才能笃行。如果只是浅尝辄止，则不会有诚。比如人的信仰，如果对信仰没有深刻的了解，就不会将之奉为至高无上的追求。二要闲邪，即杜绝邪念。"忠信所以进德者何也？闲邪则诚自存，诚存斯为忠信也。如何是闲邪？非礼而勿视、听、言、动，邪斯闲矣。"⑤ 程颢认为，说忠信是修养道德的根本，在于杜绝邪念则"诚"自存，而所存的"诚"就是忠信。那么怎么杜绝邪念？非礼勿视、勿听、勿言、勿动，就可以杜绝邪念。"闲邪则诚自存，不是外面捉一个诚将来存著。今人外面役役于不善，于不善中寻个善来存著，如此则岂有入善之理？只是

① 程颢、程颐：《二程集》，中华书局，2004，第78页。
② 程颢、程颐：《二程集》，中华书局，2004，第91页。
③ 程颢、程颐：《二程集》，中华书局，2004，第318页。
④ 程颢、程颐：《二程集》，中华书局，2004，第133页。
⑤ 程颢、程颐：《二程集》，中华书局，2004，第26页。

闲邪，则诚自存。"① 程颐认为，要杜绝邪念，不是在外面捉一个"诚"拿来存放在心里，而是要从内心存诚。今人在外面做了不善的事，你能从不善中找个善来存着，这岂有入善的道理？只有内心杜绝邪念，才能存诚。就像今天的有些人，在外面胡作非为，让他内心存诚是自欺欺人。只有表里如一，才有诚心。"诚者合内外之道，不诚无物。"② 程颢说得更为明白，"诚"是内外一致，表里如一，知行合一。三要用"敬"。有了"敬"就能"诚"。"诚"是内在的品质，"敬"是"诚"外在的表现。因而程颐说："诚然后能敬，未及诚时，却须敬而后能诚。"③ 这句话可能是程颐的切身体验：当你用恭敬的态度去处理事情时，时间久了，你就有了诚心、诚意。程颢也说过意思相同的话："某写字时甚敬，非是要字好，只此是学。"④"只此是学"，学是什么？是培养自己的诚心。

那么，何谓"敬"？程颐说："但惟是动容貌、整思虑，则自然生敬，敬只是主一也。""主一者谓之敬。一者谓之诚。主则有意在。"⑤"主一"通俗地说是心主一事，"一"为专注、专心，"主则有意在"，即有诚意在。"主一"即是专心致志，心无旁骛。用主一、专心致志来培养人的诚心，这是二程的修养方法论。

二程十分重视用"敬"来培养人的诚心。程颐说："严威俨恪，非敬之道，但致敬须自此入。"⑥ 外表看起来很严肃，这并不是"敬"的内在的东西，但要做到"敬"确实需要有严肃认真的态度。程颢也说："入道莫如敬，未有能致知而不在敬者。"⑦ 程颐说："识道以智为先，入道以敬为本。……故敬为学之大要。"⑧"涵养须用敬，进学则在致知。"⑨"入德必自敬始。"⑩"君子之遇事，一于敬而已。"⑪ 尹焞曰："初见伊川时，教某看敬

---

① 程颢、程颐：《二程集》，中华书局，2004，第149页。
② 程颢、程颐：《二程集》，中华书局，2004，第9页。
③ 程颢、程颐：《二程集》，中华书局，2004，第92页。
④ 程颢、程颐：《二程集》，中华书局，2004，第60页。
⑤ 程颢、程颐：《二程集》，中华书局，2004，第315页。
⑥ 程颢、程颐：《二程集》，中华书局，2004，第170页。
⑦ 程颢、程颐：《二程集》，中华书局，2004，第66页。
⑧ 程颢、程颐：《二程集》，中华书局，2004，第1183页。
⑨ 程颢、程颐：《二程集》，中华书局，2004，第188页。
⑩ 程颢、程颐：《二程集》，中华书局，2004，第1194页。
⑪ 程颢、程颐：《二程集》，中华书局，2004，第1221页。

字，某请益。伊川曰：'主一则是敬。'"①

二程论"敬"之详尽，对"敬"之推崇之高，将"敬"作为入德之门、立诚之基，为历代贤哲所少见。朱子说："自秦汉以来，诸儒皆不识这'敬'字，直至程子方说得亲切。"② 这里的亲切，是指明白、透彻。

三　二程论"诚"之效用

二程论"诚"之效用，主要体现在明理、修身、治事、临人、为学上，涵盖了为人处世的方方面面。程颐说："诚无不动者：修身则身正，治事则事理，临人则人化，无往而不得，志之正也。""诚"能感动一切，用"诚"来修身，则能使人身正，用"诚"来治事则能使人把事情治理好，用"诚"来管理人则能使人受到感化。可以说用"诚"来处事无往而不胜。为什么能这样？因为有诚心的人心志纯正。

明理。明理即明道，是对世间万事万物的运行规律和处世规则的把握与运用。要把握与运用好万事万物的规律和处世规则，必须有诚心，否则将难以深入理解，也难以把握和运用它们。程颢说："夫道恢然而广大，渊然而深奥，于何所用其力乎？惟立诚然后有可居之地。"③ "道之浩浩，何处下手？惟立诚才有可居之处，有可居之处则可以修业也。"④ 这里的"道"，就是世间万事万物之规律，神秘宏大而又深奥莫测。从何处下手？在何处用力？只有诚心才能找到可居之地，才能找到其奥秘之处，才能成就事业。

"仁"是儒家人生哲学的根本，如何识"仁"，又如何将"仁"落实到人生实践上？只有诚敬二字。程颢说："学者须先识仁。仁者，浑然与物同体。义、礼、知、信皆仁也。识得此理，以诚敬存之而已，不须防检，不须穷索。"⑤ 有了诚敬之心，就能将"仁"内化于心，外化于行，遇事不须勉强，自然就表现出仁爱之心。这是程颢识"仁"、用"仁"的方法论。

修身。用"诚"修身则身正。用"诚"修身，首先，不要欺骗自己。

① 程颢、程颐：《二程集》，中华书局，2004，第433页。
② 《朱子语类》卷十二，中华书局，1986，第207页。
③ 程颢、程颐：《二程集》，中华书局，2004，第1174页。
④ 程颢、程颐：《二程集》，中华书局，2004，第2页。
⑤ 程颢、程颐：《二程集》，中华书局，2004，第16页。

程颢说："养之则须直不愧屋漏与慎独，这是个持养底气象也。"① 能做到不愧屋漏与慎独就是"诚"的表现，就是不欺自己的表现。修身是自己道德情操的完善，不能当面说一套，背后做一套。其次，要做到"敬"。用恭敬的态度去对待修身。二程说"心敬则内自直"②。程颢说："去性上修，便是直养。然同归于诚。"③ 对于修身来说，做到了正直，便是"诚"。最后，"诚"能使人道德完善，使人身正。程颢说："忠信进德，修辞立其诚，所以居业修立在人。"④ 做到了忠信，提升道德，完善自己的言辞，以诚实立身，自然身正。

治事。以诚治事则事理。以诚治事有两个方面的含义，一是精神不懈怠。程颐说："诚则自然无累，不诚便有累。"⑤ 程颢从反面说："不能动人，只是诚不至；于事厌倦，皆是无诚处。"⑥ 二是能将事情理顺、治理好。有了诚心，即使面对纷繁复杂的事物也能理清头绪，把事情处理好。不诚心的人，往往心浮气躁，不能处理好纷繁的事情。

临人。这里的"临人"指管理人、教化人，如果用诚心来管理人、教育人，人则会被感化。程颢说："至诚可以赞化育者，可以回造化。"⑦ 因为天地的自然属性是"诚"，至诚的人，可以帮助天地造化运行，自然能感化人。至诚之人以诚心对待人，以心换心、将心比心，且言行如一，知行合一，自然能感动人、感化人。

为学。这里的为学，非是专指学习来说，而是涵盖了为学、做人、处事的方方面面。程颐说："学者不可以不诚，不诚无以为善，不诚无以为君子。修学不以诚，则学杂；为事不以诚，则事败；自谋不以诚，则是欺其心而自弃其忠；与人不以诚，则是丧其德而增人之怨。"⑧ 做学问的人，不可以不诚，不诚则不可能行善，不诚则不可能成为君子。做学问不以诚心来对待，则学必杂；处事不以诚心来对待，必定会失败；自己谋事不以诚

---

① 程颢、程颐：《二程集》，中华书局，2004，第30页。
② 程颢、程颐：《二程集》，中华书局，2004，第392页。
③ 程颢、程颐：《二程集》，中华书局，2004，第82页。
④ 程颢、程颐：《二程集》，中华书局，2004，第82页。
⑤ 程颢、程颐：《二程集》，中华书局，2004，第87页。
⑥ 程颢、程颐：《二程集》，中华书局，2004，第78页。
⑦ 程颢、程颐：《二程集》，中华书局，2004，第120页。
⑧ 程颢、程颐：《二程集》，中华书局，2004，第326页。

心来对待，则是自己欺骗自己而丢弃自己的忠心；与人相交不以诚心，则是丧失自己的道德而增加人的怨恨。

至诚通圣。一个人若做到了至诚，就打开了通往圣贤之门。这是修德的最高境界，也是至诚的最高境界。二程继承了周敦颐至诚通圣的思想，并将其作为日常修为的最高目标，为普通民众建立起道德修养的最高境界。周敦颐说："诚者，圣人之本。"① "圣，诚而已矣。诚，五常之本，百行之原也。"② "诚、神、几，曰圣人。"③ 周敦颐论诚是圣人之本，是"五常"之本，是百行即为人处世的各种行为之原，"诚"很神奇，做到了"诚"，可成为圣人。这里，周敦颐提出了"诚"之重要性，但并没有就如何做到"诚"进行论述。二程则从人的日常修为上谈"诚"，认为只要用诚心做事，便可成为圣人。程颢说："古之教人，莫非使之成己，自洒扫应对上，便可到圣人事。"④ 意思是古人教育人，就是要使人成就自己，而如何成就自己？在洒扫应对、待人接物上用诚心，就可达到圣人的思想境界。他还说："神也者，妙万物而为言，若上竿弄瓶，至于斫轮，诚至则不可得而知。上竿初习数尺，而后至于百尺，习化其高，矧圣人诚至之事，岂可得而知？"⑤ 程颢举例子说，爬竹竿、踢瓶等百戏杂技，甚至庄子所言斫轮之事，"诚至则不可得而知"，在常人看来是不可思议的事，可由于心诚而做到了。这就像人心诚而达到圣人的思想境界，也是常人所不知的。而只要做到了诚心诚意，就可以达到圣人的思想境界。程颐则更明确地提出人皆可以达到圣人的思想境界，即做到了孝悌，爱人，中、正、诚就是圣人。

第二节　"仁"与"诚敬"的贯通

"仁"是自孔孟以来儒学学派的一个核心命题，有研究者则直称儒学为仁学。在传统儒学看来，仁者爱人是"仁"的核心："己欲立而立人，己欲达而达人。"（《论语·雍也》）而程颢则提出了"仁者，浑然与物同体，

---

① 转引自黄宗羲《宋元学案》，中华书局，1986，第 482 页。
② 转引自黄宗羲《宋元学案》，中华书局，1986，第 483 页。
③ 转引自黄宗羲《宋元学案》，中华书局，1986，第 484 页。
④ 程颢、程颐：《二程集》，中华书局，2004，第 78 页。
⑤ 程颢、程颐：《二程集》，中华书局，2004，第 352 页。

义、礼、知、信皆仁也"的命题，并提出了"用诚敬存之"的实践"仁"的方法论，具有开创性的意义，即将"仁"与"诚敬"予以贯通，并解决了如何行"仁"的问题：以诚敬之心来落实。

一 "仁者，浑然与物同体"："仁"的升华

"学者须先识仁。仁者，浑然与物同体，义、礼、知、信皆仁也。"① 此语出自程颢的《识仁篇》。《识仁篇》是程颢于元丰二年（1079）在扶沟讲学时与弟子吕大临论仁的著名篇章，② 由吕大临记录，是反映其理学思想的精华所在。文中提出"学者须先识仁。仁者，浑然与物同体"，将孟子的仁者爱人升华到爱天地万物的境界——"与物同体"，后来，程颢明确提出"仁者，以天地万物为一体"的命题。

"仁"何以由爱而升华到与物同体？义、礼、智、信为何能入"仁"，成为"仁"的核心内容？我们先来看程颢是如何论"仁"的。

程颢以"生"论"仁"，着重阐发"仁"之生长、发育、自然流行之意义。大自然气象万千，变幻莫测，程颢在深入观察后发现，生生不已、哺育万物是大自然的本质属性。尽管有四季轮回，尽管有寒暑交替，但大自然时刻处于生长万物、孕育新生命的过程中。《周易》说"天地大德曰生"，程颢认为，"天只是以生为道"③，"天地以生物为心"④，"万物之生意最可观"⑤，正是大自然生生不已的"以生物为心"，才孕育了繁荣昌盛、气象万千的大千世界。

从以生释仁出发，程颢认为对人麻木即为不仁。他说："医书言手足痿痹为不仁，此言最善名状。仁者，以天地万物为一体，莫非己也。"⑥ 人之身体如出现麻木不仁之状，则是没有痛感的反应，可见有仁爱之心的人，

---

① 程颢、程颐：《二程集》，中华书局，2004，第16页。
② 陈海红：《吕大临评传》，西北大学出版社，2015，第15页。据考证，1079年，程颢知扶沟县事，吕大临在张载去世之后拜程颢为师，记有《元丰己未吕与叔东见二先生语》，内有程颢为吕大临讲"仁"的内容，后被称为《识仁篇》。而吕大临在扶沟向程颢学习一年后即任邠州观察推官。可见，《识仁篇》为吕大临在扶沟所记。
③ 程颢、程颐：《二程集》，中华书局，2004，第30页。
④ 程颢、程颐：《二程集》，中华书局，2004，第366页。
⑤ 程颢、程颐：《二程集》，中华书局，2004，第120页。
⑥ 程颢、程颐：《二程集》，中华书局，2004，第15页。

是对天地万物有深切关怀的人，是将天地万物视为与自身息息相关的整体。这就启示我们，人不仅要爱自己，还要爱他人，不仅要爱人类，还要爱天地万物，因为天地万物是与我们同呼吸共命运的一个整体。

从仁者以天地万物为一体出发，程颢认为，义、礼、智、信皆仁。传统儒家认为，人之性来源于天，义、礼、智、信皆仁是天赋予人的本性，仁者以天地万物为一体，义、礼、智、信就是仁者之本性。当然在仁、义、礼、智、信五者之中，仁是主体，是统领。程颢说："仁、义、礼、智、信五者，性也。仁者，全体；四者，四支。仁，体也。义，宜也。礼，别也。智，知也。信，实也。"① 既然人是以天地万物为一体的，那么，作为一个个体的人，有什么特征呢？这里程颢将仁、义、礼、智、信作为人的特征，是人特有的属性，是人区别于其他动物的特性。他将仁作为人的整体特征，将义、礼、智、信作为人的四肢。在仁的统领下，人有义，懂得哪些事是适宜做的；人有礼，有人与人交往的礼仪；人有智，有人对事物的认知能力；人有信，这是人诚实的表现。

仁者以天地万物为一体，人作为万物之一员、万物之灵者，具有仁、义、礼、智、信之性。程颢在这里就实现了仁与万物、仁者与"五常"（仁、义、礼、智、信）之性的哲学本体论构建。仁者既然以天地万物为一体，又具有仁、义、礼、智、信之性，那么，这样的仁者就是一个具有大爱之心、大义之勇，懂礼、守礼，有认知能力又诚实守信之人。尤其值得指出的是，这里的大爱，不仅是爱人类，还包括爱大自然的一草一木，因为，它们是生命共同体的重要组成。

从仁者以天地万物为一体出发，就人与人的关系而言，我们今天可以生发出天下一家、人人相爱、和睦共处的世界大同理念；就人与自然万物的关系而言，我们可以生发出关爱自然、关爱万物的生态伦理思想。

二　存"诚敬"：落实"此理"的途径

懂得了何谓"仁"，还要懂得如何落实"仁"，在这方面，程颢发前人所未发，将"仁"与"诚敬"予以贯通，提出用"诚敬"之心来落实"仁"，来践行"仁"。程颢说：

---

① 程颢、程颐：《二程集》，中华书局，2004，第14页。

学者须先识仁。仁者，浑然与物同体，义、礼、知、信皆仁也。识得此理，以诚敬存之而已，不须防检，不须穷索。①

诚敬之心何以能存仁？行仁为何要诚敬？首先我们来看程颢是如何论诚敬的。

程颢继承了《中庸》"诚者，天之道也，诚之者，人之道也"、孟子"诚者天之道，思诚者人之道"、周敦颐"诚，五常之本，百行之原"的理念，提出了"诚者天之道，敬者人事之本。敬则诚"②的观点，在继承先贤论"诚"的基础上，将敬入诚，作为为诚之方，入诚之门。在程颢看来，"诚"是天之道，而人从天道出发，应将"敬"作为自己修身、处事、立业、为学之根本途径。如果说"诚"是一种内在的态度的话，"敬"显然是一种外在的恭敬的表现。而这种外在的"敬"，却是入诚之门，"敬则诚"，做到了"敬"，就有了诚心，进入了"诚"的境界。程颢曾以写字为例说"某写字时甚敬，非是要字好，只此是学"③，意思是我写字时态度很恭敬，不是要把字写得多好，而是要通过写字来培养自己的诚心。在这方面，程颐也有同样的论述，他说："诚然后能敬，未及诚时，却须敬而后能诚。"④也就是说，通过"敬"能培养人的诚心。

仁，包括程颢将之升华为以天地万物为一体的大仁，如果没有诚敬之心，是不能存之于心、见之于行的。而有了诚敬之心，人就会将仁爱之心内化于心，外化于行，就能以诚心行孝，以敬意事长；以诚心交友，以敬业尽职；就会以忠诚之心为国，以恭敬之心爱岗。正如程颐所说："诚无不动者：修身则身正，治事则事理，临人则人化。"⑤

三 "诚敬"在当下的意义

"诚敬"是二程理学中跨越时空、观照现实、最具当代价值的理念。朱熹说："自秦汉以来，诸儒皆不识这'敬'字，直至程子方说得亲切。"二

---

① 程颢、程颐：《二程集》，中华书局，2004，第16~17页。
② 程颢、程颐：《二程集》，中华书局，2004，第127页。
③ 程颢、程颐：《二程集》，中华书局，2004，第60页。
④ 程颢、程颐：《二程集》，中华书局，2004，第92页。
⑤ 程颢、程颐：《二程集》，中华书局，2004，第1170页。

程对诚敬的阐发与践履，使诚敬成为修身、立业、为学之要义，成为人们日用而不觉的准则。"涵养须用敬，进学则在致知"，被称为二程修身、为学之经典名言。著名文化学者刘梦溪指出："宋儒都'主敬'，二程着力尤甚。人心易纷扰，患在无有主。'如何有主？敬而已矣。'其论诚、敬的关系，'诚然后能敬，未及诚时，却须敬而后能诚。'诚和敬都是当下之人性所匮乏者。"[1] 应当说，敬是内在诚心的外在表现，主敬与主诚是一致的。刘梦溪说敬是中国文化背景下通往信仰的桥梁，与二程所说的诚能通圣是一致的。信仰是什么？信仰是一种人生的精神追求，是一种精神境界，这种境界就是至善至诚，就是一种圣人境界。

在市场经济条件下，一些人为物欲所困扰，信仰缺失，道德缺失，甚至迷失人生方向。而要重建人的道德信仰，首先在于重建人的纯正至善、主一无妄的诚敬之心，并用诚敬之心将学习到、明白了的人生理想、道德准则内存于心，外化于行，做知行合一、表里如一的诚实之人。而二程的诚敬思想，正是我们创建道德信仰的宝贵思想资源。

第三节 "诚"思想与诚信

诚信是社会主义核心价值观中对公民道德建设的重要规范要求，"诚"思想始于先秦儒家经典《中庸》，经过北宋二程的大力推崇与阐发，成为中华文明的核心价值之一。二程的"诚"思想与社会主义核心价值观"诚信"有极为深刻的渊源关系。

二程在继承先秦以来儒家"诚"思想的基础上，对"诚"有了发展和创新，将"诚"由天道而向百姓人伦日用的方向发展，为士大大和普通百姓确立了道德修养、为人处世的基本路径。

一是将"诚"由天道转化为日常人的修身、处事之本，更接近日常百姓生活。从《中庸》、孟子、荀子到周敦颐，皆从天道、宇宙本源论"诚"，神秘莫测，与人们的日常生活相去甚远。荀子虽然论及"诚者，君子所守也，而政事之本也"，但没有具体展开；周敦颐论"诚"比较完备，已经关注"诚"与"欲"的关系，但远不及二程论述之周密、详细，方方面面都

---

[1] 刘梦溪：《2008 我读的书》，《中华读书报》2008 年 12 月 31 日，第 9 版。

涉及了："诚"是修学、处事、交友之本。程颐说:"学者不可以不诚,不诚无以为善,不诚无以为君子。修学不以诚,则学杂;为事不以诚,则事败;自谋不以诚,则是欺其心而自弃其忠;与人不以诚,则是丧其德而增人之怨。"①"诚"是善,不诚就不会有善心,也不会成为君子。"诚"是为学之要,处事之本,不诚则学杂,终无所成,不诚则不会取得事业成功。自己谋事若不诚,则是自己欺骗自己的内心而放弃自己的忠心,对别人不诚,则会丧失自己的德行而增加人的怨恨。这里程颐将"诚"在为学、处事、交友乃至人的道德品行方面的意义都讲到了:"诚"可修身、治事、化人。程颐说:"诚无不动者:修身则身正,治事则事理,临人则人化,无往而不得,志之正也。"② 人具有诚心,可以感动、感化一切。用诚心来修身,则能使人身正。程颐认为用诚实无妄之心来修身,就能正心、正身。用诚来治事,就能将事情理顺,管理得井井有条。在任何复杂的事物面前,只要有一颗诚心,有公正之心,不掺杂私心杂念,都能将事情处理好。用诚心来管理人、教化人,则人都会被诚心感化,心悦诚服。程颐将"诚"诠释为修身、治事、化人之本,是对"诚"的现实功用的拓展,是对"诚"的社会意义的创新与升华,是今天应大力提倡的理念。试想,我们的公务员都能用"诚"来修身、治事、为民谋事,就会身正、事理、受百姓拥护,社会就会和谐;将"诚"化为普通民众的价值观,则将建立诚信社会。程颐说:"诚则信矣,信则诚矣。不信不立,不诚不行。"③"人无忠信,则不可以为学。"④"言行不足以动人,临事而倦且怠,皆诚不至也。"⑤ 神秘莫测、难以理解的天道之诚,经过程颐的转化,已化为通俗易懂、具体可行的行为准则、道义自觉。这是二程对中华传统道德发展的一大贡献。

二是二程的"诚"思想对诚信内涵的拓展。社会主义核心价值观中的诚信是对个人道德品行而言的,要求公民在社会生活中诚实待人,不欺诈、守信用,维护正常市场秩序。二程的"诚"思想涵盖了诚敬、诚信的内容,同时又涵盖了道德修养、为人处世乃至治国安邦之内涵。从这一点来说,

---

① 程颢、程颐:《二程集》,中华书局,2004,第 326 页。
② 程颢、程颐:《二程集》,中华书局,2004,第 1170 页。
③ 程颢、程颐:《二程集》,中华书局,2004,第 318 页。
④ 程颢、程颐:《二程集》,中华书局,2004,第 352 页。
⑤ 程颢、程颐:《二程集》,中华书局,2004,第 1185 页。

二程的"诚"思想既是社会主义核心价值观诚信概念的思想来源，同时又为社会主义核心价值观诚信思想开辟了新的境界："诚"既是人的道德品质，又是修养道德、为人处世乃至治国安邦的根本。这就将诚信的概念扩大了，境界提高了。做到了"诚"，不仅能提升个人的道德品质，还能修养成君子乃至圣贤；做到了"诚"，能处理好纷繁复杂的事务、政务；做到了"诚"，能教化百姓、造福一方。这是二程的"诚"思想在当代诚信社会建设中的应用和发展。

二程的"诚"思想发源于先秦儒家的"诚"思想，同时又是对先秦儒家"诚"思想的发展和创新，为普通民众建构起人伦日常的道德信仰和安身立命、为人处世的根本原则。这是二程对中华优秀传统文化做出的重大贡献，对当前公民道德建设具有重要的启迪价值。

第七章　二程的公心思想

二程的公心思想是二程天理论的哲学基础，是二程天理思想的思维前提和出发点，是二程理学的精神标识。"天理无私""理者天下之至公"揭示出天理的本质是公，判断"理"的标准是"公"，一个人讲不讲理，办事是不是合理，关键在于是不是出于公心，有没有私心。事事出于公心，办事就合理，事事出于私心，办事就不合理。二程的公心思想，是在市场经济条件下极具时代高度的思想精华，是我们当前应大力弘扬与升华的思想资源。

第一节　二程论"公"

二程的公心思想是对中国传统文化"公心"思想的继承与发展。《尚书·周官》曰："以公灭私。"孔子曰："天无私覆，地无私载，日月无私照。奉斯三者以劳天下，此之谓三无私。"（《礼记·孔子闲居》）子夏曰："修身及家，平均天下。"（《礼记·乐记》）《礼记》曰："大道之行也，天下为公。"（《礼记·礼运》）关尹子曰："众人师贤人，贤人师圣人，圣人师万物。惟圣人同物，所以无我。"（《关尹子》）荀子曰："公生明，偏生暗。"（《荀子·不苟》）贾谊曰："国丑亡家，公丑忘私，利不苟就，害不苟去，唯义所在。"（《新书·阶级》）《吕氏春秋》曰："公则天下平矣，平得于公。"马融在《忠经》中说："无为而天下自清，不疑而天下自信，不私而天下自公。""忠者中也，至公无私。天无私，四时行，地无私，万物生，人无私，大亨贞。"（《忠经·广至理章》）王通说："夫能遗其身，然后能无私；无私，然后能至公；至公然后以天下为心矣，道可行也。"（《文中子·天地篇》）刘向说："夫以公与天下，其德大矣。"（《说苑·至公》）刘安说："处尊位者，以有公道而无私说，故称尊焉，不称贤也。"

（《淮南子》）周敦颐说：“圣人之道，至公而已。”①

由此可见，中国传统文化早就关注“公与私”的理念，并由此开启了公私之辨、义利之辨、理欲之辨的先河，崇尚公义、去除私欲成为传统文化的主流价值取向。

二程在继承中国传统文化“公心”思想的基础上，提出天理之本质是公、以公释仁、公心治国等观点，并将公心上升到哲学本体的高度，开辟了公心思想的新视域与新境界，具有重大的创新意义和实践价值。

一　天理之本质是公

程颢在《定性书》中说：“夫天地之常，以其心普万物而无心，圣人之常，以其情顺万事而无情。故君子之学，莫若廓然而大公，物来而顺应。”程颐说：“天心所以至仁者，惟公尔。人能至公，便是仁。”程颢从观察自然之天地没有一己之私心，来说明圣人没有利己之私情，同时认为只有具有廓然大公之心、排除利己之私心才能完全按照事物的本来面目去处理问题，找到事物的真理。程颐认为，养育万物的自然之天之所以有仁心，是因为有公心，人能做到公就是仁。

作为自然的天没有私心，只有公正无私的大公之心，生长万物、养育万物供给人类食用，这就是天德，或叫作天职。二程虽然没有直接说出天理的本质是公，但实际上他们的话中已经蕴含这个含义。而作为与万物并生并存，且有思想、有灵魂的人，就要效法天地大公之心，存天理于内心，存公心于内心，建立自己以公心为灵魂的道德自觉，这就是人德，或叫作人理，这样，二程就完成了从天理、天德到人德的转化与贯通，为普通人建立起以天理为最高信仰的道德原则。程颐说：“天人之理，自有相合。人事胜，则天不为灾；人事不胜，则天为灾。人事常随天理，天变非应人事。如祁寒暑雨，天之常理，然人气壮，则不为疾；气羸弱，则必有疾。非天固欲为害，人事德不胜也。”②“世之人务穷天地万物之理，不知反之一身，五脏六腑毛发筋骨之所存，鲜或知之。善学者，取诸身而已。自一身以观

---

① 转引自黄宗羲《宋元学案》，中华书局，1986，第494页。
② 程颢、程颐：《二程集》，中华书局，2004，第374页。

天地。"① 程颐的这两段话，就说明德是贯通天人之理的精神媒介，而要求得天地万物之理，须从自身修德做起。

天理的本质是公，这里的天理，已经由自然现象，深入天理道德伦理的德性本质。天地万物何尝有自己的私欲？太阳普照万物，江河滋润大地，植物长成果实，大地奉献累累果实养育人类。正如人们观察山川风物创造出象形文字一样，人们从大自然的"公"的本质特征中，也能体悟出天理至公的道德意蕴，进而提升自己的道德水平，升华自己的思想境界。

从天理的本质是公出发，二程认为为人处世所秉持的道德准则的"理"，本质也是公。人们要正确地认识事物，或者说要准确地判断事物的是非曲直，从而按照事物的本质去处理问题，必须秉持公心、去掉私心。程颢说："理者天下之公，不可私有也。"② 程颐也说："天理无私。一入于私，虽欲善其言行，皆非礼。"③ 理，作为事物的是非标准，是公正的、不偏不倚的。如果没有任何私心，这个理就是最公正的，处理的结果反映了事物的本质，可一旦有了私心，所谓的"理"就会偏离公正的标准。这是浅显易懂的道理，可由于私心掺杂其间，产生了种种不合理现象。

二 公心：仁爱的所以然

仁爱是中华文化的精神血脉，是中国人道德理想的基石，从孔子首倡以来，为历代儒家学者不断阐释和升华，已成为中国人的核心价值观。而仁爱的本质是什么？人怎样才能有仁爱之心？二程给出的答案是"公"，"公"才是所以能仁，所以能爱的原因，这就是二程的以公释仁思想。二程的以公释仁思想，被其门生和后世不断阐释，这使"公"成为实行仁爱道德准则的必要条件。

孔子思想的核心是"仁"。子路问仁，孔子曰"爱人"。孔子提出的仁爱思想，在二程看来，是当然，就是说人应该有对他人的仁爱。孔子所说的"己欲立而立人，己欲达而达人""己所不欲，勿施于人"，就这两句话的意思来说，说的还是应该这么做，而没有回答为什么要这么做和怎么才

---

① 程颢、程颐：《二程集》，中华书局，2004，第411页。
② 程颢、程颐：《二程集》，中华书局，2004，第1193页。
③ 程颢、程颐：《二程集》，中华书局，2004，第1271页。

能这样做的问题。

"仁"在表现形式来说，有爱的表象，这是人有同情心的原因，也是儒家所认为的人有天赋的善心，但同时人也有私心，有利己之心，有受物欲干扰之心。在这种利己之心的主导下，行仁就遇到了挑战，如果利己之心超过了行仁之心，就会见利忘仁，甚至做出不仁之事。程颐正是深刻地洞察到这一点，才以独特的视觉，在"仁"中提点出"公"，开辟了以公释仁的路径，发前人所未发。"又问：'如何是仁？'曰：'只是一个公字。学者问仁，则常教他将公字思量。'"① 有学生问程颐，怎么理解"仁"？程颐说，"仁"同"公"是一致的。求学者向他问"仁"时，他常教求学者从"公"字上去思量。程颢虽然是以"生"释仁，但从他提出的"仁者，以天地万物为一体"的内在本质来说，还是有"公"的指向，试想，一个一切从利己之心出发的人，何谈去爱别人？这种人也绝不会以天地万物为一体，具有博施济众、关爱众生、爱自然界一切生命的情怀。

"仁"与"公"有何内在联系？行仁为何要有公心，不能有私心？我们从分析一个人能不能行孝来解答这个问题。本来行孝是天经地义的，可一个人时时处处把个人的钱财看得过重，当让他拿出钱财去行孝时，他就会选择逃避责任。而当国家利益受到损害，需要人舍弃一己之私，为国家利益奉献的时候，有公心的人，会慷慨捐献；而私心重的人，则会选择逃避。因而我们说，要将仁爱落实下去，就要有公心，不能被私心所困扰。正如程颐所说："天心所以至仁者，惟公尔。人能至公，便是仁。"② 如果一心从私利出发，就不会有仁爱之心。

三 公心治国

二程对公私关系的思考并没有停留在人的道德修养层面，而是深入政治领域，明确提出执政者的公心与私心是决定国家兴盛与衰败的关键。程颢说："一心可以丧邦，一心可以兴邦，只在公私之间尔。"③ 公心是一心为国家、民众服务的大公之心，是一切从事公共服务工作者的基本政治品格，

---

① 程颢、程颐：《二程集》，中华书局，2004，第285页。
② 程颢、程颐：《二程集》，中华书局，2004，第439页。
③ 程颢、程颐：《二程集》，中华书局，2004，第134页。

这是由公共事务岗位的性质决定的。公共事务岗位的性质决定了从事这个岗位的人，只有具有大公之心，才能为公众服务，否则，这个人就会以职谋私、以权谋私。以职谋私，小则损害岗位利益，引起基层民众的不满，大则损害国家利益，危及国家安全。这是由历史上的教训证明了的真理。二程的公心思想，涵盖了个人和掌握公权力者两个方面。就个人来说，具有公心，也是为人处世、事业发展的根本保证。没有公心，孝不能行，爱不能施，事业也不会发展壮大。对掌握公权力者来说，确立公心思想，具有至公无私、大同无我的思想境界，对于贯彻立党为公、执政为民思想，具有现实意义。当然，二程所说的无私、无我，并不否认正当的个人利益。他们所反对的是超越正常个人利益的非分欲望。

四 二程公心思想的当代意义

一是二程公心思想的认识论意义。第一，可以排除私心干扰，使人们得到正确的认识。如前所述，在受私心干扰的前提下，人们的认识产生偏移。在市场经济条件下，人们的认识和对事物的判断，经常会受到私心的影响和干扰，在这种情况下，有没有公心，能不能排除私心的干扰，将成为一个严峻的问题，摆在人们的面前。无论是处在公共管理岗位的人员，还是处在私企管理岗位的人员，都有一个公心、私心的问题，都会因有私心而影响对事物的判断和认识。第二，可以为市场经济条件下政治哲学的发展提供思想资源。政治哲学本来就是公共管理哲学，公共管理哲学的核心就是为公众服务。但在市场经济条件下，种种私心、种种诱惑无时无刻不在侵蚀着公共领域，使从事公共服务工作的人员无时无刻不在经受着考验。具有公心，将是从事公共管理工作人员的试金石，他们只有具有为公众服务的公心，才能立于不败之地。第三，可以为普通民众的社会公德建设提供思想资源。公与私的关系问题不仅涉及公共管理人员，也渗透在普通民众的私人领域。普通民众谋取个人利益、为个人利益奋斗是正确的，应当鼓励的。但在谋取个人利益时不能侵害他人利益、公共利益、国家利益，这就涉公心和公德问题。普通民众要做到公私分明，既要敢于争取个人合法利益，又要在他人、集体、国家利益受到侵害时，有公而忘私、克己奉公甚至舍己为公的公心。这才是现代公民道德建设的应有之义。

二是二程的公心思想对于我们在市场经济条件下，正确处理义与利、公与私、国与家的关系，具有启迪意义。义和利的关系问题是市场经济条件下人人必须面对的问题。在这个问题上，二程给予了精辟的回答。程颢说："大凡出义则入利，出利则入义。天下之事，惟义利而已。"① 程颐说："人无利，直是生不得，安得无利？"②"富，人之所欲也，苟于义可求，虽屈己可也；如义不可求，宁贫贱以守其志也。非乐于贫贱，义不可去也。"③从二程上述对义利的论述来看，他们并不反对追求利，而是反对超越道德底线的唯利是图行为，反对不加节制的嗜欲。

在市场经济条件下，要处理好义利关系问题，做到义利兼顾，以义为先，就要做到把握好道德、道义底线，既敢于追求个人合理的经济利益，又不能唯利是图，取不义之财。不可否认，人都有私欲，都有追求富裕生活的愿望。合理的欲望，是人求生的本能、进步的源泉，也是社会发展的动力。正如《吕氏春秋》所说，假如人没有欲望，君王会认为他虽然是个贤明之人也不能用，因为人无欲就没有上进心，没有积极性，他会认为天子与赶车的匹夫是一样的。④ 程颐甚至说"以富贵为贤者不欲，却反人情"⑤。但人在追求个人利益时，不能损害他人的利益，不能损人利己，损公肥私；不能损害团体、国家利益。当人的个性受到压抑时，鼓励人们追求个人利益是正确的，而当人出现个性膨胀、道德滑坡之时，就要大力弘扬公心思想。应该说，公心是一个社会的核心价值，是应该高扬的道德旗帜。公心是仁爱、齐家、为人处世的根本所在，公心也是爱国家、爱团体的基础。没有公心，一切从私心出发，孝不能行，家不能治，业不能兴。而当国家面临危机之时，又有何人起而救之？就一个私人企业来说，如果企业主完全从一己私利出发经营，企业也难以发展壮大。

在市场经济条件下，大力弘扬二程的"大公"思想，具有现实意义。程颢曾在总结历代政权更迭教训时指出执政者的公心与私心是决定国家存亡的关键所在。因为执政者有公心，就会时时处处以人民利益为出发点，

---

① 程颢、程颐：《二程集》，中华书局，2004，第124页。
② 程颢、程颐：《二程集》，中华书局，2004，第215页。
③ 程颢、程颐：《二程集》，中华书局，2004，第1144页。
④ 见《吕氏春秋·为欲》："使民无欲，上虽贤，犹不能用。夫无欲者，其视为天子也，与为舆隶同。"
⑤ 程颢、程颐：《二程集》，中华书局，2004，第88页。

无论是制定政策还是处理问题，都会以人民利益为衡量标准，做到公平、公正，自然会得到人民拥护。如果执政者有了私心，处理问题就会从私利出发，以权谋私，以职谋私，不会做到公平、公正，更有甚者与民争利，损害人民利益，人民自然不会拥护他。如果贪腐成风、贿赂公行，人民怨声载道，就会危及政权生存。

二程的"大公"思想，除了对一般民众有关爱他人、舍小家为大家的教育作用外，更多的是对掌握公权力者的教育作用。今天，当面临种种诱惑的时候，对掌握公权力者来说，确立公天下思想，具有至公无私、大同无我的思想境界，对于贯彻立党为公、执政为民、以人民为中心的思想，具有重要的启迪价值。

第二节　公心与浩然之气

二程以公释仁的公心思想，源于其内心充盈的廓然大公的浩然之气。"浩然之气，至大至刚"出自《孟子·公孙丑上》。二程在孟子"至大""至刚"的论述基础上，鲜明地将浩然之气诠释为"集义所生"，要保持浩然之气，就要去私心。做到行不愧于心，做到志顺而正，自然有浩然之气。

何谓浩然之气？程颢说："浩然之气，天地之正气，大则无所不在，刚则无所屈，以直道顺理而养，则充塞于天地之间。"[1] 浩然之气，就是天地间的正气。这种天地间的正气，无所不在，刚正、刚直，没有能使它屈服的东西。它是用直道顺理养成的，因而充塞于天地之间。程颐则更具体地将浩然之气概括为"'至大''至刚''以直'，此三者不可阙一，阙一便不是浩然之气"[2]。至大，是浩然之气的外在表现，充塞于天地之间；至刚，是内在刚正；以直，是以正直的人间直道、正道来养。此三者是形成浩然之气的必要条件，缺一不可。

而要培养一个人的浩然之气，一是要不为私心所蔽。程颢说："浩然之气，乃吾气也，养而不害，则塞乎天地，一为私心所蔽，则欿然而馁，却

---

① 程颢、程颐：《二程集》，中华书局，2004，第11页。
② 程颢、程颐：《二程集》，中华书局，2004，第252页。

甚小也。"① 一个人为私心所蒙蔽，处处考虑个人利害得失，自然就志气短小，胸怀狭窄，丧失正气。我们常常说，一个人堂堂正正，首要的是没有私利之心，立身行己。也常见有人在台上慷慨激昂，大讲廉政，背后却私欲膨胀。这是一种善于表现的"堂堂正正"，其内心却是空虚的。二是要集义。就是内心充满正义。程颐说："浩然之气又不待外至，是集义所生者。""浩然之气是集义所生者，既生得此气，语其体则与道合，语其用则莫不是义。譬之以金为器，及其器成，方命得此是金器。"② 程颐举例说，内心有了正义，就像用金制作器具，等到器具制作成了，才能说是金器。意思是如果不是用金做的，比如说是用木制作的，就不能说是金器。一个人内心充满了正义，表现在为人处世上就有刚直、宏大的精神气质。反之，一个人内心没有正义感，就不会有浩然之气。试想，一个斤斤计较个人利益得失的人，何谈有浩然之气！历史上勇于在民族危难之时挺身而出的志士仁人，无不是内心充满正义的人。三是要顺理。理是自然规律、社会规律、道德规范、道义原则的总括，按理行事、不悖常理，自然就志顺气正，正如程颐所说："志顺者气不逆，气顺志将自正。志顺而气正，浩然之气也。然则养浩然之气也，乃在于持其志无暴其气耳。"③ 志顺而气正，浩然之气生。在当今社会，理更多地体现为自然、社会、道德、为人处世的原则与规范，体现在国家的法律、政策和约定俗成道德约束上。一个按理行事的人，自然生浩然之气，成为挺立于天地之间，为人所爱戴、敬仰的楷模。四是要志正。程颐说："志，气之帅。若论浩然之气，则何者为志？志为之主，乃能生浩然之气。志至焉，气次焉，自有先后。"④ 志为气之主，有了志乃能生浩然之气。何为志？志是本，本固而气壮。程颐说："志立则有本。譬之艺术，由毫末拱把，至于合抱而干云者，有本故也。"⑤ 志向就像参天大树之根，没有志向之根，就不会有干云之木。程颐说："天下之志万殊，理则一也。君子明理，故能通天下之志。圣人视亿兆之心犹一心者，通于理而已。文明则能烛理，故能明大同之义；刚健则能克己，故能尽大

① 程颢、程颐：《二程集》，中华书局，2004，第 20 页。
② 程颢、程颐：《二程集》，中华书局，2004，第 148 页。
③ 程颢、程颐：《二程集》，中华书局，2004，第 321 页。
④ 程颢、程颐：《二程集》，中华书局，2004，第 162 页。
⑤ 程颢、程颐：《二程集》，中华书局，2004，第 1186 页。

同之道；然后能中正合乎乾行也。"① 明理就能志正，在当今社会，明法律政策之理，明道德规范之理，明为人处世之理，就能行不愧于心，生浩然之气。

至大、至刚、以直是浩然之气的外在表现，去私意、集义、顺理、志正是实现浩然之气的内在保证，而去私意尤为关键。当然，这里的私意并不是指个人正当的利益，而是指贪欲和嗜欲。

---

① 程颢、程颐：《二程集》，中华书局，2004，第764页。

第八章　二程的理政思想

二程的理政思想，是二程政治哲学的折射，是二程士大夫担当精神的体现，是二程内圣外王之道的反映，是二程对政治哲学的独特贡献。这在以人为本、构建和谐社会的今天，极具启迪意义。

第一节　二程的政治哲学

二程不仅是理学家，专注于心性修养，而且在政治哲学上也颇有建树，他们提出的以"公心"为核心的政治哲学，至今仍闪耀着思想光辉：天理之公是基础；公私之辨是为政之本；政在修己是为政之要；为政之道体现民本思想。

一　天理之公是基础

"理"的内涵是"公"。"天者理也"，是程颢给自然之天提出的具有人间秩序、规律、规则的概念。而"理"则具有"公"的含义。在程颢看来，"理者天下之公，不可私有也"。理是天下最公正的，人不可对其有私心，一旦对其有私心，则不能称为公，也就不合理了。程颐也说："虽公天下事，若用私意为之，便是私。"[1] 有的人虽然表面上做的是给公众谋利益的事，可他如果包藏为私牟利之心，那么公事便还是私。

理的哲学意蕴是"天地之常"。天地之常，即天地常行之道。天地常行之道，即孔子提出的"三无私"："天无私覆，地无私载，日月无私照。"程颢在《定性书》中提出"天地之常"是"廓然而大公"："夫天地之常，以其心普万物而无心，圣人之常，以其情顺万事而无情。故君子之学，莫若

---

[1]　程颢、程颐：《二程集》，中华书局，2004，第 77 页。

廓然而大公，物来而顺应。"大地哺育万物、生长万物而没有一己之私心，这就是天地之心；按照事物的本来面目来处理问题，不掺杂个人私心，这就是圣人之心。人们应该从天地之心、圣人之心中受到启发，树立起廓然大公之心，为天下公众谋利益，而不应有一己之私。

政治是为公众谋利益的事业，政治哲学的核心是公，政治人物应具有为公众服务之公心。政治人物为公众谋利益的岗位是国家公器，行使的是国家公权力，代表的是人民的共同利益。政治哲学的核心要义是公，最高境界是公平，追求公平、公正的政治理想和理想社会，是政治哲学的最高目标。而政治人物的公心则是前二者得以实现的根本前提。这里的政治人物，涵盖了处于各级行政事业管理岗位上的人员，他们是否具有公心，则关乎事业的成败、民心的向背、国家的治乱兴衰。正如程颢所说"一心可以丧邦，一心可以兴邦，只在公私之间尔"，有了公心，就会使国家兴旺；有了私心，就会使国家败亡。这是中国历代治乱兴衰的不易之理。因而程颐提出"圣人以大公无私治天下"，只有做到"大公无私"，才能将国家治理好。

天下为公，是儒家的美好政治理想，二程在继承儒家美好政治理想的同时，从理的基本理念出发，生发出天理之公的政治哲学，并将公的政治哲学上升到"天地之常"应具有的廓然大公的高度，继而透视历代政治得失、国家兴衰之理，提出了"公私之心"关乎治乱兴衰之论断，对在市场经济条件下执政党加强公心、公德教育，涵养廉政思想，极具启发意义。

二 公私之辨是为政之本

义利之辨是儒家人生哲学的核心命题，二程认为"义利"之实质是公私。二程说："义利云者，公与私之异也。"① 二程将公私之辨提高到为政之本的高度，将儒家的人生哲学转化为儒家的政治哲学，极大地拓宽了公私之辨的思想空间，提升了公私之辨的思想高度。

为政之本在于处理公与私。执政之本质在于为公众服务，为公众服务者必须有公心。有了公心就会明万物之理，正确处理为民服务的公务。二

---

① 程颢、程颐：《二程集》，中华书局，2004，第 1172 页。

程说："圣人公心尽天地万物之理，各当其分，故其道平直而易行。"① 世间万事万物中所含的公理，只有具有公心的人才能掌握和运用，具有公心的人不仅易于明白事物的道理，而且在执行、处理问题时以公心行事，也能"平直易行"，易于取得成功。反之，有私心的人则会曲解道理，以权谋私，将好事办坏。历史上的王安石变法，初心是富国强兵，可由于重用了一批为己谋私的小人，变法归于失败。程颐说："公则一，私则万殊。至当归一，精义无二。人心不同如面，只是私心。"② 有了公心，就会同心同德，而有了私心，就会离心离德。社会之所以一盘散沙，就在于人人只有私心缺少公心，缺乏凝聚力。而作为凝聚、组织、动员、带领公众的为政者来说，更需要有公心。程颐说："将欲治人，必先治己。"③ 治人，即管理他人，治己，就是克除一己之私，立大公之心。

为政者有公心，可立于不败之地。政治即是管理众人之事，政治本身是险恶复杂的。当官为发财，是在私有制度下从政者的基本价值观，因而为了一己之私争权夺利、尔虞我诈成为官场常态，正如前述程颐所说"公则一，私则万殊"。而要在险恶的官场站稳脚跟，处于不败之地，程颐的思考是只有"至公不私，进退以道"，他说："至公不私，进退以道，无利欲之蔽，以谦退自处，不有其尊，不矜其德，故虽在危疑之地，安步舒泰，赤舄几几然也。"④ 在封建时代的官场是这样，在市场经济条件下，从政者何尝不是这样？那些一心为公者在封建时代成为官场的一股清流、一股清风留在史册上；今天的为政清廉者，则以清风正气成为人们学习的榜样，而那些贪腐的官员则身陷囹圄，身败名裂。

为政者有公心，则具有圣贤之心。何谓圣贤？在二程看来，圣贤是具有天下大公之道的人。而处在为政岗位的人，如果以天下为己任，不谋私利，就具有圣贤之心。"以天下大同之道，则圣贤大公之心也。常人之同者，以其私意所合，乃昵比之情耳。……既不系所私，乃至公大同之道，

---

① 程颢、程颐：《二程集》，中华书局，2004，第 1181 页。
② 程颢、程颐：《二程集》，中华书局，2004，第 144 页。
③ 程颢、程颐：《二程集》，中华书局，2004，第 1155 页。
④ 程颢、程颐：《二程集》，中华书局，2004，第 1069 页。

无远不同也，其亨可知。能与天下大同，是天下皆同之也。"① "无私，天德也。"② 程颢说："至于无我，则圣人也。"③ 具有无私之德的人，就是具有天德的人，可以与天地合其德，与日月合其明，成为人们所爱戴、敬仰的圣贤。应该指出，历代对圣贤的解释都指向那些言可法天下、行可为人示范的儒家士大夫，而在二程的政治哲学中，则将圣贤指向具有行天下大同之道而治理好国家的人，程颐明确说"圣人以大公无私治天下"，即是说以大公无私治理天下的人就是圣人。二程的圣人观，是看到了为政者在社会治理、社会进步乃至增进人民福祉中的重要作用而提出的，且将圣人诠释为具有大公无私思想的公共岗位上的人，这是对古代圣人观的突破与发展，对各级行政管理人员增强荣誉感、培养自信具有重要价值。

三 政在修己是为政之要

何谓"政"？"政"就是"正"。儒家认为，管理的真谛就是正人，用己之正来使人正，用己之正之表率作用使人效法，而不是强制执行。孔子说："政者，正也，君为正，则百姓从政矣。"（《礼记·哀公问》）为政者，就是身正的人。君王如果身正，百姓就服从管理。《论语·子路》中说："苟正其身矣，于从政乎何有？不能正其身，如正人何？"孔子认为，假如自己身正，对于从政有何难处？若不能正其身，又怎么能正人呢？"政者，正也。子帅以正，孰敢不正？""其身正，不令而行；其身不正，虽令不从。""子路问政。子曰：'先之，劳之。'"（《论语·子路》）孔子上述对"政者，正也"的深刻理解，为管理者正身、修身提供了宝贵思想资源。

二程在孔子"政者，正也"思想的基础上，明确提出"政在修己"的理念，并在总结历代国家治乱兴衰的基础上，将修身提到治天下国家之本的高度。程颐说："治天下国家，必本诸身。其身不正而能治天下国家者，无之。"④

"治天下国家，必本诸身"，是对皇权至上理念的超越。在封建时代，

---

① 程颢、程颐：《二程集》，中华书局，2004，第763页。
② 程颢、程颐：《二程集》，中华书局，2004，第764页。
③ 程颢、程颐：《二程集》，中华书局，2004，第126页。
④ 程颢、程颐：《二程集》，中华书局，2004，第316页。

皇权至上，帝王一言九鼎，唯我独尊。尽管有直言敢谏的官员冒死进谏，但鲜明提出治国本于帝王之身的，尚不多见。程颐还说："将欲治人，必先治己，故以忠恕自治。""君子之于天下，正己斯可矣。正己，则物孰与不正？笃恭而天下平，正己而已。"① 他在担任宋哲宗的老师时，甚至提出"格君心之非"的主张，不仅表现了理学家以理抗势的士大夫担当精神，更表现了他思想的深邃与对君王修身在国家治理中重要性的洞察。他曾说："天下之害，无不由末之胜也。峻宇雕墙，本于宫室；酒池肉林，本于饮食；淫酷残忍，本于刑罚；穷兵黩武，本于征讨。凡人欲之过者，皆本于奉养，其流之远，则为害矣。先王制其本者，天理也；后人流于末者，人欲也。损之义，损人欲以复天理而已。"② 在程颐看来，是帝王的贪图享乐造成了"峻宇雕墙""酒池肉林"，要用先王、圣人之教，来"损人欲"。首先要"格君心之非"，去除君心之嗜欲。思想家的睿智，在于不在其位而能深谋远虑，洞见世事真理。程颐对为政者嗜欲、贪欲之心忧，至今仍振聋发聩：为政者清廉则社会风清气正；为政者贪奢则社会污浊。治贪在于治心，为政在于治己。

政在修己，身正则官治。如果治理好国家在于为君者修身，是从国家层面说的话，那么程颐在《论语解》中所说的"政在修己，身正则官治"，着眼的则是各级政府层面的为政者。在国家治理中，各级政府的为政者，也有一个修身的问题，只有自己身正，才能管理好下属官吏。所谓己不正不能正人，己不正也不能管理好下属的官吏。如果作为政府的主管，自己严于律己，堂堂正正，就会给下属树立起榜样。现实生活中，有的单位领导利用手中职权大肆敛财，却要求别人廉洁自律，这种被称为"两面人"的官员，岂能服众？岂能受到下属拥戴？清代张聪贤的《官箴》说"吏不畏吾严而畏吾廉，民不服吾能而服吾公。公生明，廉生威"。程颐认为，治政同治家一样，"威严不先行于己，则人怨而不服"。我们党在长期革命和建设实践中形成的干部吃苦在前、享受在后，以身作则、率先垂范的革命风范，体现的正是中华优秀传统文化的精华，同二程提出的"正心修身"思想是一脉相承的。"政在修己"，要求为政者正己心，养天地之正气，立

---

① 程颢、程颐：《二程集》，中华书局，2004，第1164页。
② 程颢、程颐：《二程集》，中华书局，2004，第907页。

浩然之气。程颢说："浩然之气，乃吾气也，养而不害，则塞乎天地；一为私心所蔽，则欿然而馁，却甚小也。"① 程颐说："浩然之气，天地之正气，大则无所不在，刚则无所屈，以直道顺理而养，则充塞于天地之间。'配义与道'，气皆主于义而无不在道，一置私意则馁矣。"② 有私心就没有浩然之气，就不会立身行己。在市场经济条件下，修德立身不能讳言克除己私。

四　为政之道体现民本思想

二程以民为本的政治思想源于对古代经典的学习和对社会民生的体察。程颐早在二十多岁时，在《上仁宗皇帝书》中，就提出"'民惟邦本，本固邦宁。'窃惟固本之道，在于安民，安民之道，在于足衣食"。他当时往来于洛阳和开封之间，目睹了京师开封"坐食之卒，计逾百万""天下民力匮竭，衣食不足"的现实，这促使他思考治国之道在于安民。程颢则在二十五岁中进士后，有了十余年的县政阅历。他把儒家以民为本的政治理想化作"视民如伤"的执政实践，将儒家的"内圣外王"付诸行动，创造了儒家士大夫知行合一的成功范例。程颐虽没有直接从政，但他从儒家经典中提炼出的为政之道，至今仍闪耀着思想的光芒，给人以深刻的启示。程颐说："为政之道，以顺民心为本，以厚民生为本，以安而不扰为本。"③ 这是思想家跨越时空、历久弥新的思想智慧。

以顺民心为本。程颐说"人君之道，以人心说服为本"④，"君子观重巽相继以顺之象，而以申命令，行政事。随与重，上下皆顺也。上顺下而出之，下顺上而从之，上下皆顺，重巽之义也。命令政事，顺理则合民心，而民顺从矣"⑤。作为国家治理者，在制定政策法令时，要考虑人心所向，以"人心说服"为根本。这是因为民众是国家的根基，民心、民意是国家制定政策、法令的基础，只有顺民心、合民意，国家制定的政策、法令才能得到人民的拥护，才能得到贯彻执行。民心向背关乎国家存亡，这是儒家政治哲学的核心。虽然在家天下的封建时代，儒家的政治理想只是一种美好的愿望，

① 程颢、程颐：《二程集》，中华书局，2004，第20页。
② 程颢、程颐：《二程集》，中华书局，2004，第11页。
③ 程颢、程颐：《二程集》，中华书局，2004，第531页。
④ 程颢、程颐：《二程集》，中华书局，2004，第998页。
⑤ 程颢、程颐：《二程集》，中华书局，2004，第994页。

统治者并没有，也不可能真正对其加以落实，但这种优良的政治基因，始终是有作为的士大夫的从政圭臬，规谏、影响着历代统治者的思想和施政行为。当今社会，顺民心也成为当代政治哲学的核心内容之一，而追求共同富裕则作为民心的最大诉求，已成为执政党新时期的奋斗目标。

以厚民生为本。《大禹谟》中的"正德、利用、厚生惟和"，是尧、舜传给大禹的箴言。荀子说"民生厚而德正"，将"厚生"诠释为"厚民生"，即使人民生活富裕。程颐则将"厚民生"上升到为政之本的高度，认为改善人民生活，使人民过上富裕生活是治国之大道和根本出发点，这是程颐民本思想的体现。如何"厚民生"？程颐说要"制民之产"，即使人民有财产。程颐说："不制民之产，无储蓄之备，饥而后发廪以食之，廪有竭而饥者不可胜济也。今不暇论其本。"① 朝廷只是在人民饥饿时赈济是不够的，要从根本上使他们拥有自己的田产。程颢、程颐与张载在"洛阳议论"中，曾探讨过实行"井田"制使"贫富均"的问题，"伯淳言：'井田今取民田使贫富均，则愿者众，不愿者寡。'" 程颢则在担任上元县主簿时，制止土地兼并，使人民不失去田产，在一定程度上保障了民众的生活。程颐则从古代圣王"财散则民聚"汲取智慧，批评秦汉统治者"苟私利""聚财"之政："古之时得丘民则得天下，财散则人聚。后世苟私利于目前，以兵制民，以财聚众。聚财者能守，保民者为迂。秦、汉而下，莫不然也。"② 反对统治者以聚财为目的，以保民为迂腐的思想观念。程颢则从爱惜民力出发，提出"重民力"思想："养民者，以爱其力为本，民力足则生养遂，然后教化可行，风俗可美。是故善为政者，必重民力。"③ 制民田产、爱惜民力，使百姓丰衣足食、安居乐业，二程的"厚民生"思想在今天仍有诠释与升华的价值。

安而不扰为本。安而不扰体现的是程颐政治哲学的大智慧，为政思想的时代精华，极具时代价值。安而不扰是顺民心的延伸，为政者只要"制民之产"，为民众提供发展环境与条件，民众自有发展生产、改善生活之欲望与办法，并不需要为政者加以干预、干扰。不合理的干扰反而起到阻碍

---

① 程颢、程颐：《二程集》，中华书局，2004，第585页。
② 程颢、程颐：《二程集》，中华书局，2004，第600页。
③ 程颢、程颐：《二程集》，中华书局，2004，第1211页。

的作用，在这方面，我们的一些为政者是应该加以反思的。不顾客观实际的追赶、超越，并没有起到好的作用，反而起到坏的作用，这是我们应汲取的深刻教训。安而不扰，也体现人与自然和谐相处的思想。从天人合一思想出发，要实现人与自然和谐相处，人就要做到不干扰大自然的生态环境，让大自然自然生长，自然繁育。一些山区自然林的自然生长繁育就是有力的证明。在科技无限发展，似乎可以改变一切，而人的欲望无限膨胀，向大自然无限索取的今天，程颐的"安而不扰"思想，显得格外珍贵，它可以成为我们在环境治理工作方面的重要思想资源。

二程的政治哲学从先秦典籍中汲取民本思想的优良政治基因，以天下为己任，不在其位而谋治国安邦之策，其"顺民心、厚民生、安而不扰"的为政之道，"政在修己，身正则官治"的思想，为当代立志致力于国家治理体系现代化的思想家、政治家、社会科学工作者提供了有益的探索和借鉴，值得我们在新的历史条件下，加以升华和发展。

第二节　二程的担当精神

理学本是建立在孔孟"修齐治平"精神特质基础之上的内圣外王之道，彰显的是士大夫内修身心、外治天下的君子风范和大丈夫精神。在有宋一代，特别是北宋时期，一代士大夫在宽松的政治生态下，甚至出现了外王重于内圣的情况，范仲淹"先天下之忧而忧，后天下之乐而乐"、程颐"与君王同治天下"的主张便是士大夫以道治世、以道匡君的生动反映。

然而，到了明清时期，由于朝廷政治生态的恶化，朝廷对儒学虽有尊崇，但对士大夫总体上处于戒备状态，一些名儒死于廷杖之下，为自保计，儒家转向内修身心，以研究性命、理欲来实现心理平衡。这也是理学越来越走向内圣而脱离外王治世的原因所在。在险恶的政治环境面前，建功立业的政治理想既然难以实现，那就只有转向内修身心，以求心安。即使是被称为明代圣人的王阳明，其龙场悟道的直接原因，亦与其两年前的廷杖受辱有关。

理学的这一转向，不仅直接影响了中国社会的发展进程，也影响了理学的发展进步。在不再关注社会政治的心态下，理学丧失了对世界万物的探索与追求，淡漠了对天下苍生的责任意识，丧失了为天地立心、为生民立命、为万世开太平的政治抱负，自然也就被时代潮流所抛弃。当今之世，是我们正本清源，重新回归理学初心，发挥二程内圣外王之道，服务当下社会道德建设的有利时机。

孔孟儒学偏于内圣，即重视人的道德修养，从孔子的"仁"，到孟子的"义"，乃至后来发展至完整的"五常"（仁、义、礼、智、信），皆是人的内在修养、人格的完善，是成就人品的内容。而二程开创的理学，则偏于"外王"，即从修身到完成治国平天下的转变。由内圣向外王即由内在修养向治国平天下转变的关键，在于"得君行道"，即依靠掌握国家权力的帝王推行社会变革。而在理学家中，最早表现出"得君行道"倾向的是北宋思想家程颐。程颐不仅比王安石早一年提出"得君行道"，而且提出了"格君心之非"、君王与士大夫同治天下的政治主张，表现了士大夫强烈的责任担当意识。

一 从"引君当道"到"得君行道"

"引君当道"，即引导君王树立"道"的思想意识，用"道"来指导治国安邦。儒学所倡明的"道"，即尧、舜、禹上三代所开创的圣人之道，这个道包括孝悌、中庸和孔孟所倡导的仁义等内容。程颐在二十多岁时，在《上仁宗皇帝书》说："臣所学者，天下大中之道也。"并提出要"以忧虑天下之心行王道"，要宋仁宗"以王道为心"，并引《孝经》来规劝宋仁宗"立身行道，扬名于后世"。[①] 从中我们可以看出程颐强烈的"引君当道"意识，即用儒家的以民为本、爱民保民思想来确立治国之策。应当说，程颐强烈的士大夫责任担当意识，是宋代儒家士大夫整体的责任意识的反映，从范仲淹到王安石，无不具有这种责任意识。这种责任意识远超汉唐以来的儒家士大夫的思想境界。唐代魏徵引荀子语提出的水能载舟，亦能覆舟，只是告诫唐太宗重视民意，并没有提出以民为本、爱民保民的仁政思想。

我们来看程颐"得君行道"的思想倾向。程颐在《上仁宗皇帝书》中说"王道之不行二千年矣。……以陛下忧虑天下之心行王道，岂难乎哉？……然而行王之道，非可一、二而言，愿得一面天颜，罄陈所学。如或有取，陛下其置之左右，使尽其诚；苟实可用，陛下其大用之；若行而

---

① 程颢、程颐：《二程集》，中华书局，2004，第510、514页。

不效，当服罔上之诛，亦不虚受陛下爵禄也。"①

程颐这篇上书的写作时间，有学者考证应为嘉祐二年，而不是皇祐二年。如果是皇祐二年，程颐只有十八岁，即使说是嘉祐二年，程颐也不过二十五岁，当时尚在太学读书。而王安石生于1021年，他的《上仁宗皇帝言事书》发生在嘉祐三年，也比程颐晚一年，并且王安石比程颐大十二岁，此时已经三十七岁，由此可见程颐思想的成熟。在这篇上书中，程颐明确提出了"王道之不行二千年矣"，王道即尧、舜、禹上三代以爱民保民为宗旨的治国安邦之道。程颐希望面见宋仁宗以罄尽其诚，面陈所学，表达了强烈的欲得到宋仁宗重用、施展治国之才的意识。

尽管程颐的这次上书并没有得到宋仁宗的重视，他也没有召见程颐，但程颐所表达的"得君行道"思想却影响了后来的儒家士大夫。孔孟儒学偏于内修身心的"内圣"理念，由此向"外王"转变。至王安石变法，得到宋神宗的支持，"得君行道"第一次由坐而论道，变为改革社会的政治实践，极大地鼓舞了士大夫的从政热情。当时以程颢为代表的儒家士大夫都曾满怀治国平天下的政治理想，参与到王安石的变法中去。只是由于对王安石激进变法有不同意见，程颢等人选择了退出。但程颐首先提出的"得君行道"思想、王安石的"得君行道"实践，一直激励着士大夫的从政热情。从朱熹到陆九渊、陆九龄，无不如此。朱熹在政治生命结束之际，仍念念不忘"致君行道之本怀"，陆九龄更颇为自负地说："窃不自揆，使天欲平治天下，当今之世，舍我其谁？苟不用于今，则成就人才，传之学者。"

二 格君心之非的责任与担当

孟子最早提出了"格君心之非"，程颐发展并实践了孟子的"格君心之非"思想。"格君心之非"，出自《孟子·离娄上》："人不足与适也，政不足与间也，惟大人为能格君心之非。君仁，莫不仁；君义，莫不义；君正，莫不正。一正君则国定矣。"格，即纠正，格君心之非，即纠正君心错误的思想。在孟子时代，百家争鸣，儒家作为百家之一家，应该说孟子思想的影响是有限的。同时，在战国群雄争霸的形势下，君王也并未如后来的帝

① 程颢、程颐：《二程集》，中华书局，2004，第514页。

王般处于绝对权力的地位。程颐发现了孟子"格君心之非"的深刻含义，并敢于在君权处于绝对统治地位的宋代提出"格君心之非"，表现出儒家士大夫的治国平天下的责任意识和担当精神，在同时代的士大夫中是独树一帜的。

程颐在担任宋哲宗的老师时，在《上太皇太后书》中说："师，道之教训；傅，傅其德义；保，保其身体。后世作事无本，知求治而不知正君，知规过而不知养德，傅德义之道固已疏矣，保身体之法复无闻焉。"[1] 这里，程颐在总结古代对帝王教育的失误时，鲜明地提出"知求治而不知正君，知规过而不知养德"，所谓正君，即纠正君王的非心，而要从根本上解决君王的非心，只指出其错误是不行的，还要培养君王的圣德。只要君王圣德纯正，非心和处理政事的过失问题就从根本上解决了。后来，程颐更明确地指出："'君仁莫不仁，君义莫不义。'天下之治乱系乎人君仁不仁耳。……夫政事之失，用人之非，知者能更之，直者能谏之。然非心存焉，则一事之失，救而正之，后之失者，将不胜救矣。格其非心，使无不正，非大人其孰能之？"[2] 程颐认为，如果只是从一事一议上纠正君王过失，并不能从根本上解决问题。只有"格其非心，使无不正"，才能从根本上纠正君王之过失。

应该说，程颐"格君心之非"的思想是深刻的。过去历史上的谏臣，如唐代的魏徵，以及其他名留史册的直言敢谏之臣，大多只是规过，敢于对帝王的过失提出谏言，而像程颐这样提出要格君心之非、培养圣德的却不多见。今天如果将程颐格君心之非的思想扩展到加强对各级公务员的监督和道德培养上，则更有现实意义。

三 随时变易的改革精神

通常人们认为二程偏于保守，实际上以天下为己任的儒家士大夫是积极入世的，他们以治国平天下为政治追求，是富于创造精神的。二程所开创的理学，积极观照现实，由内圣向外王转变。从程颐早年的《上仁宗皇帝书》，可以看出其"引君当道""得君行道"的思想倾向。而程颢则积极

---

[1] 程颢、程颐：《二程集》，中华书局，2004，第538页。
[2] 程颢、程颐：《二程集》，中华书局，2004，第390页。

参与了王安石的变法。程颢在《论十事札子》中说："圣人创法，皆本诸人情，极乎物理，虽二帝、三王不无随时因革，踵事增损之制；然至乎为治之大原，牧民之要道。……则圣王之法可改。"表达了"随时因革""圣王之法可革"的改革意识。程颐在其《伊川易传》中，则鲜明地提出了变革思想：

> 泰宁之世，人情习于久安，安于守常，惰于因循，惮于更变，非有冯河之勇，不能有为于斯时也。冯河，谓其刚果足以济深越险也。自古泰治之世，必渐至于衰替，盖由狃习安逸，因循而然。自非刚断之君，英烈之辅，不能挺特奋发以革其弊也，故曰用冯河。或疑：上云包荒，则是包含宽容；此云用冯河，则是奋发改革，似相反也。不知以含容之量，施刚果之用，乃圣贤之为也。①

程颐在这里提出，人们在泰宁之世，往往安于守常，故而需要有徒步过河之勇，才能"奋发改革"。难能可贵的是，程颐在近千年前就提出了"改革"一词，可见其思想之深刻，洞见之精辟。他在《伊川易传》卷四《鼎卦》中说："去故而纳新，泻恶而受美。"意思是鼎里泻去旧的糟粕，纳受新的、美的东西，引申为在一个机体里清除废料，吸收新鲜养分，后化为成语"吐故纳新"，表现的仍然是改革思想。而程颐的"治道亦有从本而言，亦有从事而言。从本而言，惟从格君心之非。正心以正朝廷，正朝廷以正百官。若从事而言，不救则已，若须救之，必须变。大变则大益，小变则小益"②则表达了鲜明的改革思想，要治理好国家，就"必须变"，因为"大变则大益，小变则小益"。这几乎是在大声疾呼改革了。

程颐的改革意识，来源于他的担当精神。程颐曾说："圣贤之于天下，虽知道之将废，岂肯坐视其乱而不救？必区区致力于未极之间，强此之衰，艰彼之进，图其暂安，苟得为之，孔孟之所屑为也。"③孔子尚有"道不行，乘桴浮于海"，孟子尚有"穷则独善其身，达则兼济天下"，表现出有道则

---

① 程颢、程颐：《二程集》，中华书局，2004，第 755~756 页。
② 程颢、程颐：《二程集》，中华书局，2004，第 165 页。
③ 程颢、程颐：《二程集》，中华书局，2004，第 866 页。

用世，无道则归隐的思想，而程颐却是"虽知道之将废，岂肯坐视其乱而不救"，表现的是一种慷慨赴死、挽大厦之将倾的担当精神。

第三节 二程的外王之道

二程的外王之道，即二程的治国之道，集中体现在顺理而治、以公心治国、以诚心治事三个方面。

一 顺理而治

顺理，包含两个含义，一是顺从天理、事物的规律，二是顺应人心。顺从天理，按事物的规律治国安邦、为人处世，就可以不忧、顺遂。顺应人心，就能得到人民的拥护，国家就稳固。

顺理则无忧。程颐说："事事物物各有其所，得其所则安，失其所则悖。圣人所以能使天下顺治，非能为物作则也，惟止之各于其所而已。止之不得其所，则无可止之理。"① "顺理则无忧" "君子循理，故常泰；小人役于物，故多忧戚。"② "天地之道，至顺而已矣。大人先天不违，亦顺理而已矣。"③

顺人心则治。程颐说："政不贵详，贵于顺而已。"④ 程颢说："出令当如流水，以顺人心。……但做顺人心事，人谁不愿从也。"⑤ "天下之理，本诸简易，而行之以顺道，则事无不成。故曰：'智者若禹之行水，行其所无事也。'"⑥ 程颐也说："为政之道，以顺民心为本，以厚民生为本，以安而不扰为本。"⑦

依从自然规律、顺应人心来治国安邦，是二程理政思想的显著特色。在二程看来，自然规律是独立于人的意识而存在的，自然界有其运行的内在规律，人不能为自然界的运行制定法则，只能顺应它，根据自然运行的

① 程颢、程颐：《二程集》，中华书局，2004，第1211页。
② 程颢、程颐：《二程集》，中华书局，2004，第1263页。
③ 程颢、程颐：《二程集》，中华书局，2004，第1225页。
④ 程颢、程颐：《二程集》，中华书局，2004，第321页。
⑤ 程颢、程颐：《二程集》，中华书局，2004，第28页。
⑥ 程颢、程颐：《二程集》，中华书局，2004，第457页。
⑦ 程颢、程颐：《二程集》，中华书局，2004，第531页。

规律对它进行恰当的利用。如果不按自然规律办事，人为地改变自然规律，事情就会失败。顺从自然规律，顺应人心，按人们所想办事，这就是二程为政之道的根本。

二 以公心治国

如前所述，公心思想是二程理学的精神标识，是二程天理至公思想在政治哲学领域的延伸和反映，在市场经济条件下，二程的公心思想具有极大的升华空间和现实意义。公与私的关系问题是历代儒家政治哲学的根本问题。在市场经济条件下，公与私的关系问题更是摆在执政者面前的突出问题。市场经济是逐利经济，执政者处于逐利的核心地位，如果不能超越一己之私，则很可能被利欲所诱惑，被物所化，成为金钱、利欲的奴仆。而要超越一己之私，提高驾驭市场利欲诱惑的能力，就要处理好公与私的关系，从二程"大公"思想中寻找资源。二程在先秦儒家公天下思想的基础上，鲜明地提出"至公无私，大同无我"① "圣人以大公无私治天下"② 的执政理念，这是对公心思想的超越与升华。二程认为，体现博施济众、至公无私、大同无我的思想境界的"公"是超越爱的大仁，是圣人应追求的理想境界：二程从公心中生发出人的浩然之气，提出克服私心的"浩然之气，天地之正气""充塞于天地之间"。

在市场经济条件下，大力弘扬二程的"大公"思想，具有现实意义，对于贯彻立党为公、执政为民、以人民为中心的思想，具有重要的启迪价值：共产党的初心，是为人民谋幸福，在市场经济条件下，要保持初心不变，就要有公心，坚持立党为公的公心，才能一心为民。习近平总书记认为，"衡量党性强弱的根本尺子是公、私二字"③。因而我们说，二程的至公无私思想，是执政党永葆为民初心、为民谋利益宗旨意识的文化渊源。

三 以诚心治事

程颐提出"诚无不动者：修身则身正，治事则事理，临人则人化"④。

---

① 程颢、程颐：《二程集》，中华书局，2004，第 1172 页。
② 程颢、程颐：《二程集》，中华书局，2004，第 742 页。
③ 《大胆使用批评和自我批评有力武器 习近平总书记参加河北省委常委班子专题民主生活会纪实》，《人民日报》2013 年 9 月 27 日，第 2 版。
④ 程颢、程颐：《二程集》，中华书局，2004，第 1170 页。

在这里，程颐将治国安邦的三个方面——修身、治事、临人都讲到了，治国安邦者如果做到了这三个方面，就可以"无往而不胜"。"诚"何以有此作用？在市场经济条件下，如何才能做到"诚"？如前所述，"诚"是二程贡献给中国传统文化的一个核心理念。孔子提出了"仁"的概念，而如何才能将"仁"加以落实？程颢提出"学者须先识仁"，而如何落实"仁"？程颢说要"以诚敬存之"，就是要以诚敬之心将"仁"落实在人的内心，并贯彻在行动上。何谓"诚"？程颐提出"诚者无妄之谓"，诚心就是没有"妄想"，没有不切实际的、非分的欲望，一心一意、专心致志地按照本心去行事。每一个执政者，都应按照二程所说的用无私无欲的诚心去修身，把身心修养好；在处理政事时，心无旁骛、一心一意扑在政事上，再纷繁复杂的工作也能理出头绪，把工作做好；在教育、管理民众时，做到诚心待人，言行一致，率先垂范，使被管理者、被教育者受到感化，产生"桃李不言，下自成蹊"的效果。

第四节　治家与治国

我们知道，儒家的政治理想是"修、齐、治、平"，这在自《大学》以来的历代典籍中早有论述，但鲜明地提出"天下之治，正家为先"的，却是程颐。我们先来看历代典籍中的论述。《大学》："古之欲明明德于天下者，先治其国。欲治其国者，先齐其家。欲齐其家者，先修其身。欲修其身者，先正其心。欲正其心者，先诚其意。"

周敦颐在《通书》中说："治天下有本，身之谓也；治天下有则，家之谓也。本必端。端本，诚心而已矣。……是治天下观于家，治家观于身而已矣。身端，心诚之谓也。"

从以上典籍可以看出，《大学》明确提出了"欲治其国者，先齐其家"；周敦颐提出了"治天下观于家，治家观于身"的思想，与程颐的论述已经十分接近了。而程颐则在总结历代先贤对治家与治国关系论述的基础上，结合自己的认识与理解，提出："天下之治，正家为先。天下之家正，则天下治矣。"[①] "父子兄弟夫妇各得其道，则家道正矣。推一家之道，可以及天

---

① 程颢、程颐：《二程集》，中华书局，2004，第 1046 页。

下，故家正则天下定矣。"①

如何治家？我们通常说要治家，就要孝悌，做到孝敬父母，顺从长上。而程颐则提出"治家之道，以正身为本"②，以正身、修身为治家之本，这是对孟子"家之本在身"的继承，又是对它的发展："在身"就是要修身、正身。

"治家之道，以正身为本"，在当今社会，更有其现实意义。身不正，不仅治不了家，还会害家、败家，甚至殃及子孙；身正，才能治好家，带出好家风，并惠及子孙后代。正如习近平总书记指出的："家风好，就能家道兴盛、和顺美满；家风差，难免殃及子孙、贻害社会。"③

程颐不仅提出天下之治在治家、治家之道在正身，而且进一步提出治国之道也在于为政者的正身、正己。程颐说："政在修己，身正则官治。""将欲治人，必先治己，故以忠恕自治。"④ "君子之于天下，正己斯可矣。正己，则物孰与不正？笃恭而天下平，正己而已。"⑤ "治天下国家，必本诸身。其身不正而能治天下国家者，无之。"⑥ 修身、正身、正心是为政者立身行政、治理政事的根本，为政者只有心正行修，才能在道德上、行为上做出典范，树立榜样，才能起到率先垂范、化民成俗的作用，才能把国家治理好。

① 程颢、程颐：《二程集》，中华书局，2004，第 885 页。
② 程颢、程颐：《二程集》，中华书局，2004，第 888 页。
③ 《习近平：在会见第一届全国文明家庭代表时的讲话》，《人民日报》2016 年 12 月 16 日，第 2 版。
④ 程颢、程颐：《二程集》，中华书局，2004，第 1155 页。
⑤ 程颢、程颐：《二程集》，中华书局，2004，第 1164 页。
⑥ 程颢、程颐：《二程集》，中华书局，2004，第 1197 页。

第九章 二程的教育思想

二程作为宋代著名的教育家，其教育思想以明理修德、培养圣贤品格为目标，以立志、贵于自得为核心，以培养学生的诚敬之心为根本途径，是当前亟待开发的宝贵思想资源，对当代教育有重要的启示意义。

第一节 明理修德

明理修德，培养人的圣贤思想境界是二程教育思想的根本出发点。二程"言学便以道为志，言人便以圣为志"，表达了鲜明的以培养学生道义担当精神和志存高远为重点的教育思想。

一 明理

明理即明天理。天理从本质上说，含义有二，即自然规律和人伦道德。明白了这两个方面，就能够立身处世。

程颢说："吾学虽有所受，'天理'二字却是自家体贴出来。"①"天理"一词最早出现在《庄子·天运》中："夫至乐者，先应之以人事，顺之以天理，行之以五德，应之以自然，然后调埋四时，太和万物。"意思是一个人最快乐的事，是在处理问题时，顺从天理，符合五德（仁、义、礼、智、信），顺应自然规律，然后与四时变化相适应，与万物相和谐。《韩非子·大体》中则明确提出，要"不逆天理，不伤情性"。

二程的"天理"论，对中国古代哲学发展的影响主要有以下三个方面。一是打破了对上天的崇拜。从古至今，天理的概念固化在每个人的心中，成为中华文明的核心要素。我们不管承认与否，每个人的心中都有敬天畏

---

① 程颢、程颐：《二程集》，中华书局，2004，第424页。

天的概念，敬畏天理，不做伤天害理之事，已成为中国人的重要价值观。宇宙观与社会治理观、核心文化观一起构成文明。而宇宙观正是不同时期人们对天、地、人相互关系的认知体系。我们知道，中国上古社会，天具有主宰万事万物的"神"的地位。而二程创造性地提出"天理"论。程颢说"天者理也"，用"天理"来代替"神"，把儒家传统的"天人合一"，用"天人一理"来表达，这是二程对中国哲学的一大贡献。就人的认识来说，这也是一种思想解放，打破了人对上天的崇拜，把天作为一种自然规律来认识。二是就认识论来说，提出了朴素辩证思维。二程认为自然万物都有与之对立的方面，正是对立面的相互转化推动了事物的发展。这一思想具有朴素辩证法的因素。万物莫不有对、自然之理生生不息、物理极而必反、动静一源是二程提出的自然界运行的主要规律，是宋代所能达到的哲学思维的最高认识。这些具有朴素辩证法的思想，为后来人们认识事物打开了新的天地，在今天仍有认识价值。三是将天理赋予人伦道德内涵，为普通中国民众建立起道德理想和道义自觉。以自然说人事，以自然现象启发对人伦道德的思考，是二程及理学家的思想特点。二程将自然世界运行的规律与人类社会的道德规范融为一体，将天理与伦理道德相结合，建立了理学体系。程颢说："得天理之正，极人伦之至者，尧、舜之道也。"①修养到了天理之正的境界，做到了人伦的最好规范，就是实现了尧舜之道。这就把天理和人伦结合了起来。理学家常说的"天理良心"也是对这种意思的表达。这里的天理，就是自然规律；良心，就是伦理道德。

从天理出发，二程为人们提出了伦理道德的三个概念："诚""忠""公"。一是"诚"。二程认为自然界的特性是"诚"，"诚"是自然运行的规律和万物生成的根本。他们在观察自然万物后发现，昼夜交替、四时更迭、春华秋实，年复一年，自然界在周而复始地运转，这是自然界"诚"的表现。因而程颢提出"诚者天之道"，由自然界的"诚"，发展出人要思"诚"，做诚实守信之人，具有真诚、诚实、不欺、无妄的品格。而"诚"所延伸出的诚实、诚信至今仍是我们大力倡导的人的核心价值。二是

---

① 程颢、程颐：《二程集》，中华书局，2004，第450页。

"忠"。程颐说："忠者天理。"[1] "忠、信，本也。""忠者天下大公之道。"[2] "维天之命，于穆不已，忠也。"[3] 意思是"忠"也是天的属性，是天理的本质。从中可以看出，"忠"与"诚"都是大自然的本质属性，忠信也是理的本质特征。程颐进一步引申说"人无忠信，则不可以为学"。就是将天之忠信化为人之忠信品质。三是"公"。二程从大自然无私无我之心生发出"公"的道德理念，认为人应有公心，有大爱之心，爱天地万物。程颢说"夫天地之常，以其心普万物而无心，圣人之常，以其情顺万事而无情。故君子之学，莫若廓然而大公"[4]程颐说："天心所以至仁者，惟公尔。人能至公，便是仁。"[5] 二程仍然以自然界无一己之私的公心，来启示人们要有胸怀天下之公心境界，做大仁大爱之人。程颢更进一步提出"仁者，以天地万物为一体""至公无私，大同无我"，成为历代仁人志士的精神追求。在市场经济条件下，当道德滑坡、人人为小我奔波忙碌、信仰迷失之时，迫切需要弘扬二程之大公精神。

二程有关明理的思想，在学校教育中的意义在于从小就要向学生进行明天地万物之理的教育，使之初步掌握事物发展的规律，具有朴素辩证法思想。当然，这要结合当代对自然规律的新的认识，进行科学的阐释，并不局限于二程提出的观点和看法。同时，对"诚""忠""公"等概念，要结合学生的思想实际，进行创造性转化和创新性发展，培养学生诚实守信、忠诚、爱国、为公共事业服务、为人民服务等道德品质，使之成为一个有崇高道德理想、有利于人民的人。

二 修德

修德，即修养道德。以修德作为教育的目的之一，实际上是二程对教育的作用的认识。在二程看来，教育的目的有两个方面，一是获取知识，二是正心、养性。获取知识方面，我们在这里不做过多评说，因为这是显而易见的。我们重点探讨二程对正心、养性的理解。

---

[1] 程颢、程颐：《二程集》，中华书局，2004，第 124 页。
[2] 程颢、程颐：《二程集》，中华书局，2004，第 360 页。
[3] 程颢、程颐：《二程集》，中华书局，2004，第 392 页。
[4] 程颢、程颐：《二程集》，中华书局，2004，第 460 页。
[5] 程颢、程颐：《二程集》，中华书局，2004，第 439 页。

一是德为人之本。二程在改正《大学》时说"德者本也，财者末也"，就一个国家来说，德为国之本，财为国之末；就一个人来说，德是为人之本。二程认为，教育的本质就是立德树人，培养人的健全品格、优良性情。孔子说"德不孤，必有邻"，是说有德之人，不会被孤立，一定有人来比邻而居，有人来相助。而程颢则更深层次地说，德是为人之本，有了好的道德，众多的善行就会随之出现。德是支配人之行为的中枢，是人之众多善行的根源。没有好的道德，就不会有好的行为。如果说程颢认为德是善行的根本，那么程颐则认为德是人能言的前提。程颐说："学本是修德，有德然后有言。"① 这里的言不是指一般的言语，而是指嘉言、箴言，能使人明白事理、获益的良言。程颐还说："德善日积，则福禄日臻。"② 是说一个人的德和善天天积累，那么他的福和禄也就日益圆满。这句话旨在告诫人们要行善积德，如此福和禄才会眷顾于他。"一德立而百善从之"说的是德对行的意义，"有德然后有言"，说的是德对一个人言语的影响。"德充实，则成章而有辉光"③，是说德充实后，发见于人的文章则有光辉。"德善日积，则福禄日臻"，是说德和善对人一生的影响。二程对德的意义的理解可谓深刻而全面。从已有的资料来看，尚未查到其他先贤有如此完整的对德的论说。

二是正心、养性。程颐在《颜子所好何学论》中说："凡学之道，正其心，养其性而已。"④ 正心，即纠正邪念，培养正确的价值观。养性，即培养优良的性情。正心、养性从德性和性格两个方面概括了教育的根本目的。而程颐在提出这一涉及教育目的的观点时，才二十多岁，刚到太学上学，可见其思想之成熟与睿智、见解之深刻与独到。这句话，对我们今天的教育仍有启迪价值。目前，我们更多地把学习的目的放在了知识获取上，而忽视了对学生的心灵滋养、价值观确立和优良性情养成工作。

二程不仅提出了学习的目的是正心、养性，还论述了正心、养性的内容与方法。一是要养善心。程颐说："教人者，养其善心而恶自消。"⑤ 要时

---

① 程颢、程颐：《二程集》，中华书局，2004，第 232 页。
② 程颢、程颐：《二程集》，中华书局，2004，第 756 页。
③ 程颢、程颐：《二程集》，中华书局，2004，第 928 页。
④ 程颢、程颐：《二程集》，中华书局，2004，第 577 页。
⑤ 程颢、程颐：《二程集》，中华书局，2004，第 411 页。

刻注意培养学生的善心，善心培养起来，恶的、不好的思想和行为就会消失。二是要注意培养学生的达德，使之具有胸怀天下的大仁大智大勇。程颐说："知仁勇三者天下之达德，学之要也。"① 忠信，礼之本，人无忠信，则不可以为学。有大仁大智大勇，又有忠诚爱国之心，这就是学生的核心价值观，也是正心的内容。

养性，就是要培养学生的君子品格和风范。程颐有两段话深刻地论述了养性的核心要义。"学莫大于致知，养心莫大于礼义。古人所养处多，若声音以养其耳，舞蹈以养其血脉。今人都无，只有个义理之养，人又不知求。"② 学习的关键在于增长智慧，养心的关键在于礼义。古代的人养的方面有很多，比如用歌咏来养耳，用舞蹈来使血脉通畅。今人却没有这些，只有通过义理来养心，却又不知道去追求。礼义与义理在宋代是同义词，都是指道德、道义，是人的是非概念。用义理来养心，是指使人懂得是非、谬误，不使人心生邪念。按照程颐所说，当时的人已经不知道用义理去养心。而今天人们受物质利益的诱惑，道德滑坡、心生邪念的问题更为严重。在这种情况下，更需要用义理来养心，拯救被腐蚀的心灵。

程颐还说"故君子：动静节宣，所以养生也；饮食衣服，所以养形也；威仪行动，所以养德也；推己及物，所以养人也。养道之所贵，惟正而已矣。"③ 君子动静有节、谨慎言语以养生；注重饮食衣服以养形体；容貌举止庄严以养德行；用自己的感受推想他人的感受，从而养心。而养之道最可贵的是心正。养性与养心、正心是不可分的，心正了，加上适当的诗词歌赋、音乐舞蹈来熏陶，就能培养出彬彬有礼、举止优雅的谦谦君子，以及道德高尚的一代新人。

三 立志成德成贤

《宋元学案·伊川学案》记载，一次，有学生问："学者须志于大，何如？"程颐曰："志无大小。且莫说道将第一等让于别人，且做第二等。才如此说，便是自弃。虽与不能居仁由义者差等不同，其自小则一也。言学

---

① 程颢、程颐：《二程集》，中华书局，2004，第126页。
② 程颢、程颐：《二程集》，中华书局，2004，第177页。
③ 程颢、程颐：《二程集》，中华书局，2004，第1187~1188页。

便以道为志，言人便以圣为志。自谓不能者，自贼者也。谓其君不能者，贼其君者也。"① 这个学生问程颐，学者必须立大志，这样说对吗？程颐说，志无大小之分。但是不能将第一等志向让给别人，自己去做第二等。如果是这样的话，就是自弃。放弃自己的努力，也是自己小看了自己。我说做学问就要以明道为志向，对人来说，就是要以成为圣贤为志向。自己说自己不能做到，是自己害自己。说自己的君主做不到，是害自己的君主。

程颐在这里强调，一个人的志向没有大小之分，但是，能通过努力达到最高志向的，不能放弃自己的努力，去追求第二等的志向。有希望达到第一等志向，而放弃自己努力的行为，是自己伤害自己。他追求的目标是，做学问就要以明白事理为志向，做人就要以成为圣贤为志向。程颐曾经说过："人皆可以至圣人，而君子之学必至于圣人而后已。不至于圣人而后已者，皆自弃也。孝其所当孝，弟其所当弟，自是而推之，则亦圣人而已矣。"② 并说："圣人，人也，故不能无忧。"③ "人之性一也，而世之人皆曰吾何能为圣人，是不自信也。其亦不察乎！"④ "中正而诚，则圣矣。"⑤ 这里，程颐认为圣人也是普通人，只要做到了孝悌、爱人，做到中、正、诚，就是圣人。这就打破了圣人高不可攀的神话，将圣人诠释为人人通过自己的道德修养，不放弃自己的努力，从而都能达到的一种人生境界。这是程颐对教育德育建设的最大贡献！

一些人受西方人性恶论的影响，认为自私是人的本能，放弃了对向上、向善、理想、信念的追求，造成精神家园荒芜。培养崇高精神、提高精神境界，被认为是空洞说教。而程颐"人皆可以至圣人"的思想，对于我们今天的学校德育建设不乏教育与启示意义。正如习近平总书记所引用的王阳明说的"立志而圣则圣矣，立志而贤则贤矣"，以成德成圣、培养高尚人格、崇高精神境界引领学校道德建设方向，鼓励学生树立自信，培养具有圣贤境界的谦谦君子，培养胸怀天下的治国安邦人才，在今天仍具有启示意义。

---

① 黄宗羲：《宋元学案》卷十五，中华书局，1986，第 622 页。
② 程颢、程颐：《二程集》，中华书局，2004，第 318 页。
③ 程颢、程颐：《二程集》，中华书局，2004，第 29 页。
④ 程颢、程颐：《二程集》，中华书局，2004，第 318 页。
⑤ 程颢、程颐：《二程集》，中华书局，2004，第 577 页。

第二节　贵于自得

贵于自得，就是学生在学习时要通过自己的思考来求得知识，而不是由老师对知识进行讲解。程颐说："学莫贵于自得。"[①] 这种方法也就是孔子所说的待其"愤悱而发"。愤是心求通而未发，悱是口欲言而未说出之时。也就是说，不到他想求明白而求之不得的时候，不到他口欲言而说不出来的时候，老师不要去讲解。二程继承了孔子的教育方法。程颐说："孔子教人，'不愤不启，不悱不发'，盖不待愤悱而发，则知之不固，待愤悱而后发，则沛然矣。学者须是深思之。思而不得，然后为佗说，便好。初学者，须是且为佗说，不然，非独佗不晓，亦止人好问之心也。"[②] 这里，程颐说明了要经过思考之后再讲解的原因，只有经过思考再讲解，才能知之固，学得牢，能豁然贯通。但对于初学者，还是要进行讲解，否则就会阻碍他好问之心。

要自得，就要深思。程颐说："学莫贵于思。"[③] "为学之道，必本于思，思则得之，不思则不得也。"[④] 他还从思维的特点出发，告诫学生要善于思考。程颐举掘井的例子来说明。他说："人思如涌泉，浚之愈新"[⑤]。意思是人的思想就像掘井一样，挖得越深，水就越旺。有学生问他，有些人愚笨，是不是聪明丢失了？他说："聪明如何磨去？……使之则有，不使则亡。"[⑥] 程颐早在千年前就告诫我们，学源于思，人的聪明才智是深思的结果。

要自得，就要潜心。潜心，就是要沉下心来，对问题有持久的思考。程颐结合自己的学习体会说"潜心久当自明"，意思是，在学习时，当你遇到不明白的问题，沉下心来，持久地思考，就会找出解决问题的办法。

要自得，就要默识心通。默识心通是指通过自己的沉思默想、融会贯通来学到知识的一种方法。程颐说："大凡学问，闻之知之，皆不为得，得

① 程颢、程颐：《二程集》，中华书局，2004，第316页。
② 程颢、程颐：《二程集》，中华书局，2004，第208页。
③ 程颢、程颐：《二程集》，中华书局，2004，第319页。
④ 程颢、程颐：《二程集》，中华书局，2004，第324页。
⑤ 程颢、程颐：《二程集》，中华书局，2004，第314页。
⑥ 程颢、程颐：《二程集》，中华书局，2004，第415页。

者，须默识心通。"① 默识心通，即通过自己内心的体会、体悟而求得问题的解决。程颐认为，人们对事物的认识，开始是混乱不清的，经过思考之后，才能理清头绪，学到真知。程颐的书铭就是："含其英，茹其实；精于思，贯于一。"② 他的书铭，概括了学习的真谛：精于思考，贵于自得。程颐的学生邵伯温问：如何可以自得？程颐说："思，'思曰睿，睿作圣'，须是于思虑间得之，大抵只是一个明理。"③

要自得，就要学会疑。程颐说："学者要先会疑。"④ 意思是为学者要先学会对所学的内容敢于提出疑问。这是培养学生的独立思考能力、敢于质疑的能力，也就是创新能力。谢良佐回忆："明道先生教余尝曰：'贤读书，慎不要寻行数墨。'"⑤ 意思是不要囿于书本，不要尽信书本上的结论。程颐说："学者于圣人无卓然之独见，则是闻人之言云耳，因曰亦云耳而已。"⑥ 意思是学者对于圣人之言如果没有自己的独立见解，也只是对圣人之言的复述而已，体现了二程不迷信圣人权威的思想。有疑问就要问，不问不知。二程鼓励学者要养成随时请教别人的习惯。程颐说："耻不知而不问，终于不知而已。以为不知而必求之，终能知之矣。"⑦ "不求故无得，不问故莫知。"⑧ 这些看似浅显的话，却蕴含着深刻的智慧。

要自得，就要深入体味，要像江海之浸，膏泽之润。程颐在谈到古今学习目的不同时说："古之学者，优柔厌饫，有先后次序。今之学者，却只做一场话说，务高而已！常爱杜元凯语：'若江海之浸，膏泽之润，涣然冰释，怡然理顺。'然后为得也。今之学者，往往以游、夏为小，不足学。然游、夏一言一事，却总是实。如子路、公西赤言志如此，圣人许之，亦以此自是实事。后之学者好高，如人游心于千里之外，然自身却只在此。"⑨

"优柔厌饫"，比喻为学从容求索，深入体味，逐渐深入。而今天的学

---

① 程颢、程颐：《二程集》，中华书局，2004，第178页。
② 程颢、程颐：《二程集》，中华书局，2004，第670页。
③ 程颢、程颐：《二程集》，中华书局，2004，第296页。
④ 程颢、程颐：《二程集》，中华书局，2004，第413页。
⑤ 程颢、程颐：《二程集》，中华书局，2004，第427页。
⑥ 程颢、程颐：《二程集》，中华书局，2004，第1195页。
⑦ 程颢、程颐：《二程集》，中华书局，2004，第1199页。
⑧ 程颢、程颐：《二程集》，中华书局，2004，第327页。
⑨ 程颢、程颐：《二程集》，中华书局，2004，第145页。

者却把学习当作一场演说活动，只是哗众取宠而已。程颐十分推崇杜元凯说的话：学习就像沉浸在知识的江海之中，又或像接受雨水滋润一样。遇到不懂的问题，通过学习而得以理解，有怡然自得之感，这才是真正有心得。今之学者，往往认为孔子的学生子游、子夏学问小，不足学。实际上，他们二人的一言一行，都是实实在在的。就像子路、公西赤言志一样，孔子也很赞许，也是实实在在的学问。今天的学者好高骛远，好像人心游于千里之外，然而自身还是在原来的地方。

程颐在这里推崇的是古人做学问"优柔厌饫"、从容探索、深入体味的态度，通过学习达到"江海之浸，膏泽之润，涣然冰释，怡然自得"的境界，反对那些好高骛远、哗众取宠、夸夸其谈的态度和做派。

第三节　诚敬为本

二程认为，诚敬之心是做好包括学习在内的一切事情的前提。从立身修德来说，以诚修身则身正，治事则事理，临人则人化。程颐晚年所收的学生尹焞曾说："先生教人，只是专令用敬以直内。若用此理，则百事不敢轻为，不敢妄作，不愧屋漏矣。习之既久，自然有所得也。"[①] 《周易·系辞》曰："君子敬以直内，义以方外。"意思是君子用敬使自己内在正直，用义来规范外在的行为。程颐在教导他的学生的时候，时常以敬来教育他们，使他们树立恭敬、严肃的态度，这样百事不敢轻举妄动，即使在独处时也能无愧于心。这种习惯养成后，自然有所得。程颐还说："修学不以诚，则学杂；为事不以诚，则事败；自谋不以诚，则是欺其心而自弃其忠；与人不以诚，则是丧其德而增人之怨。"[②] 这里，程颐明确提出"修学不以诚，则学杂"，告诫人们要以诚心来进行学习。在二程看来，培养学生的诚敬之心，是搞好学习的基础。有了诚敬之心，就能把学习搞好。

二程教育思想的核心是立德树人，目的是培养具有圣贤品格的君子，其教育方法是贵于自得，重在培养学生的自学能力。在当前形势下，挖掘、弘扬二程教育思想，对于解决当前我国教育存在的问题，具有重要的启迪意义。

---

① 程颢、程颐：《二程集》，中华书局，2004，第444页。
② 程颢、程颐：《二程集》，中华书局，2004，第326页。

在教育指导思想上，要将立德树人切实放在首要位置。程颐对教育的性质和目的有深刻的认识，早就指出："凡学之道，正其心，养其性而已。""学本是修德，有德然后有言。"这是程颐贡献给中国教育的卓越思想，也是解决当前教育问题的治本之策。当前教育存在的根本问题是忽视或淡化了对学生的道德培养和人格养成，在中学阶段以分数为最重要的衡量标准，一些大学生则成为精致的利己主义者。儒家所倡导的家国情怀，修身、齐家、治国、平天下的理想，荡然无存。因此，我们迫切需要端正办学指导思想，将二程"学本是修德"的思想贯穿于教育全过程。

要以培养圣贤人格为教育目标，提升学生的道德境界。程颐说："人皆可以至圣人。""中正而诚，则圣矣。"程颢更通俗地说，从一个人的洒扫应对上可以看出其圣贤气象。程颐言学便以道为志，言人便以圣为志，一生以培养圣贤为教育目标。我们今天弘扬二程教育思想，就是要把学生培养成具有圣贤品格的谦谦君子，成为知孝悌、有大爱，具有中、正、诚精神的人。

第四节 "学"之新义

"学"是儒学论域的一个重要理念，从孔子的"学而时习之"到荀子的"劝学"都在告诫人们，要想成就自己，就要学；只有学，才能成人。二程与诸多先贤的不同在于，他们将"学"赋予了更高的价值目标：不仅要成人，而且要成为圣人。二程对"学"的理解体现在以下方面。

一是将学与知识区分开来，强调"学以载道"，在一定意义上开近世道德哲学思想之滥觞，也就是说，是程颐提出了"儒者是对道的追求"，将之与文士、治经术区别开来。程颐对孔孟以后的儒者提出质疑："后之儒者，莫不以为文章、治经术为务。文章则华靡其词，新奇其意，取悦人耳目而已。经术则解释辞训，较先儒短长，立异说以为己工而已。如是之学，果可至于道乎？"[1] "在程颐看来，儒者有别于其他思想家的地方应该就是对'道'的追求。"[2] 程颐说："今之学者，歧而为三：能文者谓之文士，谈经

---

① 程颢、程颐：《二程集》，中华书局，2004，第580页。

② 〔美〕包弼德：《历史上的理学》，王昌伟译，浙江大学出版社，2010，第79页。

者泥为讲师，惟知道者乃儒学也。"① 二程认为，"儒者"就应该注重对义理的追求，对"道"的追求。自程颐以后，一些知识分子开始使用"道学"作为一种理解道德与价值的特别方式，这种方式把理学家和其他同样自称为"儒者"的人区分开来。② 这里的所谓"道"，我们可以理解为所有人都应该共同遵循的价值观，道学即研究道德与人之价值的学说。二程将学与知识区分开来，强调学道对人之道德和价值观的作用，具有重大的意义：它将"学"赋予了道德培养、价值观教育的功能，赋予了教育的生命成长功能，对当代教育仍具有十分重要的启示意义。程颢说："古之学者，皆有传授。如圣人作经，本欲明道。今人若不先明义理，不可治经，盖不得传授之意云尔。"③ 明道，就是让人明义理，这是道德建设的根本，不明义理，分不清是非，人就会误入歧途。这也是当今教育道德建设的根本问题，对当今哲学界在关注人之道德建设方面应有启示意义。

二是强调学在于运用，在于实践。二程并非空谈道德性命的理学家，而是在修德的基础上"力行"的实践家。"正叔先生曰：'治经，实学也。……如《中庸》一卷书，自至理便推之于事。如国家有九经，及历代圣人之迹，莫非实学也。如登九层之台，自下而上者为是。人患居常讲习空言无实者，盖不自得也。为学，治经最好。苟不自得，则尽治"五经"，亦是空言。'"④ 在二程看来，古代的经典，是圣人治国安邦理论经验的总结，本身就是实学，后人学习经典，就是要致力于实践，把圣人的思想落实在行动上。如果不从内心对圣人的思想有真切的感悟，并付诸行动，即使把"五经"都学了，也只是学到了一套理论，并无用处。这里二程讲到了一个"学"的根本问题：学贵自得。"学贵自得"不仅是一个学习的方法问题，而且是学习的根本问题：通过学达到提升人的道德思想、精神境界的目的。程颐曾说"所谓德者得也，须是得于己，然后谓之德也"⑤。在二程看来，学的最高境界是达到"德化"之境，即"理与己一"。程颐说："'大而化之'，只是谓理与己一。其未化者，如人操尺度量物，用之尚不免

---

① 程颢、程颐：《二程集》，中华书局，2004，第95页。
② 〔美〕包弼德：《历史上的理学》，王昌伟译，浙江大学出版社，2010，第82页。
③ 程颢、程颐：《二程集》，中华书局，2004，第13页。
④ 程颢、程颐：《二程集》，中华书局，2004，第2页。
⑤ 程颢、程颐：《二程集》，中华书局，2004，第206页。

有差，若至于化者，则己便是尺度，尺度便是己。"① 当一个人修德达到自己便是为人处世的"标准尺度"，是道德的化身之境界时，他便进入了"德化"之境，这也是"知"的最高境界。在程颐看来，"学为易，知之为难。知之非难也，体而得之为难"②。这里的"知"即内化于心、蕴含着道德生命的"真知"。有了真知，就能力行。"若夫真知，未有不能行者。"③ 在知行关系上，程颐认为，应以知为本，有了真知，必能力行："知至则当至之，知终则当遂终之，须以知为本。知之深，则行之必至，无有知之而不能行者。知而不能行，只是知得浅。"④ 试看历史上众多志士仁人为理想而献身，乃在于知之深；当今社会，之所以会出现知行不一的"两面人"，乃在于没有将学内化于心。"君子之学，必先明诸心，知所养，然后力行以求至，所谓自明而诚也。故学必尽其心。尽其心，则知其性，知其性，反而诚之，圣人也。"⑤ "学必尽其心""力行以求至"，程颐的这两句话，是对知行合一的深刻诠释，有针砭时弊的意义。程颢说"力行"，学之则近乎仁，程颐教人则全在于"力行"。

三是二程为学的最高目的在于以圣人之道治理社会。二程有强烈的治世意识、修齐治平的天下情怀。他们为学的目标是在个人修德的同时，实现"老安少怀"天下大同的理想。程颐就明确地说："人皆可以至圣人，而君子之学必至于圣人而后已。不至于圣人而后已者，皆自弃也。"⑥ 二程说："孔子之志在于'老者安之，朋友信之，少者怀之'，使万物莫不遂其性。"⑦ 程颢说："仁者，以天地万物为一体。""万物莫不遂其性""仁者，以天地万物为一体"尽管有诸多含义，但对以人为主体的关爱、对天下大同的理想社会的追求是其主旨所在。更重要的是，二程将圣人转化为不依靠皇权而能够独立进行社会改造的人，他们将自己的政治理想寄托在具有圣人思想的人身上。正如美籍学者包弼德所说："胡安国在《春秋》序中说：'周道衰微，乾纲解钮，乱臣贼子接迹当世，人欲肆而天理灭矣。仲

---

① 程颢、程颐：《二程集》，中华书局，2004，第 156 页。
② 程颢、程颐：《二程集》，中华书局，2004，第 321 页。
③ 程颢、程颐：《二程集》，中华书局，2004，第 388 页。
④ 程颢、程颐：《二程集》，中华书局，2004，第 164 页。
⑤ 程颢、程颐：《二程集》，中华书局，2004，第 577 页。
⑥ 程颢、程颐：《二程集》，中华书局，2004，第 318 页。
⑦ 程颢、程颐：《二程集》，中华书局，2004，第 369 页。

尼，天理之所在，不以为己任而谁可？'既然孔子之前的圣人都有实际的政治权威，那根据胡安国对《春秋》的解读，当孔子（他是圣人而不是天子）以个人身份行天子之事，权威的核心就已经从君主转到为'学'之人身上。当我们把这种看法和认为圣人可学而至，以及成圣并不是少数幸运的人才可以的观点结合起来，我们其实就可以感觉到理学家的豪言壮语。如程颐就指出，孔子教导他的学生做一名圣人。圣人之所以是圣人，不在于他是否有权力，而在于他是否有道德良知。如果学做圣人是可能的，又如果上古以后没有一个皇帝有资格被称为圣人，那么，唯一的结论就是，只有理解道学的人才是世界上真正的道德权威。"[1] 要言之，二程所开创的圣人之学，是要在皇权之外培养道德高尚、以天下为己任的人，以建立老安少怀、人人安居乐业的理想社会。程颢说"至公无私，大同无我"，程颐说"圣人以大公无私治天下"，这两句话就是二程以圣人思想建立天下大同的社会理想的表达，也是他们为学的根本目的。

"故好学非知，然足以破愚；力行非仁，然足以忘私；知耻非勇，然足以起懦。知是三者，未有不能修身者也。"[2] 总之，二程所说的学，是自得之学，是修身之学，是成就人品之学，是修、齐、治、平之学。其在为学出现功利化、工具化倾向的今天，具有极大的转化价值与思想价值。

---

① 〔美〕包弼德：《历史上的理学》，王昌伟译，浙江大学出版社，2010，第 131 页。
② 程颢、程颐：《二程集》，中华书局，2004，第 1157 页。

第十章　二程理学的当代价值

关于二程理学的当代价值研究，我们着眼于对二程理学思想中跨越时空、具有现实价值的思想精华予以阐释，以此为当代思想道德建设、精神信仰方面提供文化资源，并在对二程理学的创造性继承与创新性发展方面进行尝试。

第一节　二程理学与中华文化的基本精神

中华文化的基本精神，是中华民族在长期发展过程中形成的基本价值取向和精神追求。二程对中华文化的基本精神的传承与阐发，做出了巨大的贡献，是我们今天对中华文化基本精神进行传承与创新的宝贵思想资源。

关于中华文化的基本精神，目前有几种表述，一是张岱年的概括，即天人合一、以人为本、刚健自强、以和为贵的基本精神；二是李中华在《中国文化通义》一书中的概括，即文明以止的人文精神，天人合一的思维模式，和而不同的共生智慧，生生日新的维新理念，存而不忘亡的忧患意识；① 三是楼宇烈在《中华文化的基本精神》一书中概括的"以人为本的人文精神是中华文化的基本精神"；四是陈来概括的"天人合一、以人为本、崇德尚义"的优秀精神。

这四种对中华文化基本精神的概括，尽管表述有所不同，但蕴含的基本精神却是一致的，即天人合一的思维方式，刚健自强、生生不息的创造精神，以人为本、心忧天下的家国情怀，崇德向善、至公无我的人生境界。而在中华文化基本精神的传承和发展过程中，二程起到重要的作用。就拿

---

① 李中华：《中国文化通义》，世界图书出版公司，2020，第 411 页。

与文化含义密切相关的"文明"一词来说，程颐就做出了与历代先贤不同的解释。

"文明"按照通常的说法是人类创造的物质文化和精神文化的总和。"文明"一词按照李中华在《中国文化通义》中的研究，于战国时期出现在解释《周易》的《易传》中："刚柔交错，天文也。文明以止，人文也。观乎天文，以察时变。观乎人文，以化成天下。"① 王弼在《周易注》中解释"文明以止，人文也"时说"止物不以威武，而以文明，人之文也"②。意思是不能以威武，靠武力、刑罚来治理，而要以文明来治理人、物、社会乃至国家，用文明、文化来教育人。

程颐在《程氏易传》中说："止于文明者，人之文也。止谓处于文明也。……天文，天之理也；人文，人之道也。"③ 程颐以"止""处"释"人文"，以"人道"释"人文"，虽然也把"文明"和"人文"二者等同，但揭示了人文的内涵乃是"人道"，即"文明"与"人文"皆为"人道"。

何谓"人道"？人道，即人之所以为人应遵循的基本道德规范。如果说王弼对文明、人文的解释是不以武力、刑罚为内容，那么程颐对文明、人文的解释，显然更进一步，即文明、人文是以人之道德规范为内在本质特征的。我们今天所使用的"文明"一词，通常被理解为外在的行为风貌，比如行为文明、谈吐文雅等，而实际上，这种外在文明行为却反映着人的道德本质。如果一个人道德本质恶劣，无论他如何在外表上显得"文明"，终究是不能掩盖其内在本质的。因而我们说，今天进行的文明社会建设的根本在于提高人的道德素养和道德本质。

一 天人合一的思维方式

从人是自然界的一员出发，先秦儒家和道家都认为天人是一体的。根据李中华的研究，天人合一所体现的整体思维，是儒、道两家思维方式的源头。老子提出"人法地，地法天，天法道，道法自然"，完整地论述了人与自然的关系。庄子则明确指出"无受天损易，无受人益难。无始而非卒

---

① 李中华：《中国文化通义》，世界图书出版公司，2020，第414页。
② 李中华：《中国文化通义》，世界图书出版公司，2020，第414页。
③ 程颢、程颐：《二程集》，中华书局，2004，第808页。

也，人与天一也"。"人与天一"就是"天人合一"。儒家经典《周易》则完整地提出了"天人合一"的思想。《说卦》将天、地、人看作一个大家庭："乾，天也，故称乎父；坤，地也，故称乎母。"到了北宋，张载则明确指出："乾称父，坤称母；予兹貌焉，乃浑然中处。故天地之塞吾其体，天地之帅吾其性。民吾同胞，物吾与也。"① 程颢则说"天人本无二，不必言合"②。意思是天和人本来就是一体的，不用说天人合一。他还提出了著名的"仁者，以天地万物为一体，莫非己也"的命题。程颐则形象地说："人之在天地，如鱼在水，不知有水，直待出水，方知动不得。"③ 意思是，人生活在空气中，就像鱼游在水中。鱼感觉不到水的重要，可一旦离开了水，才知道活不下去，人离开了空气也是一样。因而二程说："人者，位乎天地之间，立乎万物之上；天地与吾同体，万物与吾同气。"④"仁者，以天地万物为一体。"⑤

二程近千年前所做的对人与自然关系的哲学思考，看似浅显，却不失为救治当前社会之病的良药。当我们过度地向大自然索取、对大自然进行开发时，当空气污染、河水污染、食品污染危及人的生存时，我们不得不反躬自问，重新思考我们的发展方式、生活方式、生活理念，走人与自然和谐相处之路。而要走人与自然和谐相处之路，就要有理性思维。所谓理性思维，就是对天人合一的德性的认识。所谓天人合一的德性认识，就是将自然同人类看作一个整体，人对自然有道德意识，有怜悯之心。就像程颢所说，人本来就是与天地一体的，天地就像人的四肢百体一样，岂有不爱护之理？就像程颐所说的那样，人如果离开自然，就像鱼儿离开水一样。人不能呼吸，就会窒息，既然如此，难道你还去污染空气？二程正是在这一爱护自然的德性的基础上，形成了对自然万物的理性态度。

从天人合一的理性思维出发，二程不仅阐释了人与自然的关系，而且更深一层，将人从"天者神"的束缚中解放出来，提出了"天者理也"的理性主义世界观，将天地万物视为有其运行规律的、人可以研究探索的对

---

① 李中华：《中国文化通义》，世界图书出版公司，2020，第424~425页。
② 程颢、程颐：《二程集》，中华书局，2004，第81页。
③ 程颢、程颐：《二程集》，中华书局，2004，第43页。
④ 程颢、程颐：《二程集》，中华书局，2004，第668页。
⑤ 程颢、程颐：《二程集》，中华书局，2004，第15页。

象，开辟了人们认识自然的新境界，为科学认识自然打开了一扇窗户。程颐在答弟子问时说："凡眼前无非是物，物物皆有理。如火之所以热，水之所以寒，至于君臣父子间皆是理。"又问："只穷一物，见此一物，还便见得诸理否？"曰："须是遍求。虽颜子亦只能闻一知十，若到后来达理了，虽亿万亦可通。"① 这里程颐将格物作为人们探究自然、社会规律的方法，富有启发意义。同样从天人合一思维出发，程颐认为人性中也有"理"，即人的道德本质，从而将天理（自然规律）与人理（人的道德本质）统一起来，使中国人确立认识自然、安身立命的思维模式和道德理想。这是二程对天人合一思想的创新和发展。这一创新和发展在今天仍有认识和启迪价值。

二　刚健自强、生生不息的创造精神

从天道刚健自强、生生不息的本质特性出发，《周易大传》提出"天行健，君子以自强不息"来激励人们效法天之运转不息、日新月异的创造精神。何谓乾道？程颐认为，乾道是"刚、健、中、正、纯、粹"："以含、弘、光、大四者形容坤道，犹乾之刚、健、中、正、纯、粹也。"② 程颐在《伊川易传》中说："乾体刚健，艮体笃实。人之才刚健笃实，则所畜能大，充实而有辉光，畜之不已，则其德日新也。"③ 天之运转不已、生生不息的刚健精神，是人应效法学习的楷模，人应"刚健笃实""其德日新"。程颢也说："'生生之谓易'，是天之所以为道也，天只是以生为道，继此生理者，即是善也。善便有一个元底意思。'元者善之长'，万物皆有春意，便是'继之者善也'。'成之者性也'，成却待佗万物自成其性须得。"④ 程颢则从"天地之大德曰生"出发，体悟出"天以生为道""万物皆有春意"，人应效法天之生生不息精神，进行生生不息的创造，同时与自然和谐相处，以善良的德性对待自然、对待他人，乃至对待万物，做到"仁者，以天地万物为一体"。

而如何才能做到刚健自强、生生不息？二程从理学思想出发，提出要

① 程颢、程颐：《二程集》，中华书局，2004，第247页。
② 程颢、程颐：《二程集》，中华书局，2004，第707页。
③ 程颢、程颐：《二程集》，中华书局，2004，第828页。
④ 程颢、程颐：《二程集》，中华书局，2004，第29页。

刚健自强，则须克一己之私，言历代先哲所未言。程颐在《伊川易传》中说："天下之志万殊，理则一也。君子明理，故能通天下之志。圣人视亿兆之心犹一心者，通于理而已。文明则能烛理，故能明大同之义；刚健则能克己，故能尽大同之道；然后能中正合乎乾行也。"[1]"夫同人者，以天下大同之道，则圣贤大公之心也。常人之同者，以其私意所合，乃昵比之情耳。……既不系所私，乃至公大同之道，无远不同也，其亨可知。能与天下大同，是天下皆同之也。天下皆同，何险阻之不可济？何艰危之不可亨？故利涉大川，利君子贞。……君子之贞，谓天下至公大同之道。"[2]"至诚无私，可以蹈险难者，乾之行也。无私，天德也。"[3] 在程颐看来，天之所以能行健，在于其无私；人只有克己，有至公无私、至诚无私之心，能尽"天下至公大同之道"，才能行健，反过来说，私欲膨胀的人，是不会刚健自强的。

刚健自强和生生不息的创造精神，是中华民族的基本精神之一。二程在阐释这一基本精神时，从哲学思维出发，在阐释刚健自强和生生不息特质的同时，揭示出具有永恒价值的公心是刚健的所以然，具有很强的时代价值。

三　以人为本、心忧天下的家国情怀

以人为本，是对以神为本的超越，是对神权观念的解放。在这方面，程颢一句"天者理也"即完成了对"天者神"的突破，奠定了以人为本的哲学基础。张岱年指出："宋明理学中，不论是气本论，或理本论，或心本论都不承认灵魂不灭，不承认鬼神存在，而都高度肯定精神生活的价值。气本论以天地之间'气'的统一性来论证道德的根据，理本论断言道德原于宇宙本原之'理'，心本论则认为道德伦理出于'本心'的要求。这些道德起源论未必正确，但是都摆脱了宗教信仰。"[4] 二程作为宋明理学的奠基者，无论是程颢的心学，还是程颐的理学，都摆脱了宗教信仰和神的束缚，强调人生的价值与意义，按照钱穆的说法，二程是"人生之大导师"。

---

① 程颢、程颐：《二程集》，中华书局，2004，第764页。
② 程颢、程颐：《二程集》，中华书局，2004，第763页。
③ 程颢、程颐：《二程集》，中华书局，2004，第764页。
④ 《张岱年全集》第七卷，河北人民出版社，2007，第381页。

从"以人为本"引申出"以民为本"的家国情怀，二程对这方面给予了更多的关注与阐释。程颐早在二十五岁时给宋仁宗的上书中，就提出"'民惟邦本，本固邦宁。'窃惟固本之道，在于安民，安民之道，在于足衣食"①。程颢在解释《周易》的"剥卦"时说："下者，上之本……为人上者，知理之如是，则安养人民，以厚其本，乃所以安其居也。"② 程颢的县政实践处处体现了民本思想，他在晋城任县令时，在座位处书写"视民如伤"作为自己的座右铭，并说"颢常愧此四字"。程颐虽然没有直接从政，却对民本思想有重要论述。他在《代吕公著应诏上神宗皇帝书》中说："为政之道，以顺民心为本，以厚民生为本，以安而不扰为本。"③ 这里的顺民心、厚民生、安而不扰，直指治国安邦的核心要旨，在今天亦有现实意义。以民为本，不仅是让百姓安居乐业，还要使百姓心情舒畅，有表达意见的机会。程颢的学生刘安礼问如何临民，程颢说："使民各得输其情。"意思是，要治理好国家，就要使老百姓心情舒畅，能尽情地表达自己的真实感情。用今天的话说，就是要给百姓创造反映意见的渠道和机会。

以民为本，事关国之安危，帝王只有懂得这个道理，才能重民爱民。程颐在给宋哲宗当老师时，常常从细微之处启发他要有爱民意识。当他听说宋哲宗爱护小生灵，在宫中走路时都避开蝼蚁，便开导说，这是圣上仁心的表现，但这还不够，愿圣上推此心以及四海，则天下幸甚。意思是希望圣上将来执政时将此仁爱之心用在老百姓身上，那就是天下百姓的幸事。程颐在《答人奏稿书》中说，我看你奏书中只是写了怕百姓动乱，"颐欲公以爱民为先，力言百姓饥且死，丐朝廷哀怜，因惧将为寇乱可也"④。意思是不能只写百姓可能会作乱，而要写出百姓将要饿死，朝廷若不救他们，他们可能要作乱。二程以人为本、以民为本的思想，仍具有历久弥新的时代价值。

四　崇德向善、至公无我的人生境界

崇德向善是中华民族优良的道德基因，从《尚书·康诰》"克明俊德"，

---

① 程颢、程颐：《二程集》，中华书局，2004，第511页。
② 程颢、程颐：《二程集》，中华书局，2004，第814页。
③ 程颢、程颐：《二程集》，中华书局，2004，第531页。
④ 程颢、程颐：《二程集》，中华书局，2004，第600页。

到周初提出"明德慎罚""敬德保民",再到《大学》明确提出"大学之道,在明明德","德"由对古之圣王、君子的品德要求,推广到普通士大夫乃至普通民众的道德品行规范。而二程对"德"的阐释与推崇,可谓全面而深刻。其一,"德"是内化于人心的情感。二程说"德者得也""得之于心,是谓有德"①。内化于心的就是德,德是对心灵的滋养。只有内化于心,才能对生命起到滋养作用。《大学》说"富润屋,德润身"即是此意。其二,"德"是人之本,是人一切善行的来源。程颢说:"'德不孤,必有邻',一德立而百善从之。"② 程颐说:"学本是修德,有德然后有言。"③ 程颢认为,一个人只要有了好的道德,众多的善行就会随之出现。程颐认为,学习就是为了修养道德,有了好的道德,才能立言。他在《颜子所好何学论》中还说"凡学之道,正其心,养其性而已"④,表达的也是对修德的重视。其三,"德"的内容。程颢说:"知仁勇三者天下之达德。"⑤ "中庸,天下之正理。德合中庸,可谓至矣。"⑥ 将知、仁、勇,不偏不倚之中道原则视为"德"之内涵,是二程对"德"的全新诠释。其四,"修德"的最高境界是成为圣人。程颐"言学便以道为志,言人便以圣为志",提出"人皆可以至圣人,而君子之学必至于圣人而后已。不至于圣人而后已者,皆自弃也。孝其所当孝,弟其所当弟,自是而推之,则亦圣人而已矣"⑦,"中正而诚,则圣矣"⑧。二程将修德的最高境界,定位于成为圣人,同时又将圣人从高不可攀的圣坛拉下来,诠释为人人通过道德修养都能达到的思想境界。这是二程对道德建设的最大贡献。

从修德的最高境界是成为圣贤出发,二程的人生追求是廓然大公、至公无私、大同无我、"浩然之气充盈"的精神境界。程颐说:"德至于无我者,虽善言美行,无非所过之化也。"⑨ 德达到无我的境界,就有善言美行,

---

① 程颢、程颐:《二程集》,中华书局,2004,第147页。
② 程颢、程颐:《二程集》,中华书局,2004,第371页。
③ 程颢、程颐:《二程集》,中华书局,2004,第232页。
④ 程颢、程颐:《二程集》,中华书局,2004,第557页。
⑤ 程颢、程颐:《二程集》,中华书局,2004,第126页。
⑥ 程颢、程颐:《二程集》,中华书局,2004,第1143页。
⑦ 程颢、程颐:《二程集》,中华书局,2004,第318页。
⑧ 程颢、程颐:《二程集》,中华书局,2004,第557页。
⑨ 程颢、程颐:《二程集》,中华书局,2004,第411页。

人们就会被感化。程颢说"至公无私，大同无我。虽眇然一身，立于天地之间，而与天地无以异也"①，这是一种与万物为一体，以天下为己任，廓然大公、无私无我的精神境界。具有这种精神境界的人，内心充盈着浩然之气。程颢说："浩然之气，天地之正气，大则无所不在，刚则无所屈，以直道顺理而养，则充塞于天地之间。"② 浩然之气，就是天地间的正气。这种天地间的正气，无所不在，刚正、刚直，没有能使它屈服的东西。它是用直道顺理养成的，因而充塞于天地之间。程颐则更具体地将浩然之气概括为"至大""至刚""以直"。此三者，是形成浩然之气的必要条件，缺一不可。而要培养自己的浩然之气，就要不为私心所蔽。程颢说："浩然之气，乃吾气也，养而不害，则塞乎天地，一为私心所蔽，则欿然而馁，却甚小也。"③ 一个人为私心所蒙蔽，处处考虑个人利害得失，自然就志气短小，胸怀狭窄，丧失正气。我们常常说，一个人堂堂正正，首要的是没有私利之心，立身行己。在市场经济条件下，二程崇德向善、至公无我的人生境界和价值追求，是道德建设的宝贵精神滋养。

第二节　二程理学对中华民族精神世界的影响

二程理学是心性哲学，对中国人内在精神世界产生了深远的影响：一是为中国人确立了以天理为核心的道德理想；二是提升了人的精神境界——以天地万物为一体；三是超越一己之私，培养了廓然大公的浩然之气；四是弘扬了中华民族的民族精神——重气节、重操守。

一　确立道德理想：以天理为核心

孔子的仁爱思想作为士大夫的道德理想没有化为普通民众的道德准则，同时由于佛道的兴起，孔孟所开创的儒学低落一千五百余年。北宋时期二程在重新阐发孔孟儒学的基础上，融合佛道思想，创立了以天理为哲学基础的理学体系，并将孔孟儒学的仁、义、礼、智、信、孝悌等纳入"理"

① 程颢、程颐：《二程集》，中华书局，2004，第1172页。
② 程颢、程颐：《二程集》，中华书局，2004，第11页。
③ 程颢、程颐：《二程集》，中华书局，2004，第20页。

的范畴，为普通民众建立起道德理想与道义自觉，使之成为百姓日用而不觉的道德规范和行事原则。这是二程为中国人建立道德信仰所做的重大贡献。

二程的天理思想有丰富的内涵，涵盖自然规律和人伦道德的诸多方面。按照陈来的说法，即天道（天理）、物理、义理、性理。天道（天理）是自然法则，物理是事物的具体规律和性质，义理指社会的道德原则，性理则指人的道德本质和人的理性。① 在这些概念中，对人性的研究、对人的道德修养的研究、对人的理性的研究是二程关注的重要命题，在一定意义上，二程理学是道德哲学，二程是"人生之大导师"。二程从人性的道德原则出发，经过心性的道德修养，完成了人的道德理性的塑造：发而皆中节的中和原则；不偏不倚、不过不及的中道处事原则；实现人与人、人与社会、人与自然的和谐相处，万物一体、天下大同的理性主义思维。它们不仅影响中国社会近千年，而且将继续在以构建人类命运共同体为特色的世界文明发展中发挥重要作用。

二程建立的以天理为核心的理学，为百姓树立了日用而不觉的道德信仰。过去目不识丁的乡民也懂得为人处世要讲理，不能不讲道理，不能做伤天害理之事，否则将天理不容。有理走遍天下，无理寸步难行，就是二程理学深入民间的有力证明。做一个明理之人、讲道理之人，不做伤天害理之事，也是今天公民道德建设的基本要求。二程理学将为公民道德建设提供丰厚的精神资源。

二 提升人的精神境界：以天地万物为一体

人生于天地间，是天地万物中能思考的动物。经过文明进化，人类除了具有一般动物的生理特性外，还具有高于一般动物的精神生活。先秦时期是中国人文思想发展的起步阶段，这一时期的思想家如孔子提出了以仁为核心的儒学思想，高扬起博施济众、普爱天下的道德旗帜，促进了仁爱思想的发展。到了北宋时期，程颢认为，孔子的仁学还不是人的最高精神境界，他从天人合一的思维路径出发，推论出人的最高精神境界是"以天地万物为一体"："仁者，以天地万物为一体，莫非己也。认得为己，何所

---

① 陈来：《宋明理学》，辽宁教育出版社，1991，第79页。

不至？若不有诸己，自不与己相干。如手足不仁，气已不贯，皆不属己。"①

我们来看仁者为何会以天地万物为一体。这里涉及程颢对仁的看法。程颢并不认为仁是爱，而是以生释仁。他认为果仁中蕴含着无限生机，仁就像果仁一样，孕育着人世间的万千气象，生生不息地进行着创造，推动着自然和社会的发展与进步。程颢从天人合一的思维出发，认为人本来是与天地万物为一体的，人离不开赖以生存的自然界，自然界也离不开人类，人与自然的命运息息相关，一刻也不能分离。因而程颢提出"仁者，以天地万物为一体，莫非己也"。"莫非己也"，就是说自然万物是与自己息息相关的，自然界生长食物供人食用，人连自然界的空气、水也离不了，人与人之间更是不可分离的关系。孟子说"仁也者，人也"（《孟子·尽心下》），是说人有仁爱之心。"仁者，以天地万物为一体，莫非己也"，意思是天地万物都是与人自己息息相关的。天地万物的喜怒哀乐也就是人自己的喜怒哀乐，天地万物受到伤害，就如同人自己受到伤害。这就要求人在为人处世时，既要考虑自己的感受，又要考虑他人的感受；当为了自己的生存而向自然界索取、对自然界进行开发时，要做到合理开发，节制欲望，考虑资源的可持续利用，而不能竭泽而渔。

这种以天地万物为一体的思想境界，是一种天德，是无私无欲、至纯至善的圣德，是一种只有圣人才有的思想境界。这种境界，儒家称为大其心，程颢称为大其胸，程颐称为天地之量："人有斗筲之量者，有钟鼎之量者，有江河之量者，有天地之量者。斗筲之量者，固不足算；若钟鼎江河者，亦已大矣，然满则溢也；唯天地之量，无得而损益。苟非圣人，孰能当之！"② 这种思想境界，落实在日常生活中，我们称之为大胸怀、大格局、大气度。

人具有以天地万物为一体的思想境界，就会有前所未有的体验与快乐：自然界生机勃勃的景象，人类和睦相处的图景，既愉悦自己的耳目，又愉悦自己的心灵。如此就会使人产生如程颢所说的"大乐"——"须反身而诚，乃为大乐"，获得一种至高无上的精神享受。这是一种超越了道德自律的真切感受，是一种发自内心的心灵体验。在日常生活中，当你为路边的

---

① 程颢、程颐：《二程集》，中华书局，2004，第15页。
② 程颢、程颐：《二程集》，中华书局，2004，第108页。

乞丐施舍时，当你救起受伤的哀雁时，当你走过绿意盎然的花园时，当你仰望湛蓝的天空、呼吸新鲜的空气时，当你为群众办了好事受到群众真挚的欢迎而走上主席台时，你才能体会到这种发自内心深处的快乐。

人具有这种以天地万物为一体的思想境界，是人性的发扬与提升，是人生命境界的开拓，在人类进化史上具有重要意义。

三　超越一己之私：培养廓然大公的浩然之气

公与私是所有人必须面对的两种价值观，是儒家义利之辨的核心命题，也是一个人是否具有浩然之气的判断标准。

程颢首先从自然万物的属性来启示人们要确立公心思想。程颢在《定性书》中说："夫天地之常，以其心普万物而无心，圣人之常，以其情顺万事而无情。故君子之学，莫若廓然而大公，物来而顺应。"① 大自然孕育万物而没有自己的私心，圣人也不被私情所累，而是完全按照事物的本来面目去处理问题。所以君子要消除自己的私心杂念，树立大公之心。程颐也表达了同样的意思，他说："天心所以至仁者，惟公尔。人能至公，便是仁。"② 大自然表现出仁爱之心，根源在于大自然没有一己之私，是公心在起作用。人如果没有大公之心，就不会有仁爱之心。

二程认为，具有公心的人，思想境界高远，具有博大的心胸。程颢说："至公无私，大同无我，虽眇然一身，在天地之间，而与天地无以异也。"③ 程颐说："无私，天德也。"④ 无私之天德，就是博施济众的大德。程颐认为，这种具有无私之天德的人，就像孔子所说的可以"与天地合其德，与日月合其明"，这是极高的推崇与赞誉。他们还认为，私心、私欲盛的人，境界不高。程颢说："庄子言'其嗜欲深者，其天机浅'，此言却最是。"⑤ 意思是为一己之私考虑多的人，思想境界不高。程颐也说："至公不私，进退以道，无利欲之蔽，以谦退自处，不有其尊，不矜其德，故虽在危疑之

---

① 程颢、程颐：《二程集》，中华书局，2004，第460页。
② 程颢、程颐：《二程集》，中华书局，2004，第439页。
③ 程颢、程颐：《二程集》，中华书局，2004，第1172页。
④ 程颢、程颐：《二程集》，中华书局，2004，第764页。
⑤ 程颢、程颐：《二程集》，中华书局，2004，第42页。

地，安步舒泰，赤舄几几然也。"① 意思是，一个人如果做到至公无私，没有利欲之心，即使在官场也会进退自如，虽然处于危险的境地，也能安步舒泰，立于不败之地。因为他没有自己的私心，连他的政敌也奈何不了他，有道是"心底无私天地宽"。

超越一己之私的廓然大公，能生发人的浩然之气。人是自私的动物，天然有为我、利我的情感与倾向。在面对物欲诱惑的时候，如果不能超越这种利己的私欲，人就会被物所化，成为金钱的奴隶。而只有超越一己之私，才能生发人的浩然之气。程颢说："浩然之气，乃吾气也，养而不害，则塞乎天地，一为私心所蔽，则欿然而馁，却甚小也。"② 有了私心，人就会心愧，理不直，何谈浩然之气！"只著一个私意，便是馁，便是缺了它浩然之气处。"③ 而只有具备大公之心的人，才能有浩然之气："浩然之气，天地之正气，大则无所不在，刚则无所屈，以直道顺理而养，则充塞于天地之间。"④ 在程颢看来，要养一个人的浩然之气，根本在于"至公无私"。二程对一己之私的内在超越精神，为文人士大夫树立了精神标杆，激励着无数志士仁人的家国情怀，以及视不义之利如浮云的高洁之志。

浩然之气，是人的大公之心、无私无我精神的外在表现，是一个人高洁、纯粹、至善的内在品性的外在流露，是中华民族的昂扬正气。

四 弘扬了中华民族的民族精神：重气节、重操守

气节，是一个民族精神气质的体现，涵盖了这个民族的心性、心志、精神状态诸多方面。从程颐对涵养心性的表述到程颢对廓然大公的公心的发扬，从二程对义利之辨的阐发，到二人的道德实践，都为我们展示了一种昂扬奋发的精神风貌。

二程年少时曾受到周敦颐"胸怀洒落""如光风霁月"人格的感染，受到周敦颐"孔颜之乐"的心灵滋养，慨然有求道之志。而当浸润在古代圣贤的思想精华中时，他们便领略到了圣贤思想的天地境界，修、齐、治、平之志。二程的天理思想使人脱离"神"的束缚而有了"理"的信仰，出现

① 程颢、程颐：《二程集》，中华书局，2004，第1069页。
② 程颢、程颐：《二程集》，中华书局，2004，第20页。
③ 程颢、程颐：《二程集》，中华书局，2004，第29页。
④ 程颢、程颐：《二程集》，中华书局，2004，第11页。

了以"理"抗势的士大夫精神。程颐重视人的心性、心志的涵养，认为心性、心志的涵养可以使人面对生死考验而不动心："心之躁者，不热而烦，不寒而栗，无所恶而怒，无所悦而喜，无所取而起。君子莫大于正其气，欲正其气，莫若正其志。其志既正，则虽热不烦，虽寒不栗，无所怒，无所喜，无所取，去就犹是，死生犹是，夫是之谓不动心。"① 在他看来，一个人如果心志正，那么他在炎热的夏天也不会感到烦躁，在寒冷的冬天也不会感到战栗，没有什么感到愤怒的事，也没有什么感到可喜的事，荣辱升降也不看重，生死也不在乎。这就是一种大丈夫精神，大丈夫气节。

程颢从树立人的廓然大公思想出发，培养人的不为一己之私所累的大公境界，由大公境界生发出人的浩然之气，由浩然之气涵养人的刚直气节。程颢将孟子的富贵不能淫、贫贱不能移化用在诗中："富贵不淫贫贱乐，男儿到此是豪雄。"表现了他超越富贵贫贱的男儿气节。程颐也说："至诚无私，可以蹈险难者，乾之行也。无私，天德也。"② 至诚无私的人，可以历经艰难险阻，执着于自己的精神信仰，这是一种天行健的刚健品格。在这种精神气节的引领下，二程特立独行，表现了以理抗势的独特人格操守。程颢在朝中任监察御史，因与王安石变法意见不合而被贬外任，起初宋神宗爱惜其才，不忍外放，后程颢几次请辞，宋神宗却让他到京西路任提点刑狱，程颢以职务高于所任监察御史而坚决不从，最后到澶州（今濮阳）当了判官。程颐在给宋哲宗当老师时，提出格君心之非的思想，言历代讲官所不敢言。程颐晚年被流放涪陵，在一次乘船时，因浪大几乎翻船，一船人大惊失色，只有程颐凝然不动，以实际行动诠释了临生死而不动心的心魄与气节。

在二程理学以心性修养而涵养出的浩然之气的影响下，从南宋开始，出现了一大批勇于为信仰献身的士大夫。姚瀛艇在论述二程思想时说："从长远看，士大夫的节操，也因重整伦常而大为发扬。宋以前，王朝灭亡，为之死难者不多，而投靠新朝者不少。而宋以后，情况就大为不同。……南宋灭亡时，不仅出现了像陆秀夫那样慷慨死难的志士，而且出现了像文天祥那样从容就义的仁人。明朝灭亡时，殉难死节的人就更多。如史可法、

---

① 程颢、程颐：《二程集》，中华书局，2004，第321页。
② 程颢、程颐：《二程集》，中华书局，2004，第764页。

张苍水、阎应元、夏完淳等。这些人物的产生，不能说与二程思想的传播无关。"①"天地有正气，杂然赋流形。下则为河岳，上则为日星。于人曰浩然，沛乎塞苍冥。皇路当清夷，含和吐明庭。时穷节乃见，一一垂丹青。"（《正气歌》）文天祥诗中的浩然之气极富理学意蕴，事实上文天祥就是一个理学名儒。近代以来，多少为国捐躯的英烈，无不是胸怀忧国忧民之志、胸涌浩然之气慷慨赴死的。

综上所述，二程理学倡导的以天理为核心的价值观，"仁者，以天地万物为一体"的思想境界，超越一己之私的浩然之气，重气节、重操守的精神追求，仍然可以为我们建设精神家园、塑造民族气节提供精神滋养。

第三节　二程的文化精神

文化精神是人的精神世界的滋养，是人的内在品质的显现。从人类诞生以来，历代贤哲都孜孜以求人的文化精神的建设和提升，力求将人从物质世界提升到精神世界，追求人的内在精神的超越。在这一探索与实践的过程中，二程做出了重大贡献，突出体现为对道德的阐发、对物欲的超越、对文化人格的创造。研究二程的文化精神对当前精神文明建设具有重要的价值。

一　二程对道德的阐发

道德是人的内在品质，是文化精神的内核，对文化精神起着涵养与支撑的作用。二程在继承古代先贤对道德论述的基础上，对道德进行富有创造精神的阐发。道是什么？通常人们所说的道，是方法、原则、规范、规律等，而程颢则认为，"道即性也。若道外寻性，性外寻道，便不是。圣贤论天德，盖谓自家元是天然完全自足之物"②。"盖上下、本末、内外都是一理也，方是道。"③在程颢看来，道是人之本性。人之本性是一生下来便"天然完全自足之物"，即天然是善良的、圣人所说的天德。这个天德即无

---

① 姚瀛艇：《宋代思想文化研究》，河南大学出版社，2015，第91~92页。
② 程颢、程颐：《二程集》，中华书局，2004，第1页。
③ 程颢、程颐：《二程集》，中华书局，2004，第3页。

私无欲的道德。只是由于后天受社会环境的影响，人失去了至纯至善之德性，因而就需要从内心去寻找这个德性，而不是从外面去寻找这个德性，故说道即是性。只有当人在现实生活中或是内心深处（上即形而上之思想，下即现实生活）、从生命一开始到生命最后（本末）、从内心到外表（内外）都拥有一颗善良之心，才是真正达到了理想之境界，才算是得道之人（方是道）。从中我们可以看出，程颢所说的道，就是人之至纯至善的德性，也就是我们今天所说的"道德"。

程颢所定义的道德对我们今天的道德建设有何启发意义？它告诫我们，道德作为人的一种品性，是内在于人内心深处的，只有在内心深处有所感悟，才能将之化为自己的品性。这不是外人所能给予的，依靠外人的监督或督促不会产生内在的道德自觉，反而会使人千方百计地逃避这种督促或监督。正如程颢所说"德行处，是所谓自得也"，程颐说得更明白："得之于心，是谓有德。"

二程不仅指出了道德是内在于人心的本性，而且阐明了道德的本质是天之生生不已的创造。人之道德从何而来？按照程颢的说法，"天地之大德曰生"，天地之大德就是繁育万物。作为以天地万物为一体的有思想的人，也应从天地生生不已之大德中受到启发，将创造生命之价值作为自己最高的德性。同时，天地之所以有"生之大德"，在于有"纯一不已"之心，即正是有心之纯洁才能有生生不已之创造。"纯一不已"是天地之心，人也应有至纯至善之心，这个至纯至善之心，就是人之道德。"心是道德的本心，本心即性，此亦是即活动即存有者，故能起道德之创造。"[1] 人有了至纯、至善的道德之心，为什么会有创造？因为人之心来源于天地之所赋予，天地是生生不已的，因而人之心亦在生生不已地进行着创造。天道生生不已的创造给人之心的创造提供了两个条件：一是人从天道之生生不已获得启示，人也要进行生生不已的创造，才能创造生命的价值、延续自己的生命；二是人在生命创造时只有具有至纯至善之心，才能保证创造的正确方向，反过来说，私欲膨胀、邪念丛生的人则不仅不能进行有益的创造，还会使自己误入歧途，毁了自己。

---

① 牟宗三：《心体与性体》（中），吉林出版集团有限责任公司，2013，第57页。

二 二程对物欲的超越

文化精神是人道德生命的升华，道德生命是对人物欲的超越。二程建立的超越物欲的道德生命为文化精神注入了道德基因，对文化精神起到了引领和定性作用：被物欲腐蚀的文化是没有道德生命的文化，是苍白的、没有精神力量的，也是没有生命力的。

人是有欲望的动物，同时人又是有文化生活的动物，这是人与其他动物的根本区别。不能否认人的正常的欲望，人的欲望是人产生、发展、成长、进步的动力，人的欲望还是推动社会发展、进步的源泉。欲望有合理的欲望与不合理的欲望乃至嗜欲之分。人一诞生，就面临如何处理合理欲望与不合理嗜欲的关系问题。这个问题不仅与人一生相伴，时时影响着人的祸福命运，而且与国家的兴衰成败也密切相关。不合理的欲望会使人丧失政治生命，乃至遭遇牢狱之灾；执政者的贪欲、嗜欲可使国家败亡。真德秀在《西山读书记》中引程子话说："人虽不能无欲，然当有以制之，无以制之而惟欲之纵，则人道废而入于禽兽矣。"程颢说："节嗜欲，定心气。"① 二程已经提出节制嗜欲的命题。而儒家经典中早就提出"以道制欲"，《礼记·乐记》说："君子乐得其道，小人乐得其欲。以道制欲则乐而不乱，以欲忘道则惑而不乐。"在道德规范的制约下追求幸福生活，则得来的幸福是内心充满快乐的，不会给人带来不安；而放纵欲望追求的幸福则会使人心灵迷失而带来危害，使人时时处于不安、惶恐、愧疚之中。在市场经济条件下，如何对待利与义？如何处理正常追求个人利益与节制嗜欲的关系？"富，人之所欲也，苟于义可求，虽屈己可也。如义不可求，守贫贱以守其志也。非乐于贫贱，义不可去也。"② 程颐的上述论断对我们应有启发意义。首先，在符合国家法律法规、符合道德的前提下，人们可以大胆地去追求个人利益。同时，当个人利益与国家法律法规相冲突，或者违反基本道德、属于不义之财时，就要断然拒绝。现实中一些人坑蒙拐骗、掺杂使假，一些行使公权力者收受贿赂、以权谋私就是不能明辨利与义的结果。

---

① 程颢、程颐：《二程集》，中华书局，2004，第81页。
② 程颢、程颐：《二程集》，中华书局，2004，第1144~1145页。

二程还将个人欲望与国家兴衰联系起来，指出以公心治国则国兴，以私心治国则国亡。程颢说："一心可以丧邦，一心可以兴邦，只在公私之间尔。"执政者有私心可以使国家灭亡，执政者有公心可以使国家兴盛。这里程颢就将公心上升到国家治理的高度，由单纯的个人道德升华到执政者的治国理念：是为公还是为私。为公就能使国家兴旺，为私则会使国家败亡。程颢还进一步解释说："'一言可以兴邦'，公也。'一言可以丧邦'，私也。公生明。"① 为什么说公可兴邦？因为公生明。有了公心，可以不偏不倚地处理问题，处事公正，就能得到民众拥护。反之，有了私心就会损害民众利益，导致国家败亡。2014 年 1 月 14 日，习近平总书记在十八届中央纪委三次全会上的讲话中曾引用程颢"一心可以丧邦，一心可以兴邦，只在公私之间尔"这句话，意在告诫党员干部要立党为公，坚持全心全意为人民服务的宗旨，坚持以人民为中心的执政理念。

三 二程对文化人格的创造

文化是由人创造的，文化精神体现的是人的精神世界。人的精神世界纯粹、高尚，所创造出的文化则光明、闪亮，能给人以心灵的滋养、人生的方向、创造的力量；如果人的精神世界是阴暗的、颓废的，创造的文化则是消极的、晦暗的，对人不仅起不到正面的、积极的作用，还会出现负面的、消极的影响。不仅仅是文学这类文化产物，从广义上说，人的精神世界对人的影响也是如此。因而我们说，文化人格决定着人的文化精神。

二程在继承传统儒家人格的基础上，提出了富有创新意义的超越道德理想的圣贤人格，并将这种圣贤人格诠释为人人可以达到的思想境界。正如陈来在《儒家美德论》中所指出的，"传统儒家的理想人格是培养道德高尚的君子，君子人格是以道德人格为基础，但又不止于道德人格，比道德人格还高"②。二程则在孟子"人皆可以为尧舜"观念的基础上，提出了"人皆可以至圣人"的圣贤人格。二程的突出贡献在于，将圣贤思想的培养落实到孝悌、仁爱、中、正、诚等日常行为的修养上，并指出人之所以不能达到圣贤的思想境界，是因为人放弃了自己的努力，程颐说："圣人之为

---

① 程颢、程颐：《二程集》，中华书局，2004，第 367 页。
② 陈来：《儒家美德论》，生活·读书·新知三联书店，2019，第 303 页。

圣人，不已其德而已。"二程提出圣人思想境界，将过去高不可攀的圣人，诠释为人人通过道德修养都可达到的思想高度，是基于孟子的"人性善"观念和"人能自我教育和自我发展的内在依据"。正如程颐所说："人之性一也，而世之人皆曰吾何能为圣人，是不自信也。其亦不察乎！"[①]"圣人之所为，人所当为也。尽其所当为，则吾之勋业，亦周公之勋业也。凡人之弗能为者，圣人弗为。"[②]强调人之性是一样的，之所以怀疑自己不能成为圣人，在于不自信而放弃自己的努力，圣人也不过是不停止修养道德而已。

二程将人格修养的目标定位为圣人，具有极大的社会价值。它将人的道德修养提升到一个崇高的境界，使人树立起崇高的荣誉感和自豪感：为政者拥有胸怀天下、至公无私、大同无我的思想境界，以成为政治家为最高期许；知识分子希望服务社会、实现自己人生价值，以成为君子为最高追求；经商者、企业家创造财富、造福社会，努力实现梦想追求；普通民众以明理守法、诚实守信、勤劳致富为核心价值。

我们从对道德的阐发、对物欲的超越、对文化人格的创造三个方面阐释了二程的文化精神，实际上贯穿二程文化精神的核心是人的道德生命，有了人的道德生命，便会有人的生命的创造，有了人的生命的创造，才会有诸如物质财富，文学、艺术等文化财富的创造，才会有丰富多彩的物质和文化世界。这中间，起决定作用的是人的道德生命。没有道德生命的人生出的生命之果，是恶果，其创造的文化是苍白无力的，精神世界是萎靡颓废的。在市场经济条件下，二程的文化精神愈益显出其时代价值。

第四节　二程理学的时代精神

我们今天所处的时代，是一个物质财富极大丰富、人们的欲望日益膨胀、个人心灵难以安顿的时代；是一个科学技术向自然无限索取，自然被过度开发、人与自然日益分离的时代；是一个东西方文明既相互交融又缺乏理性思辨的时代。在这样一个时代，挖掘二程理学的元典思想，提炼出二程理学观照现实的时代精神，可以为我们解决当代社会所面临的问题提

---

① 程颢、程颐：《二程集》，中华书局，2004，第318页。
② 程颢、程颐：《二程集》，中华书局，2004，第319页。

供启示与借鉴。

一　天人合一、理性主义的世界观

追求天人合一的境界，是中国哲学的传统，尤其儒家学派更是将天人合一作为认识世界的出发点。儒家认为，人也是大自然的一员，与大自然息息相通，命运与共。人离开了空气不能生存，离开了大自然生育的食物不能存活，在人类漫长的发展中，连人生病也是靠草药来医治。程颢直接说："天人本无二，不必言合。"① 意思是天和人本来是一体的，根本就不用说天人合一。

理性思维的最早来源，是天人合一的德性认识。所谓天人合一的德性，就是将自然同人类看作一个整体，人对自然有道德意识，有怜悯之心。理性思维的另一个来源，就是"中庸"。"中庸"即不偏不倚、不过不及的处事原则与处事态度，是一种高度的智慧。程颐说："不偏之谓中，不易之谓庸。中者天下之正道。庸者天下之定理。"② 无论是革命时期，还是建设时期，我们都有经验教训值得总结，这也从反面证明二程理性思维的时代价值。

二程天人合一、理性思维的当代价值，一是为构建生态文明体系提供思想资源。正因为有密不可分的依存关系，人与自然就更要和谐相处，相互依存、互为发展前提。要抑制人的非分的欲望，在尊重自然规律的前提下，有限度地开发自然，在保护自然生态的前提下，合理地利用自然。二是要树立简约、俭朴的生活理念，抑制随处可见的公、私领域的铺张浪费、挥霍财物、浪费食物现象，提倡简约、节俭的生活方式，从根本上实现人与自然的和谐。要使人明白，爱护自然资源，就是爱护人类自身；无节制地满足嗜欲，实际上伤害的是人类自身的健康。三是建立理性处理人际关系原则，促进社会和谐。在处理社会矛盾时做到"发而皆中节"，以社会道德标准控制个人的喜怒哀乐，树立个人利益服从大局意识，倡导集体主义精神，而在表达诉求时，做到合理、合情、符合社会公德。四是将"勿忘勿助长"作为一种新的理念，理性看待问题。二程十分推崇孟子"勿忘勿助长"的心性修养理念，程颢还把它扩展为识仁之方：既要用心存之，又

---

① 程颢、程颐：《二程集》，中华书局，2004，第81页。
② 程颢、程颐：《二程集》，中华书局，2004，第100页。

不能太过急迫，欲速则不达。将此含义引申开来，面对当今种种社会问题，政府施政要破除急功近利的政绩观；商人经商要不求暴利而求稳定发展；教育要遵循学习规律，循序渐进，家长对学生的期望值不能过高，搞揠苗助长。五是坚持天下一家、世界大同的理念，构建人类命运共同体。在中西文明交流时，要相互尊重、取长补短、相互借鉴、共同进步。在国与国相处时，要坚持理性思维，既竞争又合作，促进世界文明进步。

二　廓然大公、至公无我的公心思想

如果说天理论是二程理学的哲学基础，那么，"公心"则是天理的本质特征和属性，是二程天理思想的逻辑起点，是二程修养道德、明义利之辨的基础，是观照现实、最具时代价值的理念。

二程的"大公"思想是二程理学的哲学基础，先前鲜有人进行挖掘与升华，人们更多关注的是二程理学的心性修养方面，对二程理学的批评，更多在于所谓"存天理、灭人欲"方面。实际上，深入探讨二程理学的精神实质，剖析天理所蕴含的本质特征，可以发现，公心才是二程理学的精神标识，从天理的无私无欲、廓然大公，到天理无私，公正、公平、公德，无不与公心相连，浸润着"公"的理念。

随着市场经济体制的建立，过去倡导的一心为公、集体主义思想好像也成了过时的观念，备受冷落。而实际上，社会主流价值观倡导的爱国主义、学雷锋、献爱心等观念，内在无不涵盖"公心"这一价值理念。试想，一个没有公心的、自私自利的人，何谈爱国？爱国意味着奉献，奉献意味着舍弃私利。

二程的公心思想，已成为习近平新时代中国特色社会主义思想的文化资源。习近平总书记在多种场合引用程颢的"一心可以丧邦，一心可以兴邦，只在公私之间尔"[①]，认为，"衡量党性强弱的根本尺子是公、私二

---

① 2014年1月14日，习近平总书记在第十八届中央纪律检查委员会第三次全体会议上的讲话中说："古人说：'一心可以丧邦，一心可以兴邦，只在公私之间尔。'作为党的干部，就是要讲大公无私、公私分明、先公后私、公而忘私，只有一心为公、事事出于公心，才能坦荡做人、谨慎用权，才能光明正大、堂堂正正。"（《习近平关于党风廉政建设和反腐败斗争论述摘编》，中国方正出版社，2015，第79页）

字"①，对党员干部提出了"大公无私、公私分明、先公后私、公而忘私"的要求。实际上，习近平总书记在这里对党员干部的要求，也可以作为所有人在处理公与私关系方面的基本原则。个人在追求私人利益的时候，要公私分明，不能损害国家利益，而当国家利益与个人利益发生冲突的时候，要提倡先公后私，对党员干部和从事公共服务的公务员来说，最高的境界就是公而忘私、大公无私。这种大公无私，就是程颢所说的"至公无私，大同无我，虽眇然一身，在天地之间，而与天地无以异也"②的天地境界，是一种以天下为己任，胸怀天下、胸怀世界的政治家胸襟，是孔子所说的"与日月合其明"的天德境界，是冯友兰所说的"天地境界"，是人格修养的至善至纯，是人生修养的极致，是毛泽东同志所说的"一个高尚的人，一个纯粹的人"、"毫无自私自利之心"的人。③

陈来说："一切向钱看，永远不会成为一个伟大民族的精神传统。"作为普通民众，为个人利益而奋斗是合理的，而崇尚道德、培养"大公"思想意识，鼓励为国家、为民族利益奉献的精神，也是社会主义精神文明建设所不可偏废的。新时代呼唤二程的公心思想，二程的公心思想，将为新时代的公心、公德建设提供丰厚的思想滋养。

三　修德与道德建设

二程理学，在一定意义上可以称为人生道德哲学。程颢说："'德不孤，必有邻'，一德立而百善从之。"④ 程颐说："德善日积，则福禄日臻。"⑤ 二程十分重视人的道德修养，并从人的本性上指出加强人的道德修养的可能性。二程认为，上天赋予了人至纯至善之本性，由于受物欲的诱惑与污染，人丧失了人的至纯至善之本性，但通过加强人的道德修养，可以恢复人的本性。二程还把道德修养的目标，定位于成为圣贤，并说"人皆可以至圣人，而君子之学必至于圣人而后已。不至于圣人而后已者，皆自弃也"⑥。

---

① 《习近平关于全面从严治党论述摘编》（2021 年版），中央文献出版社，2021，第 312 页。
② 程颢、程颐：《二程集》，中华书局，2004，第 1172 页。
③ 《毛泽东选集》第二卷，人民出版社，1991，第 660 页。
④ 程颢、程颐：《二程集》，中华书局，2004，第 371 页。
⑤ 程颢、程颐：《二程集》，中华书局，2004，第 756 页。
⑥ 程颢、程颐：《二程集》，中华书局，2004，第 318 页。

意思是，人人都能达到圣人的思想境界，作为一个君子来说，一定要达到圣人思想境界后才能停止追求，达不到圣人思想境界而停止追求的，是自己放弃了努力。程颐还说，圣人也是平常的人。他说："孝其所当孝，弟其所当弟，自是而推之，则亦圣人而已矣。""中正而诚，则圣矣。"程颐为普通民众建立起修养自信，只要做到孝悌、爱人，做到中、正、诚，就是圣人。习近平总书记引用王阳明的"立志而圣则圣矣，立志而贤则贤矣"，①表达的也是这个意思。如果人人都能建立成德成圣的道德追求，并切实落实在日常行为养成中，我们的国家将是一个高度文明、彬彬有礼的礼仪之邦。

四　身正治家与家风建设

治理天下国家，为什么要正家？这里的正家，指的是端正家风。不仅要端正执政者的家风，还要端正普通百姓的家风。而执政者与普通百姓相比，其家风处于引领的地位，所谓"君子之德风，小人之德草，草上之风必偃"（《论语·颜渊》），执政者的家风好了，将影响普通百姓的家风。如果天下从执政者到普通百姓的家风都端正了，那么，国家就治理好了。程颐的治国先正家之论，是对历代王室家风不正导致王朝衰落甚至灭亡的经验教训进行总结而得出的结论。凡是开创了盛世的君王，无不励精图治、治家谨严，而到了王朝由盛转衰乃至末世时，无不从上到下弥漫着奢靡之风，家风败坏，唐玄宗是这样，宋徽宗也是这样。

程颐说："治家之道，以正身为本，故云反身之谓。《爻辞》谓治家当有威严，而夫子又复戒云，当先严其身也。威严不先行于己，则人怨而不服，故云威如而吉者，能自反于身也。《孟子》所谓'身不行道，不行于妻子'也。"② 在程颐看来，要把家治理好，首先在于家长身正，倘若家长身不正，在品行、道德、为人处世上不能给子女树立典范，甚至做出违法乱纪之事，何谈治好家？甚至可能造成家破人亡。《爻辞》说如要治好家，家长要威严，须知这里的威严是要先行其身，家长自身要严以律己、严于修身，否则只是表面上做出威严的形象而自身不正，会使家人抱怨而心生不

---

① 《十九大以来重要文献选编》（中），中央文献出版社，2021，第29页。
② 程颢、程颐：《二程集》，中华书局，2004，第888页。

服。所以说威严而获吉祥者，是能反躬自省、时时看到自己不足的人。正像孟子所说的，自身不行道，则妻子儿女也不会行道的！

治家之道，以正身为本，在当今社会，更有其现实意义。在市场经济条件下，人们似乎更多地考虑家庭利益，一段时间以来，能为家庭带来巨额财富、谋取巨额利益的家长，成为大部分人羡慕的对象，而不管他的家庭暴富的渠道是否正当，财富来源是否合理。其结果，不仅败坏了家风，也败坏了社会风气。党的十八大以来，随着中央加大反腐力度，一些腐败分子由于其身不正而落入法网，造成家破人亡的教训，令人沉思：身不正，不仅治不了家，反而害家、败家，甚至殃及子孙；身正，才能治好家，带出好家风，并惠及子孙后代。

第五节　二程天理思想的创新发展

在中国人的心中，不管承认不承认、自觉不自觉，都有一个道德底线，那就是不能违背天理，不能做伤天害理之事。那么，二程创立的天理思想在当代该如何创造性继承，又该如何创新性发展？

程颢说："天者理也。"程颐说："性者理也。"前者将天视为有自己运行规律的，不因人的主观意愿而改变的实体，"莫之为而为，莫之致而致，便是天理"。天既然有自己的运行规律，那么人类就要认识自然规律、遵循自然规律，实现与自然相和谐，而不能凭主观意愿改变自然规律。后者说"性者理也"，是说人靠什么安身立命。人性是由道德来决定的，具体的道德规范就是仁、义、礼、智、信。这样一来，二程的天理思想就具有了两方面的含义：以宇宙自然法则来规范人对于自然的行为，实现人与自然的和谐相处；以天理赋予人的内在的道德规范来规范人的社会行为，实现人身心的和谐，最终使人达到天人合一的最高境界。

我们来分析如何从天理的自然法则中汲取智慧。在程颢看来，天理具有生生不已、哺育万物，无私无欲、廓然大公，矛盾对立、运动变化，中庸和谐、不偏不倚的特性。

一　生生不已、哺育万物

"生生"思想将为当前的道德建设提供哲学思考。古人讲"好生之德"，就来源于天地"生生"之德。程颢从天地的"生生"之德，体会到"仁"，并以生释"仁"，体会出人要有使人生长、成长的善意、仁德。同时，将对他人痛痒、疾苦表现麻木视为不仁。当前人们道德思想中的重要问题是自我私利膨胀，一事当前，先考虑个人利益，不顾及他人和社会利益，对他人、公众利益则表现出"麻木不仁"，默然处之。这与西方以个人为中心的理念的影响是分不开的。今天，我们要在维护个人合法利益的同时，旗帜鲜明地弘扬二程的仁德、仁爱思想，为社会主义道德建设提供哲学思考和思想资源。

"生生"所展现的万物化育、自强不息精神，对改变当代人精神颓废、萎靡不振的思想状态具有激励、鞭策意义。生生不息的大自然，无论遇到天崩地裂，还是雷雨风雪，无论是战火焚烧，还是旱灾肆虐，照样能繁育出无边的绿色、茂密的森林。人在大自然的无限生命力面前，自会感奋从而生出积极向上的力量。任何具有颓废和不思进取的思想的人都会在大自然面前感到羞愧和自责。每天，当你迎着初升的太阳开始新的一天的时候，当你看到雨后拔节的禾苗昂扬向上的时候，自会生发出一种生生不已的活力，进而激发顽强进取的精神。

二　无私无欲、廓然大公

以生育万物为特点的大自然，具有廓然大公、无私无欲的属性。程颢在《定性书》中说："夫天地之常，以其心普万物而无心，圣人之常，以其情顺万事而无情。故君子之学，莫若廓然而大公，物来而顺应。"程颢在观察大自然属性后发现，天地的自然之道是给万物带来普惠而没有私心，而圣人也应顺应万物，没有自我的私情。因此，从学的君子，就要有宏阔的大公之心，按照事物的规则处事，不因私意而改变。程颢还说："仁者，以天地万物为一体，莫非己也。"[1] "至公无私，大同无我。虽眇然一身，在天地之间，而与天地无以异也。"[2] "一心可以丧邦，一心可以兴邦，只在公私之间尔。"[3] 程颐说："气完则理正，理正则不私。不私之至，则神。"[4] "理

①　程颢、程颐：《二程集》，中华书局，2004，第15页。
②　程颢、程颐：《二程集》，中华书局，2004，第1172页。
③　程颢、程颐：《二程集》，中华书局，2004，第134页。
④　程颢、程颐：《二程集》，中华书局，2004，第597页。

者天下之公，不可私有也。"① "天理无私。一入于私，虽欲善其言行，皆非礼。"②

在古代哲学家中，能像二程这样集中论述公与私的关系的，尚不多见。二程是将大公之心作为处理义与利、公与私、兴邦与丧邦的关键来看待的。二程的大公思想，对于我们今天在市场经济条件下，正确处理义与利、公与私、国与家的关系，具有启迪意义。

义和利的关系问题是市场经济条件下人人必须面对的问题。在这个问题上，二程给予了精辟的回答。程颢说："大凡出义则入利，出利则入义。天下之事，惟义利而已。"③ 程颐说："人无利，直是生不得，安得无利？"④ "富，人之所欲也，苟于义可求，虽屈己可也；如义不可求，宁贫贱以守其志也。非乐于贫贱，义不可去也。"⑤ 从二程上述对义利的论述来看，他们并不反对追求利，而是反对突破道德底线的唯利是图行为。程颐甚至说："以富贵为贤者不欲，却反人情。"⑥

在市场经济条件下，要处理好义利关系问题，就要做到把握好道德、道义底线，既敢于追求个人合理的经济利益，又不能唯利是图，取不义之财。管理者在取得合法收入的同时，要有为天下人谋利的远大胸怀，不以权谋私，为个人谋私利。经商者在谋求个人利益最大化的同时，也要恪守商业道德，并积极履行社会责任，为社会做贡献。普通民众在创造个人财富时，也要依据国家政策、法律行事，不做损人利己之事，不取不义之财。

如何处理公与私的关系，也是我们在现实生活中经常必须面对的问题。具有大公之心的人，心胸宽阔，不斤斤计较小我利益，甚至为了大众利益，不惜牺牲个人利益。在战争年代，有多少革命志士，为了人民的利益牺牲了自己的生命！这种革命精神是我们需要永远继承的财富。在市场经济条件下，一方面要保护个人利益，调动个体谋取自身利益的积极性；另一方面要大力弘扬公而忘私、无私奉献精神，形成既尊重个人利益又兼顾大众

---

① 程颢、程颐：《二程集》，中华书局，2004，第1193页。
② 程颢、程颐：《二程集》，中华书局，2004，第1271页。
③ 程颢、程颐：《二程集》，中华书局，2004，第124页。
④ 程颢、程颐：《二程集》，中华书局，2004，第215页。
⑤ 程颢、程颐：《二程集》，中华书局，2004，第1144~1145页。
⑥ 程颢、程颐：《二程集》，中华书局，2004，第88页。

利益的价值取向。

在市场经济条件下，二程的"公心"思想也具有现实意义。程颢曾在总结历代政权更迭教训时指出执政者的公心与私心是决定国家存亡的关键所在。执政者因为有公心，所以会时时处处以人民利益为出发点，无论是制定政策还是处理问题，都会以人民利益为衡量标准，如此就会做到公平、公正，自然会得到人民拥护。如果执政者有了私心，处理问题就会从私利出发，以权谋私，以职谋私，就不会做到公平、公正，甚至与民争利，损害人民利益，人民自然不会拥护。如果贪腐成风、贿赂公行，人民怨声载道，政权生存就会陷入危机。因此，解决人心向背问题，关键在于执政者要有大公无私的思想，有胸怀天下的思想境界。

三　矛盾对立、运动变化

先秦时期的儒学是道德哲学，鲜有辩证思维和辩证法思想。二程在与佛道思想的交流中，汲取其辩证思维，创立和发展了朴素辩证法思想，将中国哲学推向了新的高峰。

二程的朴素辩证法思想，集中体现为"万物莫不有对"的矛盾对立思想、物极必反的思想、天地以动为心的发展思想和物之不齐、物之情的宽容思想。这些思想对中国古代哲学的发展产生了重要影响，对我们今天认识事物也有启迪意义。

一是正确认识事物的对立统一规律。程颢说："天地万物之理，无独必有对，皆自然而然，非有安排也。每中夜以思，不知手之舞之，足之蹈之也。"[①] 天地万物的构成，有它自己的原理。这个原理就是每个事物都不是孤立存在的，都有与之相对立的事物。程颢通过自己的观察，发现阴与阳、白与黑、大与小、高与低、好与坏的对应现象。万物莫不有对，是程颢辩证法思想的核心，也是程颢对古代哲学发展所做的一大贡献。尽管老子早就提出万物负阴而抱阳，但程颢鲜明地提出万物都有与之对立的方面，承认矛盾的普遍性，正是矛盾的对立与统一，促进了事物的发展。这一认识的意义在于，矛盾是普遍的，有对立才有发展，正是由于对立双方的相互促进和转化，万事万物才能够进步。万事万物没有绝对的好，也没有绝对

---

① 　程颢、程颐：《二程集》，中华书局，2004，第121页。

的坏，在肯定好的同时，要看到不足之处；在看到坏的方面的同时，也要看到好的方面，避免片面性。

二是事物转化思想。程颐说："上九，否之终也。物理极而必反，故泰极则否，否极则泰。"① 《周易》卦在第六位的阳爻叫上九。上九是否之终，否代表不利，不利过后就是有利。事物发展到极端就向相反的方向转化。有利发展到顶点就向不利转化，不利发展到顶点就向有利转化。人们如果认识到这一点，就要在处于困境时能看到光明的前景，增强克服困难的信心；在处于有利的顺境时则谨慎行事，防止盲目骄傲。

三是变革思想。程颐说："一阳复于下，乃天地生物之心也。先儒皆以静为见天地之心，盖不知动之端乃天地之心也。非知道者，孰能识之？"② 动为天地之心，是程颐朴素辩证法的一大发现，也是他对古代哲学思想的重要发展。在程颐看来，世界万事万物时刻都处于发展变化之中。他曾说不但日月星辰处于变动之中，即使是巍峨的山岳，也处于变动之中。他曾举例说："天下之物，无有住者。婴儿一生，长一日便是减一日，何尝得住？然而气体日渐长大，长的自长，减的自减，自不相干也。"③ 程颐认为动为事物发生发展的规律，这就告诫人们要用发展的眼光看问题，避免僵化、保守，要勇于变革、创新，与时俱进。就社会治理来说，要在静中求变，在变中求静，达到最佳的治理效果。即在维持正常的秩序中求变，在变中求得社会稳定。

四是事物的差异化思想。程颢说："天地之化，既是二物，必动已不齐。譬之两扇磨行，便其齿齐，不得齿齐。既动，则物之出者，何可得齐？转则齿更不复得齐。从此参差万变，巧历不能穷也。"④ 程颢认为，天地的自然变化，就像农家石磨磨面一样参差不齐，而正是因为参差不齐，才形成千变万化、丰富多彩的世界。如果硬要整齐划一，则必然僵化死板、了无生机，社会也不会前进。他还说："阳常盈，阴常亏，故便不齐。……故物之不齐，物之情也。"⑤ 程颐也说："物理从来齐，何待庄子而后齐？若齐

① 程颢、程颐：《二程集》，中华书局，2004，第762页。
② 程颢、程颐：《二程集》，中华书局，2004，第819页。
③ 程颢、程颐：《二程集》，中华书局，2004，第196页。
④ 程颢、程颐：《二程集》，中华书局，2004，第31页。
⑤ 程颢、程颐：《二程集》，中华书局，2004，第32~33页。

物形，物形从来不齐，如何齐得？"① "物之不齐，物之情也"，揭示了事物发展的规律：事物的发展是千变万化的，不是千篇一律的。尊重事物的发展规律，不搞整齐划一的规定、规范，对我们今天为政者的工作指导、城市规划，都有一定的启发价值。那种运动式、强迫命令式的工作指导，在城市规划时追求整齐划一，泯没地域文化特色、民情特点的建筑，就是我们应汲取的教训。

四 中庸和谐、不偏不倚

程颢说："中则不偏，常则不易，惟中不足以尽之，故曰中庸。"② 程颐也说："不偏之谓中，不易之谓庸。中者天下之正道，庸者天下之定理。"③二程从对天地运行、天理自然流行的深刻洞察发现，中庸和谐、不偏不倚是自然运动、世间事物发展的内在本质。任何物体都有一个适中的点作为平衡的支撑，否则将无以存在和发展。自然界是如此，人类社会也是如此。程颐曾说："善读《中庸》者，只得此一卷书，终身用不尽也。"④

中庸作为为人处世、社会治理的原则，在今天也有重要的启迪价值。为人首先要正直，自立自强。不攀附、不阿谀，堂堂正正做人、公公正正处事。在单位，对领导既维护其领导权威，又不形成人身依附关系，在同事之间，维护正常的同事关系，不搞团团伙伙，不结党营私。处理事情，要严格按原则、按政策办事，既不能无原则，超越权限，也不能打折扣，损害群众利益。在社会治理上，制定政策要做到体察民情，宽严适度，执行政策要做到合情合理，不过分。就拿城市管理来说，对于如何改变生硬、冷漠的管理态度，做到既管理又人性化，既规范又富有生机与活力，二程的中庸和谐理念确有借鉴意义。

五 "德善日积，则福禄日臻"的道德启示

"德善日积，则福禄日臻"，见于《伊川易传》："德善日积，则福禄日

---

① 程颢、程颐：《二程集》，中华书局，2004，第289页。
② 程颢、程颐：《二程集》，中华书局，2004，第122页。
③ 程颢、程颐：《二程集》，中华书局，2004，第100页。
④ 程颢、程颐：《二程集》，中华书局，2004，第174页。

臻。德逾于禄，则虽盛而非满。自古隆盛，未有不失道而丧败者也。"① 这是程颐在解释《易传》"泰传"时告诫人们要注意德和善的积累，如果德和善天天积累，那么一个人的福和禄也就会日益圆满。

德为本。"德"字的本义是日、月、金、木、水、火、土七星照耀。后引申为遵循本心，顺乎自然就是"德"，即"道德"或"品行"。程颐对德的解释有以下方面。一是真正内化于心的东西，就是德。程颐说："得之于心，谓之有德，自然'睟然见于面，盎于背，施于四体，四体不言而喻'，岂待勉强也？"② 内化于心，自然发于外，充溢于面，达于四肢，体魄强健。二是无我，无私欲。程颐说："德至于无我者，虽善言美行，无非所过之化也。"③ 德达到了无我的境界，必然是善言美行，所有人将受到感化。三是处事合乎中庸之道，不偏不倚，恰到好处。这是修德的最高境界。程颐说："中庸，天下之正理。德合中庸，可谓至矣。"④ 四是要具备知、仁、勇的品行，有大智、大仁、大勇。程颐说："知仁勇三者天下之达德，学之要也。"⑤

"德者本也，财者末也"，是说德是国之本，财为国之末。这是就德在治国中的作用而说的。作为一个国家的治理者，要重视人的道德的培养，因为这是立国之本。如果人人都有好的道德，就会出现人人积极向善的风气，人们也不会相互争夺。当然，就一个人来说，德也是人之本。程颢说："一德立而百善从之。"意思是德是起主导作用的，好的道德树立后，众多的善行就会随之出现。从这里可以看出，德与善是主导和从属的关系。

要正确理解德，还要处理好德与富的关系。二程在改正《大学》中说"富润屋，德润身"。富裕的人，可以盖华美房屋，享受舒适的生活。德则能滋养身心，使人享受心灵的崇高带来的愉悦。当人凭自己的辛勤劳动创造出财富时，"润屋"是可取的，这时的德与富是一致的；而当人通过不合法的途径得到财富时，德与富是不匹配的。此时虽身居"润屋"之中，但

---

① 程颢、程颐：《二程集》，中华书局，2004，第756页。
② 程颢、程颐：《二程集》，中华书局，2004，第147页。
③ 程颢、程颐：《二程集》，中华书局，2004，第411页。
④ 程颢、程颐：《二程集》，中华书局，2004，第1143页。
⑤ 程颢、程颐：《二程集》，中华书局，2004，第126页。

心灵并不滋润。还是程颐说得好："富，人之所欲也，苟于义可求，虽屈己可也；如义不可求，宁贫贱以守其志也。非乐于贫贱，义不可去也。"在追求富裕的时候，不能忘义，不能发不义之财。这才是今天富与义的基本原则：利不妨义。

德善在于积累。德善日积，意思是德和善的天天积累。只有天天积累，才能达到福和禄的日益圆满。程颐说："善不积不足以成名。学业之充实，道德之崇高，皆由积累而至。"① 程颐还说："德盛者，物不能扰而形不能病。形不能病，以物不能扰也。故善学者，临死生而色不变，疾痛惨切而心不动。由养之有素也，非一朝一夕之力也。"② 德和善本来是一种内在的品质，而这种内在品质的培养，要靠善行的天天积累。换句话说，德是靠一个人在日常生活中的善行来体现的。孟子说："祸福无不自己求之者。《诗》云'永言配命，自求多福'。"（朱熹《四书集注》）意思是一个人的福是自己追求来的，是自己通过道德完善、善行的积累回报来的。

如何在生活中积累善行？正如毛泽东同志所说："一个人做点好事并不难，难的是一辈子做好事，不做坏事。"③ 在市场经济条件下，人们面临种种考验，也面对种种诱惑。最大的考验和诱惑是金钱和利益。这种考验是对人德行和善行的试金石。抵制了不合理的欲望，就表现了好的德行，否则，就表现出贪婪的恶行，会葬送自己。

福禄与德善。何谓福？古称富贵寿考等齐备为福，与祸相对。福田，佛教认为福就像种田一样，撒下善良的种子，就收获福报。禄，基本含义是福气，也指俸禄，延伸为官位、财富。福禄的圆满是德善日积的结果。古人说："善有善报，恶有恶报。"一个人的德与善积累多了，人人都会想着如何回报他，这样，当他遇到困难时，或者当他的事业需要人们支持时，人们自然就会帮助他，支持他，他的事业就能发展壮大，他的福气、财富自然就会增加。如果他是走仕途之人，那么他的官位就会得以提升，俸禄也会得到提高。如果一个人只想索取不想奉献，到头来只能是害了自己。

---

① 程颢、程颐：《二程集》，中华书局，2004，第936页。
② 程颢、程颐：《二程集》，中华书局，2004，第321页。
③ 《毛泽东文集》第二卷，人民出版社，1991，第261页。

福禄是德善积累的结果，这就告诫人们要时时想着积德行善，而要积德行善，就要明确德和善实际上是一种行为，是一种实践。当遇到个人利益与集体利益或他人利益相冲突的时候，敢于牺牲个人利益，是积德行善；当别人需要帮助的时候，及时伸出援助之手，也是积德行善。

第十一章 二程理学与中华民族现代文明

2023 年 6 月 2 日，习近平总书记在文化传承发展座谈会上的讲话中，提出了建设中华民族现代文明的宏大课题。① 中华民族现代文明是中华优秀传统文化思想精华与马克思主义基本理论、习近平新时代中国特色社会主义思想相结合而熔铸出的新的文明形态。而作为中华优秀传统文化重要组成部分、中国近世文明思想精华的二程理学的核心思想，同马克思主义基本理论、习近平新时代中国特色社会主义思想是融通的。

习近平总书记指出："坚持和发展马克思主义，必须同中华优秀传统文化相结合。只有植根本国、本民族历史文化沃土，马克思主义真理之树才能根深叶茂。中华优秀传统文化源远流长、博大精深，是中华文明的智慧结晶，其中蕴含的天下为公、民为邦本、为政以德、革故鼎新、任人唯贤、天人合一、自强不息、厚德载物、讲信修睦、亲仁善邻等，是中国人民在长期生产生活中积累的宇宙观、天下观、社会观、道德观的重要体现，同科学社会主义价值观主张具有高度契合性。我们必须坚定历史自信、文化自信，坚持古为今用、推陈出新，把马克思主义思想精髓同中华优秀传统文化精华贯通起来、同人民群众日用而不觉的共同价值观念融通起来，不断赋予科学理论鲜明的中国特色，不断夯实马克思主义中国化时代化的历史基础和群众基础，让马克思主义在中国牢牢扎根。"② 习近平总书记提出的中华优秀传统文化的核心理念与社会主义核心价值观的高度契合性、同马克思主义思想精髓的贯通性、同人民群众日用而不觉的共同价值观念的融通性，深刻揭示了中华优秀传统文化同马克思主义基本理论的内在联系。

---

① 习近平：《在文化传承发展座谈会上的讲话》，《求是》2023 年第 17 期。
② 2022 年 10 月 16 日，习近平总书记在中国共产党第二十次全国代表大会上的报告《高举中国特色社会主义伟大旗帜，为全面建设社会主义现代化国家而团结奋斗》（《习近平著作选读》第一卷，人民出版社，2023，第 15 页）。

要理解二程理学核心理念同马克思主义基本理论的契合与融通，就要从更广阔的历史视野，从作为中华优秀传统文化的主干和主流价值形态的儒学文化来分析其必然性。

中华优秀传统文化是中华民族在长期的生活实践中创造出来的文化，是历代先贤智慧的结晶。正如习近平总书记所指出的："中华文明历史悠久，从先秦子学、两汉经学、魏晋玄学，到隋唐佛学、儒释道合流、宋明理学，经历了数个学术思想繁荣时期。在漫漫历史长河中，中华民族产生了儒、释、道、墨、名、法、阴阳、农、杂、兵等各家学说，涌现了老子、孔子、庄子、孟子、荀子、韩非子、董仲舒、王充、何晏、王弼、韩愈、周敦颐、程颢、程颐、朱熹、陆九渊、王守仁、李贽、黄宗羲、顾炎武、王夫之、康有为、梁启超、孙中山、鲁迅等一大批思想大家，留下了浩如烟海的文化遗产。"①

第一节　契合与融通

一　中华优秀传统文化与马克思主义基本理论的契合性

中华优秀传统文化与马克思主义基本理论的契合性，主要表现为唯物辩证法思想的契合、民本思想的契合、社会理想的契合。

唯物辩证法思想的契合。中华优秀传统文化中有丰富的辩证法思想。《易传》的"形而上者之谓道，形而下者之谓器""一阴一阳之谓道"最早提出了蕴含着辩证法因素的概念。《管子》中的"仓廪实而知礼节，衣食足而知荣辱"，蕴含着物质第一性的唯物思想；老子的"祸兮福所倚，福兮祸所伏"蕴含着辩证思维；程颢的"万物莫不有对""理必有对待"，程颐的"动之端乃天地之心"思想都具有朴素辩证法思想。在二程看来，天地万物和社会人事都有对立的方面，正是这种对立促成事物的发展变化，它是事物发展的内在动力。"理必有对待"的思想，揭示事物的矛盾运动是事物发展的普遍规律；"动之端乃天地之心"，揭示事物时刻处在发展变动之中，变革、革新是社会前进的动力。二程富有辩证法思想的论述，过去鲜为学

---

① 习近平：《在哲学社会科学工作座谈会上的讲话》，人民出版社，2016，第 4 页。

界所重视，具有极大的阐释与升华意义。程颐提出"天道变革"的思想，则更具有时代价值。"推革之道，极乎天地变易，时运终始也。天地阴阳推迁改易而成四时，万物于是生长成终，各得其宜，革而后四时成也。时运既终，必有革而新之者。王者之兴，受命于天，故易世谓之革命。汤、武之王，上顺天命，下应人心，顺乎天而应乎人也。天道变改，世故迁易，革之至大也。"①

民本思想的契合。儒家的民本思想源远流长。《尚书·皋陶谟》中就有"天聪明自我民聪明，天明威自我民明威""民之所欲，天必从之"，将民提高到天的地位；孟子论伊尹"思天下之民，匹夫匹妇有不被尧舜之泽者，若己推而内之沟中"，表达了强烈的救民于水火之中的思想，被儒家称为"伊尹之志"；孔子主张"因民之所利而利之"（《论语·尧曰》）；孟子则鲜明地提出了"民为贵，社稷次之，君为轻"（《孟子·尽心下》），"先王有不忍人之心，斯有不忍人之政"（《孟子·公孙丑上》）的仁政思想。程颢在《论十事札子》中说："天生烝民，立之君使司牧之，必制其恒产，使之厚生，则经界不可不正，井地不可不均，此为治之大本也。"将制民产、厚民生、均田地称为执政之大本。程颐说"为政之道，以顺民心为本，以厚民生为本"。二程进而将老有所安、朋友有信、少者有人关怀的以民为本思想称为天道："'老者安之，朋友信之，少者怀之'，乃天道也。"② 应该指出，像二程这样把民本思想视为天道，在历代思想家中还是不多见的，这反映了二程浓厚的民本思想。

社会理想的契合。建立一个人人安居乐业、共富共享的社会，是古代中国先哲孜孜以求的。儒家经典《礼记》中，早就完整表达了儒家的社会理想："大道之行也，天下为公，选贤与能，讲信修睦。故人不独亲其亲，不独子其子，使老有所终，壮有所用，幼有所长，矜、寡、孤、独、废疾者皆有所养。男有分，女有归。货恶其弃于地也，不必藏于己；力恶其不出于身也，不必为己。是故谋闭而不兴，盗窃乱贼而不作，故外户而不闭，是谓大同。"孔子的"四海之内皆兄弟"；孟子的"制民之产"，使民"仰足以事父母，俯足以畜妻子；乐岁终身饱，凶年免于死亡"；张载的"民吾

---

① 程颢、程颐：《二程集》，中华书局，2004，第952页。
② 程颢、程颐：《二程集》，中华书局，2004，第366页。

同胞，物吾与也。……凡天下疲癃残疾、茕独鳏寡，皆吾兄弟之颠连而无告者也。……违曰悖德，害仁曰贼"；程颢的"视民如伤"，程颐的"固本之道，在于安民，安民之道在于足衣食"；皆体现了人人社会地位平等、生活富足、社会安定和谐的大同理想。社会主义解放普通民众、实行公有制一定程度上与儒学的社会理想所追求的天下为公是一致的。

二 马克思主义思想方法、价值观、天下观方面与中华优秀传统文化的契合

双方的契合主要表现为理论联系实际与知行合一的契合；人民至上价值观与儒家价值理想的契合；胸怀世界的天下观与儒家的天下意识的契合。

理论联系实际与知行合一的契合。理论联系实际、具体问题具体分析、实事求是是马克思主义认识世界、认识事物的基本思想方法，与中华优秀传统文化尤其是儒家文化的知行合一思想具有内在联系性。《尚书·说命中》："非知之艰，行之惟艰。"《左传·昭公十年》："非知之实难，将在行之。"这些论述都表明了古人对知行关系的认识。《中庸》提出了"博学慎思，明辨笃行"，开儒家知行合一思想的先河。"儒家主张德行合一、知行合一，而不主张把德行仅仅看作内在的品质，同时主张外在的行动。"[1]"北宋新儒家以'实践之学'为宗旨。"[2]"王阳明论知与行：行之明觉精察处，便是知；知之真切笃实处，便是行。"[3] 程颐认为，只要深知事物之理，自然能行之笃。凡不能行之笃者，在于没有真知。程颐说："知至则当至之，知终则当遂终之，须以知为本。知之深，则行之必至，无有知之而不能行者。知而不能行，只是知得浅。"[4]"学者须是真知，才知得是，便泰然行将去也。"[5] 他所说的真知，包含两层意思：一是切实弄懂了道理，便会切实实行；二是有切身感受，经历过实践过，自然体会深。程颐说："人苟有'朝闻道夕死可矣'之志，则不肯一日安其所不安也。何止一日？须臾不能。如曾子易箦，须要如此乃安。人不能若此者，只为不见实理。实理者，

---

① 陈来：《儒学美德论》，生活·读书·新知三联书店，2019，第348页。
② 陈来：《儒学美德论》，生活·读书·新知三联书店，2019，第345页。
③ 陈来：《儒学美德论》，生活·读书·新知三联书店，2019，第347页。
④ 程颢、程颐：《二程集》，中华书局，2004，第164页。
⑤ 程颢、程颐：《二程集》，中华书局，2004，第188页。

实见得是，实见得非。凡实理，得之于心自别。若耳闻口道者，心实不见。若见得，必不肯安于所不安。人之一身，尽有所不肯为，及至他事又不然。若士者，虽杀之使为穿窬，必不为，其他事未必然。至如执卷者，莫不知说礼义。又如王公大人皆能言轩冕外物，及其临利害，则不知就义理，却就富贵。如此者，只是说得，不实见。及其蹈水火，则人皆避之，是实见得。须是有'见不善如探汤'之心，则自然别。昔若经伤于虎者，他人语虎，则虽三尺童子，皆知虎之可畏，终不似曾经伤者，神色慑惧，至诚畏之，是实见得也。得之于心，是谓有德，不待勉强，然学者则须勉强。古人有捐躯殒命者，若不实见得，则乌能如此？须是实见得生不重于义，生不安于死也。故有杀身成仁者，只是成就一个是而已。"① 程颐认为，人真正懂得了道义，便会自觉去实行，如"曾子易篑"，是真正懂得了不易则非，即使是在弥留之际，仍然要改易。要有视不善如探汤之心，将"义"化为自己的生命，敢于杀身成仁，捐躯殒命。他举例的虎伤人，听说与被虎伤过之不同反应，则强调真知与闻见之知的区别，从而告诫人们，重视实践或真知的作用。程颐在知与行的关系上，以知为本，将知内化于心，外化于行。程颐知行合一的最高境界是将自己化作道德标准、为人处世的"准绳"。"'大而化之'，只是谓理与己一。其未化者，如人操尺度量物，用之尚不免有差，若至于化，则己便是尺度，尺度便是己。"② 人掌握了真理，自己便是真理的化身、真理的标准，应事接物完全按真理的标准行事。二程是真正的知行合一论者。程颐的"道义交不受金""不为妻求封"，就是他理学义利观的体现。程颢则将儒家思想贯彻在县政实践上，被誉为"视民如伤"的理学家。应当指出，程颐是"真知"这一哲学话语的原创者，从他"知得是"的阐释来看，"是"具有客观事物规律、标准的意义，也来自程颐的首创。

人民至上价值观与儒家价值理想的契合。坚持人民至上的价值观，是马克思主义人民立场的反映，以人民利益为中心、没有自己的特殊利益是当代共产党人的价值理想。儒家价值理想的核心，是孔孟的仁义思想和二程提出的公心思想。孔孟的仁义思想，影响中国社会一千多年。到了北宋

① 程颢、程颐：《二程集》，中华书局，2004，第147页。
② 程颢、程颐：《二程集》，中华书局，2004，第156页。

时期，面对道德滑坡的现实，二程提出了以公为核心的天理思想，为普通中国人确立了安身立命的道德理想和道义自觉。二程以公释仁，将公视为人所以能仁、所以能爱的根本。而要实现以公为核心的道德理想，就要自觉克除己私，节制嗜欲，做到廓然大公，内心充满浩然之气，做到至纯至善。"追求理想的人格境界，塑造完美的自我，始终是儒家的价值目标。儒家人格理想的某些具体倾向，如内圣的过于强化等，当然已不合乎时代的需要，但它要求超越世俗而培养高尚的德性与情操，形成坦荡、舒展、宽裕的精神境界，并达到人格的内在境界与外在展现的统一等，这种价值取向无疑可以给现代人提供某种人格理想上的启示。……儒家价值体系显然并不仅仅是历史的陈迹：它可以通过转换而在现代展示其新的生命力。"①在市场经济条件下，共产党人要保持人民至上的价值理想，就要时时处处同不符合人民利益的思想倾向做斗争，将儒家的克己、修身之道作为共产党人的修身功夫，勇于自我革命，筑牢道德理想根基。

胸怀世界的天下观与儒家的天下意识的契合。马克思主义具有胸怀世界的天下观，这是以世界大同为理想指向的。党的二十大报告指出："必须坚持胸怀天下。中国共产党是为中国人民谋幸福、为中华民族谋复兴的党，也是为人类谋进步、为世界谋大同的党。"马克思主义的天下观与儒家的天下意识具有内在一致性。儒家的天下意识具有悠久的历史传统。《尚书》中的"协和万邦"，《周易》中的"万国咸宁"，《论语》中的"四海之内皆兄弟"，孟子的"乐以天下，忧以天下"，《礼记》的"天下为公""天下一家"，程颢的"仁者，以天地万物为一体"等所蕴含的天下观是中国人的卓越创造，是中华文化中最有气象、最具格局的思想理念，体现着儒家文化精神的世界观。儒家天下观的核心是天下为公，是以人民利益为主旨的建立共富共享的天下大同社会的理想。这与马克思主义的实现共产主义社会理想是高度一致的。天下为公所蕴含的"谋天下之公利"即谋天下人之共同富裕的社会理想，是中华优秀传统文化的独特理念，是中华优秀传统文化与马克思主义思想结合熔铸出的具有世界意义的人类大同价值观，是对西方以利己、自私而形成的霸权主义价值观的超越。习近平总书记指出，构建人类命运共同体，"符合中华民族历来秉持的天下大同理念，符合中国

---

① 陈来：《儒学美德论》，生活·读书·新知三联书店，2019，第458页。

人怀柔远人、和谐万邦的天下观"①。追求天下之义、天下之利、天下之和，已升华为中华民族独特的精神标识，并为人类命运共同体理念提供了源源不断的智慧滋养。

三 马克思主义同中华优秀传统文化的融通

马克思主义同中华优秀传统文化的融通集中表现为：中华优秀传统文化认为"人性本善""天下为公""世界大同"，在此思想基础上建立的中国特色社会主义制度体系在经济上是公有制为主体、多种所有制共同发展的基本经济制度；在价值观上是以集体主义为原则的核心价值体系。而西方主流宗教文化则认为人性本恶、自私，在此思想基础上建立的西方资本主义制度体系在经济上是私人所有制，在政治上以资本为中心，在价值观上提倡个人主义、个人奋斗。

从人性本善到制度之公。孟子的"四端说"表达了完整的人性本善思想，是儒家论公、克己私、建立公天下社会制度的思想基础。人正是有怜悯之心、同情之心、是非之心、辞让之心，才有己欲立而立人、己欲达而达人，己所不欲，勿施于人的仁爱之心、大公之心，才有儒家建立博施济众、老安少怀、人人安居乐业社会理想制度的愿景。这一社会制度是以公为根本特征的：土地公平分配、国家由家天下变为公天下、为公众谋利益。与这一制度愿景相适应，儒家提出了诸多公心思想。从《尚书·周官》的"以公灭私"，子夏的"修身及家，平均天下"，《吕氏春秋》的"公则天下平矣，平得于公"，马融《忠经》的"忠者中也，至公无私"，王通的"夫能遗其身，然后能无私；无私，然后能至公；至公，然后以天下为心矣，道可行矣"，周敦颐的"圣人之道，至公而已"，无不彰显儒家以公为核心的价值取向，二程则建立了以公为精神标识的天理价值观，与社会主义核心价值具有内在文化渊源，具有极大的诠释与传承、创新价值。应当说，儒家以公为核心的制度理想与价值理念，在封建私有制下，只是一种理想。而这种理想一旦与马克思主义公有制思想结合，便熔铸出崭新的中国特色社会主义制度，这一社会制度的特色就是以公有制为主体，同时调动非公有制经济的积极性。从公有制与非公有制经济对立统一、相互补充、调动

---

① 《习近平谈治国理政》第三卷，外文出版社，2020，第 487 页。

两个积极性的内在逻辑上讲，是二程的"万物莫不有对""物之不齐，物之情也"的辩证法思想的现实运用。

他人优先的价值观与社会主义的集体主义原则。从孟子的"仁者爱人"，到张载的"民吾同胞"，再到二程的"至公无私，大同无我"都蕴含着他人优先的责任意识。"责任先于自由、义务先于权利、群体高于个人，这三点针对的都是个人主义。总体来讲，我们的传统文化不强调个人主义，强调个人价值不能高于社群价值，强调个人与群体的交融、个人对群体的义务，强调社群整体利益的重要性。我国古代思想家用'家''国''社稷''天下'等概念具体表达社群的意义和价值；'能群''保家''报国'等众多提法都明确体现社群安宁、和谐、繁荣的重要性，凸显个人对社群和社会的义务，强调社群和社会对个人的优先性和重要性。个人是私，家庭是公；家庭是私，国家是公。社群的公、国家社稷的公是更大的公，最大的公是天下的公道、公平、公义，故说'天下为公'，这些都是中华民族比较好的传统。"① 这些中华优秀传统文化的价值理念，同社会主义的集体主义原则，是一脉相承的。社会主义的集体原则，既强调充分调动个人的积极性，保护个人的合法利益，又要大力弘扬爱国家、爱集体，团结互助、公私分明、公而忘私的无私奉献精神。

与此相对，西方的宗教文化则认为人性本恶，人都是自私的，其推崇的是个人主义、个人利益至上，从而放任自私，提倡个人奋斗、主张个体化、私有化。在此思想基础上建立的西方资本主义制度体系在经济上是私人所有制；在政治上以资本为中心；在价值观上提倡个人主义、个人奋斗。西方资本主义私有制发展到极端就是霸权主义。著名汉学家安乐哲指出，我们发明了各类科学技术，只要我们愿意，就能在整个世界范围内消除饥饿。然而我们并没有解决这个问题。这显然不是技术问题，而是个道德问题，是个伦理问题。② 事实上，儒家的仁爱思想、天下为公、天下大同思想，是解决世界贫困问题的思想文化支撑。资本主义所谓的竞争法则是建立在丛林法则基础上的，它所谓的自由、平等、民主、博爱思想是富人阶层的价值理想。只有中国的儒家思想才是真正把人类作为一个命运共同体

---

① 陈来：《仁学本体论》，生活·读书·新知三联书店，2019，第 478 页。
② 参见安乐哲《儒家思想及其世界意义》，中国社会科学网，2020 年 9 月 2 日。

来爱的，"仁者爱人""民胞物与""仁者，以天下万物为一体"，这些价值理念才是解决贫困问题的文化理念，与科学社会主义理论高度契合。竞争有其鼓励人、促进社会发展进步的一面，但对于弱势群体、竞争中的失败者，儒家的人文关怀则使世界更有温度、更温暖。

四　实现中华优秀传统文化核心思想与马克思主义基本理论的融通

中华优秀传统文化的核心是以"天下为公""天下大同"为根本价值取向的。这一价值取向与马克思主义的"人民观""人类共产主义理想追求"具有内在一致性。挖掘中华优秀传统文化的公心思想对于实现中华优秀传统文化与马克思主义基本理论的融通并熔铸出人类文明的新形态，进而为实现全体人民的共富乃至实现共产主义理想提供文化支撑，具有十分重要的意义。

（一）天下为公：中华优秀传统文化的核心思想

"公"是中华传统文化中一个古老的概念，是中华传统文化直指人性本质而关注人之心灵发展的根本问题。在这方面，从先秦到明清的历代思想家都有深刻的论说。

先秦思想家论"公"。早在《尚书》中，就提出了"公"的概念。周成王的训辞中说："凡我有官君子，钦乃攸司，慎乃出令，令出惟行，弗惟反。以公灭私，民其允怀。"（《尚书·周书·周官》）应该说，周成王的训辞，是对周朝执政官员的告诫，要"以公灭私"，去除私心，才能使民内心拥戴。周成王的训辞应该早于《礼记》提出的"大道之行也，天下为公"。如果说"大道之行也，天下为公"是从社会治理之道——政治哲学来论述"道"的核心是"天下为公"的话，那么，周成王的训辞，则是从为政者要有公心才能得到民众拥护方面来论述的。

春秋时期的管子对公的理解体现在自然之天的公与为政之公的联系上。管子曰："天公平而无私，故美恶莫不覆；地公平而无私，故小大莫不载。"（《管子·形势解》）在论述自然之天的公平无私方面，开春秋时期思想家之先河的是管子，后来的思想家多延续了管子的思想。而管子的"一言得而天下服，一言定而天下听，公之谓也"则是告诫为政者，只有出于公心，说的话、办的事才能使天下百姓心服并顺从。而管子的"圣君任法而不任智，任数而不任说，任公而不任私，任大道而不任小物，然后身佚而天下治"（《管子·任法》），则是直接告诫君主作为一个执政者要治理好天下，就要"任公不任私"，即任用为公之人，而不能任用为私之人。

老子虽然没有直接提出"公"的概念，但他的"人法地，地法天，天法道，道法自然"则蕴含着"公"的思想因素。孔子对"公"的论述是从"公"的同义词"无私"的角度，从自然之天、地、日月的无私品格出发，引申出人的道德原则。孔子曰："天无私覆，地无私载，日月无私照。奉斯三者以劳天下，此之谓三无私。"人如果能效法天、地、日月之无私品格而立身处世，就有了无私无我的思想境界。孔子所说的"为政以德，譬如北辰，居其所而众星共之"，其中的"为政以德"蕴含着"无私""大公"的思想境界，具有此种思想境界的人，就像北斗星一样受众星拥戴，而他在《礼记》中则明确提出了"大道之行也，天下为公"的政治理想。墨子提出的"天之行广而无私，其施厚而不德，其明久而不衰，故圣王法之"（《墨子》），则是告诫圣王要效法天之广大无私的品德。孔子的弟子子夏则提出"修身及家，平均天下"（《礼记》），劝诫国君要修身齐家，建立均富、公平的社会。孟子则为历代士大夫树立起"行天下之大道，得志与民由之"的大丈夫之志向："居天下之广居，立天下之正位，行天下之大道。得志与民由之，不得志独行其道。富贵不能淫，贫贱不能移，威武不能屈。此之谓大丈夫。"（《孟子》）"天下之大道"，即天下为公之道。

荀子在"公生明，偏生暗。端悫生通，诈伪生塞。诚信生神，夸诞生惑"（《荀子·不苟》）中第一次在哲学上提出"公心"的认识论意义：具有公心是判断是非的前提，有公心就会正确认识问题，做出合乎事物本质的理解，没有公心，则会歪曲事物的标准。正如尸佼所说："自井中视星，所见不过数星；自丘土以望，则见其始出也，又见其入，非益明也，势使然也。夫私心，井中也；公心，丘上也。故智载于私，则所知少，载于公则知多矣。"（《尸子》）有了私心，就像人在井中，被私心所局限，而有公心，则好比人在丘上，所见则广阔；人的智慧如果有了私心，就会被限制，而智慧再加上公心，则所知更多，胸怀更广。战国时楚人鹖冠子则提出"唯道之法，公政以明"（《鹖冠子·环流》），认为道的核心是公，只有公正才能使人显明，并提出"道就是无己"："故所谓道者，无己者也。所谓德者，能得人者也。"（《鹖冠子·环流》）只有无一己之私，才能理解道，行大道；他同时认为作为一个谦臣（贞谦），就要"废私立公"："贞谦之功，废私立公。"（《鹖冠子·道端》）吕不韦则认为，要治国平天下，执政者的公心是关键："公则天下平矣。平得于公。"（《吕氏春秋》）被称为法家的商鞅则认为，公与私关系国家存亡："公私之交，存亡之本也。"（《商君书·修权》）

汉、唐时期思想家的"公"论。汉、唐时期的思想家以董仲舒、王通、郑玄、韩愈为代表，他们在对公的理解上提出了许多深刻的思想。董仲舒的"正其谊不谋其利，明其道不计其功"成为历代士人的座右铭，"不谋其利"即蕴含着公心思想，正如他所说的"圣人之为天下兴利也"，为天下兴利，就是为天下人兴公利，而不是兴一己之私利。汉代刘向在《说苑·至公》中记载晏婴之语："顾臣愿有请于君，由君之意，自乐之心，推而与百姓同之，则何殣之有？君不推此而苟营内好私，使财货偏有所聚，菽粟币帛腐于囷府，惠不遍加于百姓，公心不周乎万国，则桀纣之所以亡也。……君如察臣婴之言，推君之盛德，公布之于天下，则汤武可为也，一殣何足恤哉。"晏婴向齐王进言，如果"惠不遍加于百姓，公心不周乎万国"，就会像桀纣一样亡国，并引《尚书》进一步说明"公与天下，其德大矣"，他说："《书》曰：'不偏不党，王道荡荡。'言至公也。……夫以公与天下，其德大矣。推之于此，刑之于彼，万姓之所戴，后世之所则也。"（《说苑·至公》）王通告诫为政者："天下崩乱，非至公血诚不能安。苟非其道，无为祸先。""富观其所与，贫观其所取，达观其所好，穷观其所为。"（《文中子·天地篇》）而要做到公，就要无私。王通说："夫能遗其身，然后能无私；无私，然后能至公；至公，然后以天下为心矣。道可行矣。"（《文中子·魏相篇》）在王通看来，无私能至公，做到了至公，才能有为天下人谋利益的公心，才能行治理天下的大道。东汉的荀悦则将公作为"道经"之一，认为它是处事之方："惟修六则，以立道经：一曰中，二曰和，三曰正，四曰公，五曰诚，六曰通。以天道作中，以地道作和，以仁德作正，以事物作公，以身极作诚，以变数作通，是谓道实。"（《申鉴·政体》）荀悦将"中、和、正、公、诚、通"作为道经，凸显了"公"在道经中的地位，他以此为处理事物应遵循的原则。东汉仲长统说："我有公心焉，则士民不敢念其私矣；我有平心焉，则士民不敢行其险矣；我有俭心焉，则士民不敢放其奢矣。此躬行之所征者也。"（《昌言》）强调的仍然是为政者有公心的示范效应。汉代经学家马融在《忠经》中认为，忠就是中，要做到中，就要至公无私："忠者中也，至公无私。天无私，四时行，地无私，万物生，人无私，大亨贞。"（《忠经·天地神明章》）马融将至公无私作为人有忠诚之心的核心要义，并说"人无私，大亨贞"，这是将为政之公诠释为人生哲学，作为普通人安身立命之道德规范。当然，他同样提到为政者公心的重要性："无为而天下自清，不疑而天下自信，不私而天下自公。"（《忠经·广至理章》）为政者如果没有私心，天下人也就会有为公之心，这里突出了为政者的示范效应。唐代的韩愈，提出"仰不愧天，俯不愧人，内不愧心"（《与孟尚书书》）；"博爱之谓仁，行而宜之之谓义，由是而之焉之谓道"（《原道》）；"大夫文武忠孝，求士为国，不私于家"（《送石处士序》）。其不愧天、不愧人、不愧心之说无不体现着"公心"，"博爱之谓仁"，博爱的本质就是公，无公心何谈博爱？为人更要充满为国尽忠、不私于家的浩然之气！魏晋时期的傅玄说："能通天下之志者，莫大乎至公。能行至公者，莫要乎无忌心。"（《傅子》）一个人能通达天下人的心意，在于自己有至公之心；而能行至公之道，在于没有私欲记挂于心。

宋代思想家论"公"。宋代思想家的公天下意识更为强烈，从欧阳修的"以天下之忧为己忧，以天下之乐为己乐"，范仲淹的"先天下之忧而忧，后天下之乐而乐"，到周敦颐、二程、朱熹从"天地至公"引发的哲学思考，他们建立起以"公"为核心的天理论，确立了人生哲学的公德、政治哲学的公心思想，使"公"这一古老的理念得到新的发展和升华，在近世文明中放射出灿烂光芒。

北宋的契嵩禅师在《皇极论》中说："天下同之，之谓大公；天下中正，之谓皇极。中正，所以同万物之心也；非中正，所以离万物之心也。离之则天下乱也；同之则天下治也。善为天下者，必先持皇极而致大公也；不善为天下者，必先放皇极而废大公。是故古之圣人推皇极于人君者，非他也，欲其治天下也；教皇极于人民者，非他也，欲其天下治也。"（《皇极论》）契嵩认为，天下大同，就是天下大公，而治理天下的人做到中正，就是皇极，即治理天下之大道。而中正就是大公之心。具有大公之心，才能处事中正。欧阳修在解释何谓圣人时说："圣人，以天下为心者也，是故以天下之忧为己忧，以天下之乐为己乐。"以天下为心，即以天下民众的所思所盼为心，而不以一己之私为心，这就是公天下思想。范仲淹的"先天下之忧而忧，后天下之乐而乐"正是其浓郁的公天下思想生发出的责任意识。

被朱熹称为北宋六先生的司马光、周敦颐、张载、邵雍、程颢、程颐，从天道、人道乃至为政之道方面确立了公的核心价值，将公心思想发展到新的阶段。周敦颐从天地至公、圣人至公、人之公来论公，他在《通书》中说："圣人之道，至公而已矣。或曰：'何谓也？'曰：'天地至公而已矣。'"（《通书·公第三十七》）"圣人之道，至公而已"正是从天地至公无私出发，生发出的圣人之道，也就是至公无私之道。周敦颐还看到了公心在个人为人处世中的作用，因而提出"公于己者公于人，未有不公于己而能公于人也"。个人有公在心，才会对人有公心，世上从未有过自己没有公心而能对他人公正处事的。可见培养一个人的公心、正确处理公与私的关系，对于成德成人是何等重要。张载在《西铭》中以包含宇宙的心胸，视宇宙天下为一家："乾称父，坤称母。……民，吾同胞；物，吾与也。……凡天下疲癃残疾、茕独鳏寡，皆吾兄弟之颠连而无告者也。"这是公的最高境界。张载还喊出"为天地立心，为生民立命，为往圣继绝学，为万世开太平"这一体现公心思想的旷世绝唱。邵雍也提出"性公而明"："以物观物，性也；以我观物，情也。性公而明，情偏而暗。"司马光在上疏中说"治身莫先于孝，治国莫先于公"。司马光在诠释"四绝"时说："有意有必有固，则有我；有我则私，私实生蔽。无意无必无固，则无我，无我则公，公实生明。""有我则私""无我则公，公实生明"，司马光这几句话道出了"公"在认识论上的重要价值。

二程论"公"。二程对公的认识由天地之心生发出以公释仁、以公生浩然之气、以公心治国，其对公的认识达到了一个新的高度。程颢由天地无心生发出天地之公心，进而提出"廓然大公"之心，为天下为公思想的确立奠定了哲学基础。程颢说："夫天地之常，以其心普万物而无心，圣人之常，以其情顺万事而无情。故君子之学，莫若廓然而大公，物来而顺应。"这是从天地"心普万物而无心"来启示人们应有"廓然大公"之心。而在《识仁篇》中则说："学者须先识仁。仁者，浑然与物同体。"[①] "仁者，以

---

① 程颢、程颐：《二程集》，中华书局，2004，第16页。

天地万物为一体，莫非己也。"① 程颢将仁由爱人扩大到以天地万物为一体的思想境界，将仁的范围扩大了，境界提升了：人以天地万物为一体，作为有仁爱之心的人，不仅要爱人，也要爱物，这是因为人与所生存的自然界的命运是息息相关的，这是涵盖了万物一体的大仁！二程不仅提出了仁者"与物同体"的思想，而且以"公"释仁，为如何行仁指明了道路。程颐深刻洞察仁的本质属性，认为仁是公，是人所以能博爱的哲学基础。程颐的学生"问：'如何是仁？'曰：'只是一个公字'。学者问仁，则常教他将公字思量"②"天心所以至仁者，惟公尔。人能至公，便是仁。"③"仁道难名，惟公近之，非以公便为仁。"④"仁者，天下之公，善之本也。""理者天下之至公，利者众人所同欲。苟公其心，不失其正理，则与众同利，无侵于人，人亦欲与之。若切于好利，蔽于自私，求自益以损于人，则人亦与之力争，故莫肯益之，而有击夺之者矣。"⑤ 在程颐看来，仁的本质是公，有了公心，才能有仁爱之心，才能有善心，这就从本质上提升了孔子仁学的哲学意义。

至公无私，能够培养浩然之气。如果说，与物同体解决的是人与人的关系问题，那么，作为一个个体来说，该如何养自己的浩然之气？二程同样从公与私的关系入手，给出了自己的答案。程颢说："浩然之气，天地之正气，大则无所不在，刚则无所屈，以直道顺理而养，则充塞于天地之间。"⑥ 程颐说："浩然之气，所养各有渐，所以至于充塞天地，必积而后至。行不慊于心，止是防患之术，须是集义乃能生。"⑦ 在二程看来，浩然之气，是天地间的正气，具有"至大、至刚、以直"的特性，且缺一则不能称为浩然之气。就人来说，当人"行不慊于心"时，便会生浩然之气。何谓"行不慊于心"？也就是无愧于心、没有办不合理之事。所谓君子坦荡荡，不愧屋漏是也。而在程颢看来，要养一个人的浩然之气，根本在于"至公无私"："至公无私，大同无我，虽眇然一身，在天地之间，而与天地

① 程颢、程颐：《二程集》，中华书局，2004，第15页。
② 程颢、程颐：《二程集》，中华书局，2004，第285页。
③ 程颢、程颐：《二程集》，中华书局，2004，第439页。
④ 程颢、程颐：《二程集》，中华书局，2004，第63页。
⑤ 程颢、程颐：《二程集》，中华书局，2004，第917~918页。
⑥ 程颢、程颐：《二程集》，中华书局，2004，第11页。
⑦ 程颢、程颐：《二程集》，中华书局，2004，第158页。

无以异也。"① "浩然之气，乃吾气也，养而不害，则塞乎天地；一为私心所蔽，则欿然而馁，却甚小也。"②

"至大、至刚、以直"源于孟子"其为气也，至大至刚，以直养而无害"（《孟子·公孙丑上》），是孟子养浩然之气的根本，程颢则认为，要做到"至大、至刚、以直"，包括直道顺理、集义与立志，要害在于"至公无私"，若有一点私意，便气馁，便不刚、不直，便不会心胸阔大，便不能明辨是非，便不能见义勇为，便不会有浩然之气。浩然之气，是人的大公之心、无私无我的外在表现，是一个人内心高洁、纯粹至善的外在流露。

从天理之公，到公心治国。二程认为，天理的根本属性是公，正是天理这种无私无欲之公的特性，成就了大自然生生不息、繁荣昌盛的景象，使之具有厚德载物的品质，而人类也要效法天理之公德，具有博施济众之公心，用公心治国。理有多重含义，但二程却从天理无私无欲的本质特征生发出"理者天下之公"，将理的"公"内涵凸显出来，提出了理的"公"性质与特点，进而阐述了公与私的关系，并鲜明地提出"理者天下之公，不可私有也"，从而告诫掌握公权力的人，不可以公谋私，化公为私。"天理无私，一入于私，虽欲善其言行，皆非礼"，在二程看来，天理是无私的，一旦有了私的念头，虽然想为善，但说话、行事皆已非礼，皆已处处为私考虑，这样就会背离公众的利益。"公天下之事，苟以私意为之，斯不公矣。"掌握公权力的人，虽然做的是为天下百姓服务的公事，但如果有私意，处事就不会公正。只要做到"至公不私，进退以道，无利欲之蔽"，即使面临危险境地，也能安步舒泰，没有可忧虑的事情。程颐更深刻分析了义利的实质："义与利，只是个公与私。"义的本质是公，利的本质是私，在面临义利取舍的时候，有公心的人敢于舍己私为大家，而有私心的人，则会见利忘义，甚至假公济私、以公权力谋一己之私，不惜损害国家和大众的利益。二程对公与私的思考没有就此止步，而是深入关系国家生死存亡的高度，给予了黄钟大吕的警告："一心可以丧邦，一心可以兴邦，只在公私之间尔。"查阅历代先贤对公与私关系的论述，鲜有像程颢这样明确论说公与私关乎国家兴亡的。

① 程颢、程颐：《二程集》，中华书局，2004，第 1172 页。
② 程颢、程颐：《二程集》，中华书局，2004，第 20 页。

二程的公心思想被其弟子及后学继承并发展。二程的四大弟子之一谢良佐说："君子小人之分，义与利之间而已。然所谓利者，岂必殖货财之谓？以私灭公，适己自便，凡可以害天理者皆利也。"以私灭公，损害天理，凡是利己的行为都是一种利。朱熹论公更多地着眼在去私欲上，认为只有去除私欲才能立公心，并认为君子和小人的区别在于公与私，君子处事以公，小人立身以私。朱熹说："君子之心公而恕，小人之心私而刻。天理人欲之间，每相反而已矣。"①极具时代价值。真德秀提出的"律己以廉，抚民以仁，存心以公，莅事以勤"可视为现代为官之座右铭。陆九渊"理乃天下之公理，心乃天下之同心，圣贤之所以为圣贤者，不容私而已"（《与唐司法》），可谓为官之箴言。明代王夫之提出"大公至正者，刑赏也"，指出掌握刑赏之人应遵循的原则是"大公至正"，亦即法律的本质是公平。康有为解释孔子之道时说："孔子之道，其本在仁，其理在公，其法在平，其制在文，其体在各明名分，其用在与时进化。"将孔子之道概括为"其理在公"，发历代先贤所未发，亦是对孔子之道核心思想的深刻而精辟之见：倘若没有公心，仁爱当无从谈起。

（二）儒家"天下为公"与社会主义之公的融通

中华优秀传统文化的公心思想诞生于中华文明早期，夏商周时期的思想家奠定了中华文化的优良基因，而由孔孟儒学传其绪、二程承前启后、朱熹集大成，成为中国正统文化的基础的儒学文化，虽然与漫长的私有制社会相伴相生，其天下为公思想没有也不可能被封建帝王所实践，但其公心思想的灿烂光芒却照亮了一代又一代以天下为己任的有作为士大夫的心灵世界，使他们在任职的地区得以实施，为劳苦大众带来一定程度的福祉，落实"老者安之""少者怀之"的理想。"天下为公""大同社会"的理想像黑暗中的灯塔，一直激励着中华民族的志士仁人为实现心中的理想而砥砺奋斗。马克思主义诞生于西方资本主义制度之下，是马克思对西方资本主义反思的产物，其基本原理"辩证唯物主义和历史唯物主义"、"政治经济学"以及"科学社会主义"所包含的人民立场、人民民主制度、公有制为主体的经济制度乃至共产主义社会理想，同深受儒家思想影响的中国知

---

① 朱熹：《四书章句集注》，中华书局，1983，第148页。

识分子的家国情怀、以天下为己任的责任意识是高度一致的。马克思主义同中国具体实际一经结合，便产生了巨大的改天换地的精神力量，经过百年奋斗，我们建立了社会主义新中国，并经过改革开放，建立了富有生机和活力的社会主义市场经济体制。党的二十大报告提出了建设社会主义现代化强国、实现第二个百年奋斗目标，提出了扎实推进共同富裕，提出了马克思主义同中华优秀传统文化相结合、建立人类文明新形态等重大理论问题。

　　为人民谋利益与"天下大公理想"。马克思主义者的奋斗目标是为人民谋利益、解放劳苦大众，最终建立一个没有剥削、没有压迫、人人平等、人人自由的理想社会，实现共产主义。中华优秀传统文化具有优良的政治基因，这个优良政治基因体现为《礼记》"大道之行也，天下为公，选贤与能，讲信修睦。故人不独亲其亲，不独子其子，使老有所终，壮有所用，幼有所长，矜、寡、孤、独、废疾者皆有所养"的理想社会；体现为孔子"老者安之，朋友信之，少者怀之"的仁者情怀；体现为范仲淹"先天下之忧而忧，后天下之乐而乐"的忧乐意识；体现为张载"民，吾同胞……尊高年，所以长其长；慈孤弱，所以幼其幼。……凡天下疲癃残疾、茕独鳏寡，皆吾兄弟之颠连而无告者也"，和他激情澎湃的"为天地立心，为生民立命，为往圣继绝学，为万世开太平"的豪言壮语；体现为二程"仁者，以天地万物为一体""至公无私，大同无我""天理至公""廓然大公"的哲学思考；体现为顾炎武"天下兴亡，匹夫有责"的责任意识。

　　20世纪20年代，马克思主义学说出现在灾难深重的中国大地时，立即受到深受中华优秀传统文化滋养、以天下为己任的先进知识分子的拥护，并使他们义无反顾地投身到轰轰烈烈、为人民求解放的事业中来。英国著名学者李约瑟说："现代中国知识分子所以会共同接受共产主义的思想，其中一个很重要的因素是新儒学家（二程、朱熹）和辩证唯物主义在思想上是密切联系的。换句话说，新儒学这一思想体系代表着中国哲学思想发展的最高峰，它本身是唯物主义的，但不是机械唯物主义。"[1] 试看当时积极投身革命的志士仁人，无论是陈独秀、李大钊，还是毛泽东、周恩来，无不是受中华优秀传统文化的精神滋养，有着普济天下苍生、为万世开太平

---

　　① 〔英〕李约瑟：《四海之内》，劳陇译，生活·读书·新知三联书店，1987，第61页。

宏图大志的一代知识分子的先进代表。他们的儒者理想，一旦与马克思主义相结合，便熔铸出改天换地、为人民谋利益的时代精神。而在实现中国式现代化的新的历史时期，在社会主义市场经济的新的历史条件下，中华优秀传统文化的天下为公思想，则是社会主义市场经济的文化指引、精神涵养、价值观体现，它与马克思主义"为人民谋利益"所应具有的公心思想是一致的，同时它也是实现共同富裕的文化支撑，是人的现代化应具有的崇高思想境界。

先锋队性质与圣贤境界。中国共产党的根本宗旨是全心全意为人民服务，党除了代表工人阶级和最广大人民的利益，没有自己特殊的利益。这就注定了以马克思主义理论武装起来的中国共产党人，是以全心全意为人民服务为根本宗旨、为人民利益而奋斗的先锋队。这一先锋队所体现的奉献精神与中华优秀传统文化所推崇的君子品格、圣贤境界有高度的契合性。中华优秀传统文化所推崇的君子品格、圣贤境界体现为《周易》"天行健，君子以自强不息；地势坤，君子以厚德载物"的刚健自强精神和厚德载物品质；体现为孔子"知仁勇"三达德的君子风范；体现为孟子"富贵不能淫，贫贱不能移，威武不能屈"的大丈夫精神；体现为二程"至公无私，大同无我""有欲则不刚，刚者不屈于欲"的浩然之气；体现为朱熹"善与人同，公天下之善而不为私也"的公私观；体现为陆九渊"理乃天下之公理，心乃天下之同心，圣贤之所以为圣贤者，不容私而已"的圣贤思想。

当马克思主义为人民谋利益的奉献精神与中华优秀传统文化所推崇的圣贤思想相结合，其便淬炼出当代中国共产党人的时代精神。以毛泽东同志为代表的革命先驱实现了对传统文化的创造性转化，毛泽东同志将"民胞物与"转化为为人民服务；将儒家的道德自律转化为批评与自我批评；将《仁学》之心力说转化为人的主观能动性。这种时代精神在战争年代是慷慨赴死、英勇就义；在建设时期，是自力更生、艰苦奋斗；在改革开放时期，是顽强拼搏、奋勇争先。毛泽东同志所说的"我们中华民族有同自己的敌人血战到底的气概，有在自力更生的基础上光复旧物的决心，有自立于世界民族之林的能力"①，就是这种精神的写照。以习近平总书记为代表的当代中国共产党人，将儒家的以人为本转化为以人民为中心，将二程

① 《毛泽东选集》第一卷，人民出版社，1991，第161页。

的至公无私、大同无我，新儒家的公心思想，转化为"我将无我，不负人民"。在市场经济条件下，关于党如何保持为人民的初心不变，如何驾驭市场经济而不被腐蚀，习近平总书记鲜明地提出了"所有党员、干部都要戒贪止欲、克己奉公"①"衡量党性强弱的根本尺子是公、私二字"②，将中华优秀传统文化的公心理念，升华为执政党的鲜明政治品格，高扬起立党为公的旗帜，续写了新的时代精神。这个时代精神就具有鲜明的马克思主义思想与中华优秀传统文化融通的特征。

（三）　推进马克思主义思想精髓与中华优秀传统文化核心价值观的融合

马克思主义思想精髓是以集体主义、爱国主义、社会主义乃至共产主义为目标追求，以公共利益为价值取向的。马克思主义思想精髓与中华优秀传统文化核心价值观在内在本质上是一致的。中华优秀传统文化的核心价值观以天下为公为本质，以责任意识、他人优先为基本价值取向。在市场经济条件下，推进马克思主义思想精髓与中华优秀传统文化核心价值观的融合，将为中国社会熔铸出新的时代核心价值。

仁爱是孔孟儒学为中国古代人确立的核心价值和精神境界，大公思想是二程天理至公新儒学的核心理念，是二程为中国人提供的超越一己之私而建立的精神信仰。在市场经济条件下，大力弘扬仁爱大公思想，将有利于解决人在市场经济条件下产生的价值观错位、人化物带来的金钱至上、道德沦丧、精神信仰迷失的问题。

市场经济极大地激发了人们为自身利益而追求利益最大化的冲动和热情，这在促进社会发展进步的同时，也带来了一些不良道德行为如只顾个人利益而不顾他人利益，甚至损人利己、损公肥私等。儒学的仁爱精神与马克思主义以人民为中心的思想是高度契合的。个人在追求自身利益的同时，要有仁爱之心，不损害他人利益，这是基本的道德要求；个人自身事业成功的同时，要帮助他人也成功，这是高层次的公民道德要求。

价值观是一个人的思想价值取向，为公还是为私，是决定一个人价值取向的内在标准。人都有趋利之心、为我之心。市场经济条件下，一些人

① 《习近平关于注重家庭家教家风建设论述摘编》，中央文献出版社，2021，第 38 页。
② 《习近平关于全面从严治党论述摘编》，中央文献出版社，2016，第 155 页。

为了私利而见利忘义、贪污受贿、行贿无所不用其极，就是价值观扭曲的表现。而以二程为代表的新儒学的公心思想，可以为社会公德建设提供思想资源。公与私的关系问题不仅涉及公共管理人员，也渗透在普通民众的私人领域。普通民众谋取个人利益、为个人利益而奋斗是正确的，应当鼓励的。但在谋取个人利益时不能侵害他人利益、公共利益、国家利益，这就涉及公心和公德问题。普通民众要做到公私分明，既敢于争取个人合法利益，又要在他人、集体、国家利益受到侵害时，有公而忘私、克己奉公甚至舍己为公的公心。这也是现代公民道德建设的应有之义。

要在全社会大力弘扬爱国思想，形成新时代强烈的爱国主义精神。儒家的爱国思想源远流长，"临患不忘国，忠也""图国忘死，贞也"（《左传·昭公元年》），"苟利社稷，死生以之"（《左传·昭公四年》），"志士仁人，无求生以害仁，有杀身以成仁"（《论语·卫灵公》），"苟利国家不求富贵"（《礼记·儒行》），《春秋公羊传》提出"安社稷、利国家"，二程提出"至公无私，大同无我""以身许国"，朱熹提出"古人做事，苟利国家虽杀身为之而不辞"，林则徐的"苟利国家生死以，岂因祸福避趋之"则是古代爱国思想的典型表达。而文天祥的"孔曰成仁，孟曰取义，惟其义尽，所以仁至。读圣贤书，所学何事？而今而后，庶几无愧"，则是儒家思想所孕育的以天下为己任的爱国、报国、献身精神的体现。儒家爱国思想与当代以共产党人为代表的爱国志士仁人形成的以身殉国、慷慨赴死的革命精神相结合，将成为在市场经济条件下浇灌人们心灵荒原的甘泉，激发人们的爱国主义情怀。

要在全社会大力提倡利不妨义的理念。义和利的关系是人类在生存和发展中必须面对的首要问题，义利之辨在中国儒学体系中处于核心位置，以义制利、先义后利、利不妨义、舍生取义是儒学倡导的理想价值追求，代表了儒学乃至古代社会高扬的道义精神。儒学的义利观在市场经济条件下，更具有创造性继承与转化、发展、升华的时代价值。儒学尤其是以二程为代表的新儒学的利不妨义思想，对在市场经济条件下处理义利关系具有启迪价值。社会公民个人在追求私人利益的时候，不能损害国家利益，而当国家利益与个人利益发生冲突的时候，要勇于舍己为国，做到个人利益服从国家利益。对从事公众服务的公务员来说，不以职谋私、不以权谋私，做到克己奉公、一心为公、公私分明是基本的道德操守，是天理良心，其最高境界就是公而忘私、大公无私。

马克思主义基本原理与中华优秀传统文化的结合，是马克思主义理想目标与中华优秀传统文化"天下大同"理想的结合，是中国共产党根本宗旨与中华优秀传统文化推崇的君子品格的结合，推进马克思主义基本原理与中华优秀传统文化的结合，将在市场经济条件下，熔铸出以人民为中心，体现仁爱大公、无私奉献的新的时代精神。

（四）儒家的道德观与革命道德的融通

儒家的道德观以仁爱、刚健、克己为主要内容，与我们党在革命和建设、改革开放时期形成的以为民、奋斗、奉公为主要内容的革命道德，具有渊源关系。儒家的道德观是革命道德的文化资源，革命道德是儒家道德在新时代的激活与升华。

1. 仁爱与为民

中华优秀传统文化从一开始就建立了优良的政治基因。从"尧舜之道，孝悌而已"（孟子语），到大禹的遗训"民为邦本，本固邦宁"，到周公的"敬德保民"，无不体现着关爱他人的思想。仁爱是孔孟创立的儒学的核心和标识，是孔孟儒学为中华民族确立的核心价值观的基础，是烙印在中国人心灵深处的道德信仰。仁爱之心，是中华民族最重要的道德品质。程颐说"知仁勇三者天下之达德，学之要也"，是说有智慧、有仁心而又勇于实行，是天下最重要的品德，是为学者的关键。这里将仁爱之心作为最重要的品德之一。同时，程颐还把仁升华到道，即做人的准则的高度，提出仁是百善之首。他说："仁即道也，百善之首也。苟能学道，则仁在其中矣。"①

如何做到仁爱？要像孔子说的"己欲立而立人，己欲达而达人"（《论语·雍也》），"己所不欲，勿施于人"（《论语·卫灵公》）；像孟子说的"老吾老以及人之老，幼吾幼以及人之幼"（《孟子·梁惠王上》）；像张载说的"民吾同胞，物吾与也"（《正蒙·乾称》），"以爱己之心爱人，则尽仁"（《正蒙·中正》）；像程颢说的"'博施济众'，仁者无穷意""仁者，

---

① 程颢、程颐：《二程集》，中华书局，2004，第283页。

以天地万物为一体"①。也就是说，仁者要有大爱之心，不仅要爱自己的亲人，还要把天下所有人都作为自己的同胞来看待，像爱自己和爱自己的亲人一样去爱，去博施济众，这种人将得到无穷的快乐。真正的仁者，不仅要爱人，还要有与天地万物包括自然界的一草一木为命运共同体的宽广胸怀，这是真正的大仁。

继承了中华优秀传统文化政治基因的中国共产党，在自己的旗帜上鲜明地写下党的宗旨——"全心全意为人民服务"，将历代先贤"天下大同""天下为公""以天下为己任""博施济众""老者安之，朋友信之，少者怀之"的美好社会愿景作为自己的奋斗目标。在一百年的奋斗历程中，有多少优秀的共产党人，为了人民的利益慷慨赴死，英勇就义，以实际行动诠释着杀身成仁、威武不屈的儒家精神。尤其是中国共产党建立了一支维护人民利益的仁义之师——人民军队，无论是在战争年代还是在和平时期执行急难险重任务，这支人民军队都将人民的利益置于首要位置，甚至不惜用鲜血和生命保护人民事业。儒家的仁爱、忠孝节义观在优秀共产党人和人民战士身上得到了生动体现和升华。

2. 刚健有为与奋斗进取

刚健自强是儒学文化给中华民族奠定的优良民族性格。"天行健，君子以自强不息"，自《易传》发出这一激动人心的宣言之后，历代儒者士大夫便以此为砥砺自己刚健品格的座右铭，并不断进行阐释与升华。

孔子推崇"刚毅"："刚毅木讷近仁。"刚毅即刚正、勇毅之德，具有刚毅之德者，则近乎仁。"可以托六尺之孤，可以寄百里之命，临大节而不可夺也。君子人与？君子人也。"曾子的"临大节而不可夺"表现的是君子大节不亏、为正义视死如归的人生态度，与孔子的"三军可夺帅也，匹夫不可夺志也""志士仁人，无求生以害仁，有杀身以成仁"，以及孟子的"生亦我所欲也，义亦我所欲也，二者不可得兼，舍生而取义者也"构成了刚健自强的人生宣言，成为激励历代志士仁人的座右铭，成为激荡在士大夫知识分子心头的奋进号角。

程颐对"天"与"乾"的阐释将"天"与人应效法的"乾道"结合起来。何谓"乾"？程颐在《周易·上经上》中指出："乾，天也。天者天之

---

① 程颢、程颐：《二程集》，中华书局，2004，第92、15页。

形体，乾者，天之性情。乾，健也，健而无息之谓乾。"以健而不息、刚健自强来形容"天"，并将"乾"解释为"健"，是程颐的独有阐释。同时程颐由天之刚健之乾，而提出人应效法的"乾道"。何谓乾道？程颐认为，乾道是"刚、健、中、正、纯、粹"："以含、弘、光、大四者形容坤道，犹乾之刚、健、中、正、纯、粹也。"① 程颐在《伊川易传》中说："乾体刚健，艮体笃实。人之才刚健笃实，则所畜能大；充实而有辉光，畜之不已，则其德日新也。"② 天之运转不已、生生不息的刚健精神，是人应效法学习的楷模，人应"刚健笃实""其德日新"。

而如何才能做到刚健自强？二程从理学思想出发，提出要刚健自强，则须要克一己之私，言历代先哲所未言。程颐在《伊川易传》中说："天下之志万殊，理则一也。君子明理，故能通天下之志。圣人视亿兆之心犹一心者，通于理而已。文明则能烛理，故能明大同之义；刚健则能克己，故能尽大同之道；然后能中正合乎乾行也。"③ "夫同人者，以天下大同之道，则圣贤大公之心也。常人之同者，以其私意所合，乃昵比之情耳。……既不系所私，乃至公大同之道，无远不同也，其亨可知。能与天下大同，是天下皆同之也。天下皆同，何险阻之不可济？何艰危之不可亨？故利涉大川，利君子贞。……君子之贞，谓天下至公大同之道。"④ "至诚无私，可以蹈险难者，乾之行也。无私，天德也。"⑤ 在程颐看来，天之所以能行健，在于其无私；人只有克己，有至公无私、至诚无私之心，能尽"天下至公大同之道"，才能行健，私欲膨胀的人是不会刚健自强的。

面对生生不息、运转不停、刚健自强的浩瀚宇宙，古代的思想家体悟出刚健自强和生生不息的创造精神，这是中华民族的基本精神之一。二程在阐释这一基本精神时，从哲学思维出发，在阐释刚健自强和生生不息特质的同时，揭示出具有永恒价值的公心是刚健的所以然，也是人刚健自强的必然。

中国共产党自诞生之日起，就继承了中华优秀传统文化涵养的刚健自

---

① 程颢、程颐：《二程集》，中华书局，2004，第707页。
② 程颢、程颐：《二程集》，中华书局，2004，第828页。
③ 程颢、程颐：《二程集》，中华书局，2004，第764页。
④ 程颢、程颐：《二程集》，中华书局，2004，第763页。
⑤ 程颢、程颐：《二程集》，中华书局，2004，第764页。

强、自强不息的奋斗精神，并以无私无畏、忘我奉献的精神，为人民的利益拼搏进取，取得了革命、建设和改革事业的胜利，培养了刚健自强、无私无我的道德品质。

3. 克己与克己奉公

克己，即克除一己之私，树立忘我、无我的大公之心。克己是儒家道德修养的核心，是儒家文化中具有当代价值的思想。而克己是当代共产党人崇尚的克己奉公的文化渊源，是克己这一古老文化的现代传承与升华。"一日克己复礼，天下归仁焉。"孔子的克己与复礼、归仁，深刻地揭示出克除己私对于恢复社会道德秩序（礼）和确立仁爱之道德理想的重要作用与逻辑关系。

儒家认为人性本善，同时认为人有利己之私心。公与私是所有人必须面对的两种价值观，是儒家义利之辨的核心命题，也是一个人能否具有浩然之气的判断标准。

二程认为，具有公心的人，思想境界高远，具有博大的心胸。一个人如果做到至公无私，没有利欲之心，即使在官场也会进退自如，虽然处于危险的境地，也能安步舒泰，立于不败之地。因为他没有自己的私心，连他的政敌也奈何不了他，俗话说，心底无私天地宽。

在程颢看来，要养一个人的浩然之气，根本在于"至公无私"。二程对一己之私的内在超越精神，为文人士大夫树立了精神标杆，激励着无数志士仁人的家国情怀，使他们立下视不义而富且贵如浮云的高洁之志。

在市场经济条件下，既驾驭市场经济，使之为人民幸福生活而服务，而自身又不被市场经济的物欲所腐蚀，做到克己奉公，对共产党人来说是一种严峻的考验。在这方面，中华优秀传统文化中的克己思想，正确处理义与利、公与私关系的思想，可以为我们党的党性建设、道德建设提供丰富的思想资源。

习近平总书记指出："要认真汲取中华优秀传统文化的思想精华和道德精髓……使中华优秀传统文化成为涵养社会主义核心价值观的重要源泉。"[①]中华优秀传统文化中对于讲仁爱、重立德、守诚信、崇正义等方面有丰富的论述，二程理学中的道德思想、公心思想、诚敬思想，作为中华优秀传

---

① 《习近平谈治国理政》，外文出版社，2014，第164页。

统文化的重要组成部分，对"明大德，守公德，严私德"、进行社会主义道德建设具有重要的启迪。

第二节　文化渊源

二程是习近平总书记在哲学社会科学工作座谈会上的讲话中加以肯定的著名思想家、哲学家，二程理学中的有益成分是中华优秀传统文化的重要组成部分，正如习近平总书记所指出的，"中国优秀传统文化的丰富哲学思想、人文精神、教化思想、道德理念等，可以为人们认识和改造世界提供有益启迪，可以为治国理政提供有益启示，也可以为道德建设提供有益启发"①。习近平新时代中国特色社会主义思想深植于中华优秀传统文化的沃土之中，深刻汲取了中华优秀传统文化的丰富哲学思想、人文精神，是马克思主义基本原理同中国具体实际、同中华优秀传统文化相结合的典范。

一　二程思想中重要话语的价值

从二程思想中部分重要话语的价值来看，其具体体现在"创新思想""民本思想""公心思想""廉政思想""无我精神境界"五个方面。

一是创新思想文化渊源。2013 年 8 月 19 日，习近平总书记在全国宣传思想工作会议上的讲话中说："不日新者必日退。……做好宣传思想工作，比以往任何时候都更加需要创新。""不日新者必日退"出自程颐："君子之学必日新，日新者日进也。不日新者必日退，未有不进而不退者。"②

"日新"出自《礼记·大学》"苟日新，日日新，又日新"，程颐赋予"日新"天天学习新的知识，进行创新、创造的含义，并引申出只有日日进行创新，才能日日有所进步，如果不进行创新，就会退步，没有不进步也不会退步的人。学习、创新就如逆水行舟一样，不进则退。习近平总书记引用程颐的话，说明宣传思想工作要重视创新，不能固步自封，否则就会跟不上时代发展的步伐。同时这也启示我们，所有工作都要树立创新思维，在党的二十大报告中习近平总书记明确提出"实践没有止境，理论创新也

---

① 《习近平著作选读》第一卷，人民出版社，2023，第 278 页。
② 程颢、程颐：《二程集》，中华书局，2004，第 325 页。

没有止境。不断谱写马克思主义中国化时代化新篇章，是当代中国共产党人的庄严历史责任。继续推进实践基础上的理论创新"。① 二程古老的"日新"思想在新时代得到了丰富和升华。

二是民本思想文化渊源。2021 年 10 月 13 日，习近平总书记在中央人大工作会议上的讲话中说："'为政之要，以顺民心为本。'人民代表大会制度之所以具有强大生命力和显著优越性，关键在于深深植根于人民之中。一切国家机关和国家工作人员必须牢固树立人民公仆意识，把人民放在心中最高位置，保持同人民的密切联系，倾听人民意见和建议，接受人民监督，努力为人民服务。"②

"为政之要，以顺民心为本"化用程颐《代吕公著应诏上神宗皇帝书》中的"为政之道，以顺民心为本，以厚民生为本，以安而不扰为本"。意即治国安邦要以顺应民心为根本，以使百姓生活殷实为根本，以安民而不扰民为根本。中华优秀传统文化中的民本思想源远流长，从《尚书·五子之歌》"民惟邦本，本固邦宁"，到孔子的"仁爱"和孟子的"仁政"思想，无不闪耀着以民为本的思想光辉。二程在古代民本思想的基础上，完整提出的"顺民心、厚民生、安而不扰"的为政之道，则是古代民本思想的升华，将民本思想升华到为政者应遵循的基本原则，体现了二程政治哲学的成熟与完善。在"顺民心，厚民生、安而不扰"三者之中，顺民心是前提，后二者是具体方法。习近平总书记正是抓住了"以顺民心为本"作为"为政之要"，提出了"以人民为中心"的思想，以民心、民意、民众的切身利益作为施政之本，将二程的为政之道上升到"为政之要"，赋予古老的为政理念新的时代价值。

三是公心思想文化渊源。2014 年 1 月 14 日，习近平总书记在第十八届中央纪律检查委员会第三次全体会议上的讲话中说："古人说：'一心可以丧邦，一心可以兴邦，只在公私之间尔。'作为党的干部，就是要讲大公无私、公私分明、先公后私，公而忘私，只有一心为公、事事出于公心，才能坦荡做人、谨慎用权，才能光明正大、堂堂正正。"③

---

① 《习近平著作选读》第一卷，人民出版社，2023，第 15~16 页。
② 《习近平著作选读》第二卷，人民出版社，2023，第 526 页。
③ 《习近平关于党风廉政建设和反腐败斗争论述摘编》，中国方正出版社，2015，第 79 页。

　　"公"是中华传统文化中一个古老的概念，早在《尚书》中，就有"公"的概念。周成王的训辞中说："凡我有官君子，钦乃攸司，慎乃出令，令出惟行，弗惟反。以公灭私，民其允怀。"（《尚书·周官》）应该说，周成王的训辞，是对周朝执政官员的告诫，要"以公灭私"，去除私心，才能使人民内心拥戴。二程从天理无私无欲的本质特征生发出"理者天下之公"，将理的"公"内涵凸显出来。二程对公与私的思考没有就此止步，而是深入关系国家生死存亡的高度，给予了黄钟大吕的警告："一心可以丧邦，一心可以兴邦，只在公私之间尔。"执政者有私心，就不会以天下为己任，就会危害公众利益，最终导致国家灭亡；而执政者一心为公，不谋私利，就会使国家兴盛。历代先贤对公与私关系的论述，鲜有像程颢这样明确论说公与私关乎国家兴亡的。习近平总书记对程颢此语的引用，意在告诫党的干部，要从国家兴亡的高度立公心，克私心，为民谋利，不以权谋私。

　　四是廉政思想文化渊源。2018 年 3 月 10 日，习近平总书记在参加十三届全国人大一次会议重庆代表团审议时的讲话中说"所有党员、干部都要戒贪止欲、克己奉公"①。

　　"戒贪止欲、克己奉公"突出了修身之道的止欲与克己，与二程的"节嗜欲""大公无私"思想一脉相承。

　　"戒贪止欲"是中国传统文化理欲之辨、义利之辨的核心命题。从尧舜口口相传的"人心惟危，道心惟微"，到二程"灭私欲则天理明"无不揭示只有戒贪止欲才能修身养德，成就人的高尚品质。二程更明确指出要"节嗜欲，定心气"。"人于天理昏者，是只为嗜欲乱著佗。""甚矣欲之害人也。人之为不善，欲诱之也。诱之而弗知，则至于天理灭而不知反。""好胜者灭理，肆欲者乱常。"而"克己奉公"则是二程政治哲学的核心思想。程颐说"将欲治人，必先治己""圣人以大公无私治天下""政在修己，身正则官治"。二程的这些对为政者修身、治己的要求，与习近平总书记关于党风廉政建设的重要论述具有深厚的文化渊源。学习二程的廉政思想，有利于加深对习近平总书记关于党风廉政建设的重要论述的理解，有利于从思想上固本铸魂。

① 《习近平李克强栗战书赵乐际分别参加全国人大会议一些代表团审议》，《人民日报》2018年 3 月 11 日，第 1 版。

181

五是"无我精神境界"文化渊源。2019 年 3 月 22 日，习近平主席在意大利进行国事访问时说"我将无我，不负人民"①。"我将无我"同程颢的"至公无私，大同无我"具有很深的文化渊源。

"无我"精神是中华民族的精神标识，是中华优秀传统文化推崇的一种崇高精神境界。"无我"是对"小我"的超越，体现的是心怀天下，以国家兴亡、人民安危为己任，与人民同生死、共安乐的情怀和志向。从孔子"老安少怀"的理想，孟子"乐以天下，忧以天下"的情怀，到范仲淹的"先天下之忧而忧，后天下之乐而乐"、张载的"民吾同胞，物吾与也"，再到程颢的"至公无私，大同无我""仁者，浑然与物同体"的思想，体现的都是一种无私无我、以天下为己任的精神境界。这种精神境界与中国共产党人"以人民为中心"的宗旨意识、为了人民利益无私奉献的精神是一致的，是习近平新时代中国特色社会主义思想的内在文化渊源。

习近平总书记十分重视研究弘扬中华优秀传统文化。他在 2013 年 11 月考察山东曲阜时提出"中华民族伟大复兴需要以中华文化发展繁荣为条件"②，2019 年 9 月在河南考察时提出要保护传承弘扬黄河文化③，2021 年 3 月到福建朱熹园考察，提出要"把坚持马克思主义同弘扬中华优秀传统文化有机结合起来"④。党的二十大报告指出要"把马克思主义思想精髓同中华优秀传统文化精华贯通起来"。2022 年 10 月 28 日习近平总书记在安阳考察时提出"中华优秀传统文化是我们党创新理论的'根'"⑤。二程理学是中华优秀传统文化的重要组成部分，二程理学蕴含的哲学思想、人文精神、教化思想、道德理念是中华优秀传统文化的思想精华。我们要从弘扬中华优秀传统文化，实现马克思主义同中华优秀传统文化相结合、构建人类文明新形态、打造中华优秀传统文化传承创新高地的高度，做好二程理学文

---

① 《习近平主席访问欧洲微镜头："欢迎你到中国去"》，《人民日报》2019 年 3 月 24 日，第 1 版。
② 《习近平：汇聚起全面深化改革的强大正能量》，《人民日报》2013 年 11 月 29 日，第 1 版。
③ 《习近平：共同抓好大保护协同推进大治理　让黄河成为造福人民的幸福河》，《人民日报》2019 年 9 月 20 日，第 1 版。
④ 《习近平在福建考察时强调　在服务和融入新发展格局上展现更大作为　奋力谱写全面建设社会主义现代化国家福建篇章》，《人民日报》2021 年 3 月 26 日，第 1 版。
⑤ 《习近平在陕西延安和河南安阳考察时强调　全面推进乡村振兴　为实现农业农村现代化而不懈奋斗》，《人民日报》2022 年 10 月 29 日，第 1 版。

化的传承和弘扬工作。

二　"以至诚为道，以至仁为德"与"仁者，以天地万物为一体"折射的二程理学意蕴

2016年11月21日，习近平总书记在秘鲁国会的演讲中说："中国人历来'以至诚为道，以至仁为德'。'仁者，以天地万物为一体。'"①"以至诚为道，以至仁为德"，出自苏轼《上初即位论治道二首》，源于儒家经典《中庸》。以至诚为道，讲的是诚是天地运行的常道，也是人生修养的最高境界；以至仁为德，是说仁是人生道德的核心。"仁者，以天地万物为一体"，则将仁的概念由爱人提升到爱天地万物的境界。而习近平总书记在这里引用程颢的"仁者，以天地万物为一体"，则将天道之诚与人道之仁相贯通，并提升到由爱人到爱天地万物，与大自然和谐共生，建立人类与自然共同体的高度。仔细分析上述三者所蕴含的二程理学思想，我们发现其具有浓厚的理学文化意蕴，是对二程理学在当代的创造性继承与创新性发展的实际运用。

至诚为道。何为道？道的本意是道路，后引申为规律、法则和道德标准，涵盖了天道、人道和社会、人生之规律与道德法则。那么，道有何本质特征？在先秦儒家看来，"诚"是道的本质特征。人应从天道之诚确立人的人道之诚。

我们身处的自然界的天有何属性？是什么支持和支撑了天的生生不息、循环往复？在科技不发达的古代，哲学家提出了天道之诚的概念，将"天"生生不息、日复一日、年复一年按规律流转的自然属性称为"诚"。《尚书大传·虞夏传》有"四时从经，万姓允诚"，意思是大自然春夏秋冬四时运行恒久不变，人们也要学习这种守时不易的"诚"的品德。"诚者，天之道也，思诚者，人之道也"，《孟子·离娄》就更明白地告诫人们，"诚"是大自然的根本属性，人应该效法大自然，将"诚"作为人的本性，将"诚"作为人之道，将大自然守时、守信、不欺、不妄的"诚"的本性，引申为人的道德品格。在对"诚"的认识提升上，二程发前人所未发，言前人所未言，将"诚"作为修身、治家、为学、理政之本，对诚进行

---

① 《习近平在秘鲁国会的演讲》，《人民日报》2016年11月23日，第2版。

了升华与创新。

　　程颢说："诚者天之道，敬者人事之本。敬则诚。"①

　　程颐说："'思无邪'，诚也。"②"真近诚，诚者无妄之谓。"③

　　"诚者天之道，敬者人事之本。敬则诚。"程颢这句话也是承接了《中庸》的思想，认为"诚"是大自然的属性，并将"敬"作为入诚之方，做到了"敬"，就达到了"诚"。而在程颐看来，做到思想纯正（思无邪）、真实无欺诈（无妄）就是"诚"。二程将大自然"诚"的特性，引申为人的本性，认为人应效法大自然，将真实无欺、纯正真挚作为人的本性。他们由此确立了人的立身之本：诚实无欺。程颐曾说："不信不立，不诚不行。"④ 就是说，为人不讲信用就不能立于世，为人不诚就不能在世上行走。

　　程颐更进一步将"诚"作为学者乃至人道德修养、为人处世之根本准则，指出："学者不可以不诚，不诚无以为善，不诚无以为君子。修学不以诚，则学杂；为事不以诚，则事败；自谋不以诚，则是欺其心而自弃其忠；与人不以诚，则是丧其德而增人之怨。"⑤ 在这里，程颐将"诚"赋予了立德成人、成就事业的内在品质。不诚不能行善，不诚不能成为君子。为学没有诚心，则学杂，不能专注，浅尝辄止，终将一事无成；从事一项工作，如果心不诚，事业就会失败；自己要谋划人生之路，如果没有诚心，将是自己欺骗自己而自己放弃了忠心；与人不以诚心相待，则是丧失了自己的道德而增加了别人的怨恨。对于"诚"的意义，程颐更进一步总结说："诚无不动者：修身则身正，治事则事理，临人则人化。"⑥ 在程颐看来，一个人有了诚心，就可以感动一切，改变一切，无往而不胜。用"诚"来修身，身就能修正；用"诚"来治理事情，事情就能理顺、处理好；用"诚"来管理人，人就会受到教育、感化。程颢则将"诚"视为学道之根本。他说："夫道恢然而广大，渊然而深奥，于何所用其力乎？惟立诚然后有可居之地。"⑦ 人们面对奥秘无穷的大自然，要探究神秘莫测的自然奥秘，应该从

---

① 程颢、程颐：《二程集》，中华书局，2004，第 127 页。
② 程颢、程颐：《二程集》，中华书局，2004，第 106 页。
③ 程颢、程颐：《二程集》，中华书局，2004，第 274 页。
④ 程颢、程颐：《二程集》，中华书局，2004，第 318 页。
⑤ 程颢、程颐：《二程集》，中华书局，2004，第 326 页。
⑥ 程颢、程颐：《二程集》，中华书局，2004，第 1170 页。
⑦ 程颢、程颐：《二程集》，中华书局，2004，第 1174 页。

何处入手？只有有诚心、有诚意，才有可居之地。在这里，程颢向我们揭示的不仅是学者的学习之道，而且是涵盖了人们研究自然规律、从事科学研究等一切事业的根本所在：只有以诚心诚意来对待你所从事的工作，你才能取得成功。

"至诚为道"，就是将"诚"作为人的安身立命之道，为人处世的准则。从天道之诚，到人道之诚，乃至治国安邦之诚，二程对"诚"的阐发与释义，可谓完备而深刻。"诚"是二程理学中跨越时空、观照现实、最具当代价值的理念。由"诚"所衍生的真诚、诚实、诚信，已成为中国人内心深处的价值标准。二程的"诚"的思想，是社会主义核心价值观诚信理念的文化渊源。

至仁为德。"至仁为德"，是说"仁"是一个人道德的最根本特质。这里我们首先要了解"仁"和"德"的含义。从一般意义上理解"仁"，仁是爱，是仁慈、慈爱、慈善。按照孔子的解释，"仁者爱人"，仁是爱。而程颢以生释仁，认为生生不息是"仁"的根本；程颐则以公释仁，"仁者公也"，认为爱是"仁"之表现，而之所以有爱，在于有公心，一个自私自利的人，是不会有爱的。"德"是指一个人的品德、品行。良好的道德，包括善良、正直、仁爱。按照二程的解释，一个人的品德、品行如何，取决于一个人有没有善心和公心，善心即好生之德，好生之德即给人以生命的希望、助人以生存、助人以成功之品德；而公心则能舍己助人、舍己爱人、博施济众，有了公心，则有公德。

二程对"至仁为德"的理解，主要包括以下内容。

一是要以仁为道。仁爱之心，是中华民族最重要的道德品质。程颐说"知仁勇三者天下之达德，学之要也"，是说能明辨是非、有仁心而又勇于实行，是天下最重要的品德，是为学者要学习的关键内容，仁爱之心是最重要的品德之一。同时，程颐还把"仁"升华到"道"，即做人的准则的高度，提出"仁"是百善之首。他说："仁即道也，百善之首也。苟能学道，则仁在其中矣。"①

这里的"道"，既是天地万物的自然规律，也是人类社会的道德规范。"仁"所体现的以天地万物为一体，对自然、对他人的爱心，作为一种为人

---

① 程颢、程颐：《二程集》，中华书局，2004，第283页。

处世的道德意识，与"道"在本质上有一致性，因而说"仁即道也"。《易传》曰"立人之道曰仁与义"，就是说为人之道要以"仁"与"义"为根本，我们今天说的为人之道，关键在于为人处世要讲"仁"，"仁"是百善之首，有了仁爱之心，就会产生众多的善行。当然，按照程颐的理解，要行仁爱，必须有公心，有了公心，才能有仁爱之心。因而程颐将"仁"上升为"道"，实际上为"公道"开辟了认识的路径，是"公道"一词的渊源和滥觞。

二是要有无私无我的公德。程颢说："夫天地之常，以其心普万物而无心，圣人之常，以其情顺万事而无情。故君子之学，莫若廓然而大公。""廓然大公"，就是无私无我之公德。程颢说："德至于无我者，虽善言美行，无非所过之化也。"① 一个人有德而达到无我的境界，其表现出的善言美行，足可以化风成俗。程颢还说："至公无私，大同无我，虽眇然一身，在天地之间，而与天地无以异也。"② 一个人达到了至公无私的境界，就德配天地，与天地万古长存。无私的人，内心必正直，充溢着浩然之气。程颐说："内直则其气浩然，养之至则为大人。"③

三是要有中庸之德。中庸是修德的最高境界。程颐说："中庸，天下之正理。德合中庸，可谓至矣。"④ 中庸，是天下的正理，为人处世的准则，一个人达到了中庸的境界，就有了至高的道德。何谓中庸？中庸就是处事不偏不倚、按事物的本质去处理。程颐说："圣人之学，以中为大本。虽尧舜相授以天下，亦云'允执其中'。中者，无过不及之谓也。"⑤ 也就是说，圣人处事的根本原则是不偏不倚的中道。尧舜传下来的治国法宝，就是真诚地保持中道。中道，也就是处理事情时不走极端、恰到好处。程颢也说："中庸，天理也。天理固高明，不极乎高明，不足以道乎中庸。中庸乃高明之极。"⑥ 为什么说中庸是天理？因为天理是客观存在的，不以人的主观愿望为转移的普遍的处事原则。不达到天理之高明的境界，就不能说达到了

① 程颢、程颐：《二程集》，中华书局，2004，第411页。
② 程颢、程颐：《二程集》，中华书局，2004，第1172页。
③ 程颢、程颐：《二程集》，中华书局，2004，第418页。
④ 程颢、程颐：《二程集》，中华书局，2004，第1143页。
⑤ 程颢、程颐：《二程集》，中华书局，2004，第608页。
⑥ 程颢、程颐：《二程集》，中华书局，2004，第367页。

中庸的高度。而达到了中庸的高度，就进入圣人的思想境界了。历史上高明的政治家，能娴熟地处理纷繁的事务，就达到了中庸的思想境界，也就具有了圣人之德。

仁爱、公道之心，无私无我之公德，中庸之思想境界，是圣人所必备的三要素，也是当今作为党员领导干部必备的思想道德品质。有了仁爱之心，就会对人民群众有同情心，时刻坚持以人民为中心的发展思想，就会想方设法为人民排忧解难；有了无私的公德，就会保持初心不变，处理问题就会做到公正、公平、公道，赢得人民的拥护；有了中庸之思想境界，就会站位高，处理问题不偏不倚、恰到好处。具备这三个品质，就具有了圣人的思想境界，就是人们爱戴的当代圣贤。

仁者，以天地万物为一体。从至诚为道，到至仁为德，实际上讲的是人的道德的确立，亦即如何成人的问题：以至诚、至仁之心来建立自己的道德生命。而基于天人合一的儒家理念，人与天地万物是一体的，这就提出了人与自然的关系问题，或者说，人只有认识和处理好人与自然万物的关系，才能成为一个健全的人，才是真正的成人。相反，人如果不能处理好与天地万物的关系，无论人的道德如何完善，也会因天地万物的不和谐而陷入被动和困境。

"仁者，以天地万物为一体"，语出程颢。程颢说："医书言手足痿痹为不仁，此言最善名状。仁者，以天地万物为一体，莫非己也。认得为己，何所不至？若不有诸己，自不与己相干。如手足不仁，气已不贯，皆不属己。故'博施济众'，乃圣之功用。仁至难言，故止曰'己欲立而立人，己欲达而达人，能近取譬，可谓仁之方也已'。欲令如是观仁，可以得仁之体。"[1] 在《元丰己未吕与叔东见二先生语》中，程颢说："学者须先识仁。仁者，浑然与物同体。义、礼、知、信皆仁也。识得此理，以诚敬存之而已，不须防检，不须穷索。"[2]

在这两段话中，程颢提出了"仁者，以天地万物为一体，莫非己也"和"仁者，浑然与物同体"等在理学史上有重要意义的命题，开辟了自孔孟以来对仁之思想认识的新境界：由单纯的"仁者爱人"，到仁者爱天地万

---

[1]　程颢、程颐：《二程集》，中华书局，2004，第15页。
[2]　程颢、程颐：《二程集》，中华书局，2004，第16~17页。

物的大仁、大爱；由单纯的爱一家到"博施济众"爱天下；由单纯的爱人类到爱自然万物。这具有重要的认识价值。

"仁者，以天地万物为一体"由单纯的仁爱提升到爱天下苍生的大仁大爱，蕴含着民本思想的因素。孔子的爱人思想是"爱自亲始"，"弟子入则孝，出则弟，谨而信，泛爱众，而亲仁"（《论语·学而》），即由爱家人而及大众。如果说孔子的爱是一种对人的道德理想的普遍要求的话，二程则从天人合一、人以天地万物为一体的角度，给出了人何以要爱他人的答案：由于人是天地万物中的一员，天地万物当然包括人在内，都与我"同体"，同生死、共命运，因而"'博施济众'，仁者无穷意"，这样就由爱亲扩展到爱天下苍生，做到了这一点，仁者就会感到无穷的快乐。程颢是这样说的，也是这样做的。他在担任地方主簿、县令的十几年间，视民如伤，济世活人，深得百姓爱戴。从这一点来说，程颢的"仁者，以天地万物为一体"思想，蕴含民本思想的元素，是民本思想的哲学来源。

"仁者，以天地万物为一体"思想，彰显了认识自然、与自然和谐共生的生态智慧。二程认为人也是大自然的一员，与大自然息息相通，命运与共。

第三节　探索建立新的道德价值观

要在马克思主义基本理论与儒家思想融通的基础上，根据社会主义市场经济的性质和特点，建立以社会主义核心价值观为引领的新的道德价值观，作为中华民族现代文明的道德指引。要着力在以下四个方面进行探索：天下为公的大同理想；仁爱大公的精神境界；他人优先的责任意识；利不妨义的价值理念。

一　天下为公的大同理想

儒家经典《礼记》中早就完整地表达了儒家的政治理想："大道之行也，天下为公，选贤与能，讲信修睦。故人不独亲其亲，不独子其子，使老有所终，壮有所用，幼有所长，矜、寡、孤、独、废疾者皆有所养，男有分，女有归。货恶其弃于地也，不必藏于己；力恶其不出于身也，不必为己。是故谋闭而不兴，盗窃乱贼而不作，故外户而不闭，是谓大同。"可以说，儒学之道所追求的天下为公，与社会主义的公有制性质是一致的。天下为公是儒学之道的政治理想，即建立一个人人各得其所、安居乐业、公平、均富的大同社会。社会主义之道，即以公有制为主体，以共同富裕为最高目标追求。

天下为公的大同理想，是中华民族共同的理想追求。这个共同理想，涵盖了先秦儒家的经典《礼记》"大道之行也，天下为公"和当代共产党人实现中华民族伟大复兴的中国梦与建立人人享有公平、幸福、安全、和谐的理想社会的目标。

要实现这一大同理想，就要构建实现这一理想目标的思想基础。我们认为，这一理想目标的思想基础是中华文化典籍与马克思主义经典文献、社会主义纲领文献的统一。前者为后者提供精神滋养，后者引领前者创造性继承和创新性发展的方向，二者的完美结合将建构出具有中国精神、中国风貌的新时代儒道，为中华民族伟大复兴构建共同的思想体系。要构建这个思想体系，就要建立融合包括儒家经典在内的中华文化典籍与马克思主义经典文献、中国特色社会主义理论体系相关文献特别是习近平新时代中国特色社会主义思想相关文献于一体的经典文本体系，采取多种形式，进学生、干部课堂，进公民道德讲堂，从思想上为全体人民打好理论基础。

二　仁爱大公的精神境界

仁爱是孔孟儒学为中国古代人确立的核心价值和精神境界，大公思想是二程天理至公新儒学的核心理念，是二程为中国人提供的为超越一己之私而建立的精神信仰。在市场经济条件下，大力弘扬仁爱大公思想，将有利于解决价值观错位、人化物带来的金钱至上、道德沦丧、精神信仰迷失问题。

市场经济极大地调动了人们为实现自身利益而追求利益最大化的冲动和热情，在促进社会发展进步的同时，也带来了一些不良道德行为如只顾个人利益而不顾他人利益，甚至损人利己、损公肥私等。儒学仁爱精神的核心是"己欲立而立人，己欲达而达人""己所不欲，勿施于人"。要将仁爱精神升华为市场经济条件下的人的道德金科玉律，个人在追求自身利益的同时，要有仁爱之心，不损害他人利益，这是基本的道德要求；个人自身事业成功的同时，要帮助他人也成功，这是高层次的公民道德要求。

要在企业家中培养体现社会责任感的儒商精神。儒家的仁爱精神在历史上曾培养出担当大义、扶弱济贫、仗义疏财、富而不骄的儒商。今天，在市场经济条件下，在公有制为主体、多种所有制经济共同发展的基本经济制度基础上，儒家的仁爱精神更应该发扬光大。企业家不仅要追求合理利益最大化，更要有仁爱天下、回报社会的责任意识，勇于承担社会责任。同时，要秉持儒家富贵不能淫、富而不骄的处世之道，做良好社会风尚的引领者，做到富而好礼、富而好义，摒弃为富不仁、富而炫耀的价值理念。

要在公务人员中弘扬大公精神、浩然之气。儒家思想对士的要求，一是志于道，即立志于传承圣人之道；二是"士不可不弘毅，任重而道远"，即要有弘毅坚韧之精神，担当重任；三是有浩然之气充盈的大公精神，即要有见得思义，视不义而富且贵如浮云之气节。在市场经济条件下，公务人员既要参与其中，又要有驾驭市场经济的能力，尤其要有拒腐蚀、保节操的能力。而儒家精神中的士大夫精神、廉洁节操、廓然大公的精神境界，是公务人员道德思想的精神滋养，这种精神滋养与共产党人的党性教育有机结合，将培养出具有至公无私、大同无我思想的新时代精神。

三　他人优先的责任意识

儒家思想中他人优先的责任意识，源于儒家思想的自我超越精神，这种超越一己之私的精神，来源于先秦儒学的孔孟思想，而到了北宋二程才真正建立起内在超越的精神境界。二程超越一己之私的天理至公、廓然大公思想，就是这种他人优先的责任意识的典型表达。在二程看来，"至公无私，大同无我，虽眇然一身，在天地之间，而与天地无以异也"。"天心所以至仁者，惟公尔。人能至公，便是仁。"仁者公也，只有做到了公，才能行仁、施仁。二程以公释仁，是对孔孟仁者爱人思想的升华与超越，在思想史上具有十分重要的意义和价值，尤其是在市场经济条件下，这种他人优先的责任意识是重塑人的价值观、集体主义精神、爱国主义精神的基础和前提。

价值观是一个人的思想价值取向，为公还是为私，是决定一个人价值取向的内在标准。人都有趋利之心、为我之心。如果没有一个价值标准，人人争利、夺利，这将是一个弱肉强食的世界。在市场经济条件下，一些人为了私利见利忘义、贪污受贿、行贿无所不用其极，这就是价值观扭曲的表现。而以二程为代表的新儒学的公心思想，可以为普通民众的社会公德建设提供思想资源。公与私的关系问题不仅涉及公共管理人员，也渗透在普通民众的私人领域。普通民众谋取个人利益、为个人利益而奋斗是正确的，应当鼓励的。但在谋取个人利益时不能侵害他人利益、公共利益、国家利益，这就涉及公心和公德问题。普通民众要做到公私分明，既敢于争取个人合法利益，又要有在他人、集体、国家利益受到侵害时，公而忘私、克己奉公甚至舍己为公的公心。这也是现代公民道德建设的应有之义。

　　儒家有丰富的以天下为己任的思想资源。从《礼记》的"大道之行也，天下为公"到孔子的"博施济众，尧舜犹病"，孟子的"舍生取义"，再到春秋战国时期形成的忠、信、仁、义、孝、惠、让、敬，体现的都是个人与他人的德行，"这些社会性德行的价值取向，都是要人承担对于他人、对于社会的责任，如孝是突出对父母的责任，忠是突出尽己为人的责任，信是突出对朋友的责任等。……责任之心是儒家文化养成的人的普遍心理意识"①。在市场经济条件下，弘扬儒家的这种为他人着想的责任意识，可以消除金钱至上带来的人与人关系的冷漠，激发人内心深处对他人的善良的同情心，形成既鼓励个人创造财富又倡导帮助他人共同发展、共同致富的价值取向。

四　利不妨义的价值理念

　　义和利是人类生存和发展必须面对的首要问题，义利之辨在中国儒学体系中处于核心位置，以义制利、先义后利、利不妨义、舍生取义是儒学倡导的理想价值追求，代表了儒学乃至古代社会高扬的道义精神。儒学的义利观在市场经济条件下，更具有创造性继承与转化、发展、升华的时代价值。

　　义利之辨是先秦思想家共同关注的问题。以孔孟为代表的儒家的义利观，是先秦时期的主流价值观，进而积淀为中华民族精神的核心价值。

　　重义轻利、见利思义、先义后利是孔子义利观的核心内容，奠定了儒家义利观的基本格局。"子罕言利"（《论语·子罕》）是说孔子很少谈到利；"放于利而行，多怨"（《论语·里仁》），表明了孔子重义轻利的价值

---

　　① 陈来：《中华文明的核心价值》，生活·读书·新知三联书店，2015，第72页。

取向；"富与贵，是人之所欲也；不以其道得之，不处也。贫与贱，是人之
所恶也；不以其道得之，不去也"（《论语·里仁》），体现了孔子"见利
思义"的价值取向，人不能不考虑利益，但在遇到利益的时候，要思考它
是否符合"义"；"不义而富且贵，于我如浮云"（《论语·述而》）。他在
君子有九思中说"见得思义"。"善哉问！先事后得，非崇德与？"（《论
语·颜渊》）樊迟问如何提高人的道德品质，孔子说，这个问题问得好，
先做后得、先义后利，不就是道德崇高的人吗？这里体现了孔子先义后利
的思想。当然，在遇到义和利不可调和的时候，当国家利益与个人利益面
临选择的时候，孔子倡导的则是"杀身成仁"，以牺牲个人利益甚至生命，
来成就民族大义！

　　孟子的义利观与孔子相比，有鲜明的舍生取义特征。尽管孟子并不否
定利，但他以义为先、以是否符合义为取利标准的指向十分明显。他说：
"非其义也，非其道也，禄之以天下，弗顾也；系马千驷，弗视也。非其义
也，非其道也，一介不以与人，一介不以取诸人。"（《孟子·万章上》）孟
子豪气干云、激励了无数志士仁人的话是"鱼，我所欲也，熊掌，亦我所
欲也，二者不可得兼，舍鱼而取熊掌者也。生，亦我所欲也；义，亦我所
欲也。二者不可得兼，舍生而取义者也"（《孟子·告子上》）。他的"富
贵不能淫，贫贱不能移，威武不能屈"（《孟子·滕文公下》），更是震烁千
古！当然，孟子也并非否定人的物质利益，而是认为在符合道义的前提下，
应该去追求个人利益。孟子说："非其道，则一箪食不可受于人；如其道，
则舜受尧之天下，不以为泰。"（《孟子·滕文公下》）意思是，如果得来的
财富不合道义，即使是一小筐饭也不能接受，如果符合道义，像舜接受尧
的帝位，也不为过。

　　二程的义利观是对先秦儒家义利观的继承与发展。二程在孔孟先义后
利的基本精髓的基础上，将义利观纳入道德修养的范畴，深刻地指出了义
与利的实质是公与私的关系，并提出了利不妨义的基本道义理想，作为普
通民众的基本道德准则。程颐说："圣人以义为利，义安处便为利。"[1] 在他
看来，义就是利，一个人做出了对他人、对社会有益的事情，有正义之举，
就会产生利益，而自己也会心安，这就是给自己带来的利益。这句话实际

---

[1]　程颢、程颐：《二程集》，中华书局，2004，第173页。

上是说义中蕴含着利，义与利是相辅相成的，并不是截然分开的。程颢也说过同样意思的话："大凡出义则入利，出利则入义。天下之事，惟义利而已。"①《易经》说"利者义之和"，就是说，利是在义的前提下出现的，是义的结果，而不是义的前提，用义去获取利是可以的，义与利是统一的。以义为利，以义致利，是人们为人处世的根本原则。在义与利的关系问题上，程颐有句话，讲清了二者的根本区别："富，人之所欲也，苟于义可求，虽屈己可也；如义不可求，宁贫贱以守其志也。非乐于贫贱，义不可去也。"②

儒学尤其是以二程为代表的新儒学的利不妨义的思想，对在市场经济条件下处理义利关系具有启迪价值。社会公民个人在追求私人利益的时候，不能损害国家利益，而当国家利益与个人利益发生冲突的时候，要勇于舍己为国，做到个人利益服从国家利益。对从事公众服务的公务员来说，不以职谋私、不以权谋私，做到克己奉公、一心为公、公私分明是基本的道德操守，是公务员的天理良心，其最高境界就是公而忘私、大公无私。

第四节　二程理学核心理念的当代价值

党的二十大报告提出了"不断丰富和发展人类文明新形态""提炼展示中华文明的精神标识和文化精髓"的重大课题。习近平总书记在文化传承发展座谈会上的讲话中提出建设中华民族现代文明的时代课题。③人类文明新形态和中华民族现代文明是根植于中华优秀传统文化，融合马克思主义思想精华、社会主义先进文化、革命文化精髓而创造的文化新形态。这个文化新形态，是以马克思理论为指导，以中华优秀传统文化为根基，以社会主义先进文化、革命文化为精神滋养而熔铸出的新的价值形态。

人类文明是一个不断演进的过程。在人类文明的初期，人的自我中心化是一种普遍的文化心理现象，但文明成熟的标志却在于对这种自我中心化的扬弃。中华民族文明经历了历史演进，宋代以降，正如陈来所说，"宋

①　程颢、程颐：《二程集》，中华书局，2004，第124页。
②　程颢、程颐：《二程集》，中华书局，2004，第1144~1145页。
③　《在文化传承发展座谈会上的讲话》，《人民日报》2023年9月1日，第1版。

明理学恰恰是摆脱了中世纪精神的亚近代的文化表现，是配合、适应了中国社会变迁的近世化所产生的文化转向的一个部分"①。二程理学蕴含着丰富的哲学思想、人文精神、教化思想、道德理念，尤其是二程理学蕴含的以道德至上超越物欲、一己之私的文明精神，可以为中华民族现代文明建设提供重要的思想资源。对于二程理学的"明理、公心、义利、节欲、诚敬"等核心理念，可以进一步作时代性阐释与升华。明理，既要明自然之理，又要明人生之理、社会之理，明各行各业之理，做一个明理之人，也是当代公民道德的基本要求，是现代文明的鲜明主题；公心，是二程对孔孟儒学"仁"的创造性的转化，突出其"公"的含义，将"仁"由爱人扩展到以天地万物为一体的境界，突出"仁"的廓然大公，对他人、对人类世界、对自然万物的德性意义，对建立和谐人际关系、和谐社会、和谐世界具有重要思想价值，是对西方个人中心主义、个人主义价值观的超越，是中华文明对世界文明的贡献；义利，即明义利之辨，做到先义后利、以义统利，树立利不妨义的义利观，是现代文明的价值认知；节欲，即节制嗜欲，回归人的道德理性，以理制欲，是对物欲横流、道德沦丧、价值观错位等问题的治本之策，是养心、养德，建立精神家园、实现物质文明与精神文明协调发展的内在要求；诚敬，是修身、立业、处事之基，是人安身立命之本，是建立诚信社会的根本保证，也是现代文明的道义基石。贯穿这一核心理念的是"公心"，有了公心，就明白了为人处世之理，就会有仁爱之心，就会节制嗜欲，见利思义，就能做到诚敬。公心与马克思主义的共产主义社会理想、与社会主义的共同富裕理想、与社会主义核心价值观具有内在联系性、根本一致性，是人类走出自我封闭洞穴，建立人类命运共同体、构建和谐世界的根本所在。

一　明理

"理""天理"是二程理学的核心概念。二程将天理诠释为道德概念，为具有宗教意义的"天理"赋予了道德的含义，同时保留了其作为"天"的宗教意味，这样，"理""天理"就具有道德意义的不可违背、心存敬畏的永恒价值意义，成为高悬于人头顶的精神神祇，成为人的核心价值观。

---

① 陈来：《儒学思想与中国哲学》，山东教育出版社，2023，第 249 页。

民间的"人在干，天在看""三尺头上有神明"，人不能做伤天害理之事，否则"天理不容"，就是对天理的通俗表达。天理，已经成为人们日用而不觉的道德准则。二程以道德价值为核心的天理观，在中国古代成为普通民众的道德理想和为人处世的基本原则，成为百姓日用而不觉的行为规范。当下，弘扬二程理学思想，重建人的道德理想，让天理成为人们心中敬畏的道德铁律，并赋予天理新的时代内涵，具有十分重要的意义。

首先，天理具有开放性、时代性。天理所涵盖的意蕴有规律、规则、道理、道德、道义等内容，与当代社会十分契合。其一，理成为中国人的是非曲直的标准和准则，也成为执政党阐述其纲领正确性的用语。民众常说的"是这个理""评评理""有理走遍天下，没理寸步难行""摆事实，讲道理"，其中的"理""道理"就是人们心中的是非标准，是符合社会规范的准则。在政治领域，"理"也被赋予了新的时代内涵。2021年在全党开展的学党史活动中，"学史明理"为基本内容之一，这里的"明理"就是明社会发展之理，中国五千年尤其是近代以来的演变发展之理，中国共产党百年实践与理论创新发展之理，中华人民共和国建设、改革、发展之理，马克思主义理论之理等，核心是中国共产党为什么行的道理。宋代以降，"理"逐渐成为中华民族的一个重要概念，其在新时代又被赋予新的内涵，显示了开放性和生命力。其二，懂"理"应成为公民道德建设的核心内容。公民道德建设的核心是使公民成为一个懂"理"之人，一个具有基本道德品质、有基本公德的人。公德的核心是公共的道德，公共道德的核心是人具有公心思想，有公心思想才有公共道德。二程论"理"的核心是"公"，程颢说"理者天下之公，不可私有也"，程颐说"天理至公"。什么是"理"？"理"是对客观事物的判断标准，而要准确运用这个标准，除了认识能力外，关键在于有一颗公心，没有公心，一切从一己私利出发，就不会按理办事，按理行事，所做之事就不会合乎理之标准，就难以公平公正。公民要懂理，就要树立公正无私之心。公民道德建设的核心就是培养公民的公心。2001年，中共中央颁布的《公民道德建设实施纲要》提出了"爱国守法、明礼诚信、团结友善、勤俭自强、敬业奉献"二十个字的公民道德基本规范，首次提出要弘扬中华民族传统美德，并提出社会主义义利观。"明礼诚信"中的"礼"即蕴含着"理"，礼义本身就包括道德规范、行为准则。公民道德建设的基本规范，就是公民应懂得的"理"，而要真正将基本规范的"理"化为公民的实际行动，就要培养公民的义利观，用公心来明理，行理，按理办事。其三，将"理"与社会主义核心价值观相贯通，使社会主义核心价值观成为人们日用而不觉的道德理想。社会主义核心价值观是中国传统价值观的现代转化与扩展。"理"尽管有多重含义，但作为价值观，则是其基本内涵。我们说人不能做伤天害理之事，否则天理不容，这里的理就具有价值标准的指向，具有道德、世界观、价值观的含义。而社会主义核心价值观，具有成为新时代人的基本道德规范，使之为人处世、安身立命的意义，用"理"将社会主义核心价值观予以概括，既赋予古老的"理"时代内涵，实现"理"的创造性转化与创新性发展，又使社会主义核心价值观有了深厚的文化底蕴，与中华优秀传统文化相贯通，易于被人们所接受。事实上，近千年前，二程正是将儒家所推崇的"仁、义、礼、智、信"等基本道德规范用"理"予以涵盖，给中国人确立了基本道德理想与道义自觉，今天，我们将"理"与社会主义核心价值观相贯通，也将熔铸出新时代具有深厚文化内涵的道德理想、道义自觉。而古代的"理"与社会主义核心价值观相融通，将会给社会主义核心价值观注入"善"的道德标准、君子之德、公德、私德的内涵，使社会主义核心价值观扎根在传统文化的沃土上。"古代中国文化一向有善人的道德标准，称之为君子之德，并以此为普遍道德标准。……而忽略善的品德，只注重公民道德，正是现代社会道德危机的根本原因之一。"①

二 公心

孔子的"仁"以爱为核心，孟子的"仁"发展出仁政，二程以公释仁、以生释仁，将"仁"提升到以天地万物为一体的思想高度。二程以公释仁、以生释仁，以万物一体为仁，在当代可以开掘出四个价值面向，实现创新性发展。一是"仁"与社会主义理论的贯通；二是"仁"与社会主义价值理念的贯通；三是"仁"与创造、创新的贯通；四是"仁"与人类命运共同体的贯通。

"仁"与社会主义理论的贯通。不管是孔子的"仁"的爱的特征、孟子的"仁"的仁政政治哲学的发展、韩愈的"仁"的博施济众的表达，还是

---

① 陈来：《儒学美德论》，生活·读书·新知三联书店，2019，第7页。

二程的"仁"的"公"的本质的揭示，都鲜明地显示"仁"是以广大普通民众的生命、生存、利益、权利为根本指向的。在私有制时代，地位低下的普通民众处于弱势，其悲惨命运、悲苦生活、非人待遇，一直引起有同情心、恻隐心、责任心的儒家士大夫的关注和思考，他们由此生发出儒家的民本思想，从追求"一夫得其所"的伊尹之志，"老安少怀"的孔子理想，"《周官》之治道，大要以均为体，以联为用"①，到张载的"民胞物与""凡天下疲癃残疾、茕独鳏寡，皆吾兄弟之颠连而无告者也"，二程的"仁者，以天地万物为一体"，朱熹的"天地万物与吾一体，固所以无不爱"，皆将民众置于至高的地位，发展出与统治者皇权思想相抗衡的关注民众利益的思想，其内在政治取向则具有社会主义因素。

社会主义是将天下为公作为其基本价值取向的，尽管由于人的资质、勤勉程度不同，收入也有差距，但在根本取向上，社会主义是以共同富裕为根本目标的。社会主义的"公"的性质与"仁"的"公"的属性具有内在一致性。因而在社会主义市场经济条件下，儒学"仁"的思想与社会主义理论相融合，可以熔铸出以"仁"为底蕴的社会主义价值理念：如鼓励人正当致富，但不能为富不仁；个人利益不能损害他人利益、集体利益、国家利益。社会主义市场经济条件下的仁政，就是公平地对待各种市场主体，一视同仁；为政者则要具有仁爱之心、大公之心。

"仁"与社会主义核心价值理念的贯通。社会主义核心价值理念的本质是"公"，没有公心，人人从一己私利出发，就不会有爱国、友善、敬业、诚信的价值理想，就不能团结一致建设富强、民主、文明、和谐的现代化国家，也就不能建立自由、平等、公正、法治的社会关系。社会主义的本质追求是共同富裕，党的二十大报告提出中国式现代化是"全体人民共同富裕的现代化"。以"博施济众""万物一体"为特征的"仁"面向的也是全体民众，核心是"己欲立而立人，己欲达而达人"，即人与人是相互联系、相互关爱的整体，自己富裕了也要帮助、带动他人富裕。以公心立人，以他人为先，以集体为重是中华文化的优良传统，是中华民族最先走出以邻为壑、弱肉强食的丛林法则，实现超越自我的标志。儒家有丰富的以天下为己任的思想资源。"这些社会性德行的价值取向，都是要人承担对于他

---

① 熊十力：《原儒》，岳麓书社，2013，第155页。

人、对于社会的责任，如孝是突出对父母的责任，忠是突出尽己为人的责任，信是突出对朋友的责任等。……责任之心是儒家文化养成的人的普遍心理意识。"① 在市场经济条件下，弘扬儒家的这种为他人着想的责任意识，可以消除金钱至上带来的人与人关系的冷漠，激发人内心深处对他人的善良的同情心，形成既鼓励个人创造财富又帮助他人共同发展、共同致富的价值取向。

应当指出，在一段时间西方个人主义思潮影响下，个人利益、私利被认为是神圣不可侵犯的，导致私欲膨胀、无节制的嗜欲蔓延，中华民族的传统美德也在一定程度上受到侵害。重塑以公心为魂的价值观，二程理学有丰富的思想资源。二程以公释仁，是对孔孟仁者爱人思想的升华与超越，在思想史上具有十分重要的意义和价值，尤其是在市场经济条件下，它是重塑人的价值观、集体主义精神、爱国主义精神的基础和前提。以二程为代表的新儒学的公心思想，可以为普通民众的社会公德建设、干部廉政建设提供思想资源。公与私的关系问题不仅涉及公共管理人员，也渗透在普通民众的私人领域。普通民众谋取个人利益、为个人利益而奋斗是正确的，应当鼓励的。但在谋取个人利益时不能侵害他人利益、公共利益、国家利益，这就涉及公心和公德问题。普通民众要做到既敢于争取个人合法利益，又要在他人、集体、国家利益受到侵害时，有公而忘私甚至舍己为公的公心。对富裕起来的企业家，则要做到"富而有责，富而有义，富而有爱"，这既是仁爱思想、公心思想的体现，也是现代公民道德建设的应有之义。各级公务人员，则要公私分明、舍己为公、无私奉献。

"仁"与创造、创新的贯通。"仁"是一团生意，是生生不息的创造。二程从《周易》"天地之大德曰生"中生发出天地之心是生育万物的思想，并将生生不息之天理流行与人道之仁联系起来，启示人的生命也是生生不息的创造。人在物质和精神的创造中实现了自我的存在价值，促进了社会的进步，带来了世界的繁荣。"日新之谓大德"，人之生命能天天进行更新、创造，就是人最高尚的道德。杨立华在《一本与生生》中，将"仁"转化为创造，是对"仁"的深刻含义的洞察与创新。当人人具有创造的动力与激情，我们的社会将是一个生生不已、万象更新的世界。在社会主义市场经济条件下，社

① 陈来：《中华文明的核心价值》，生活·读书·新知三联书店，2015，第72页。

会主义铲除了束缚人的发展的制度，为所有人提供了创造物质财富和精神财富的条件，人的积极性、创造性、创新性被充分调动起来。这是一个生机勃勃的时代，是所有人都可以实现自己价值的时代。科技工作者创造了前人难以想象的人间奇迹；经商者以自己的智慧实现了财富的增长；企业家在市场的搏击中创造利润；就连个体工商户、街头摆摊设点的小商小贩也靠着微小的"生意"进行着生生不息的积累；政治家、社会管理者，则用创新的思维，进行着社会机制的变革，创造着新的社会形态，促进社会的进步。

而如何保持这种创造活力的永不止息，永不泯灭，永远具有不竭之动力？传统儒家和以二程为代表的新儒家提出了从天地之德汲取精神营养的途径。"天地之德就是'唯天之命，于穆不已'所表示的创生不已的本质。用今日的话语就是要正视自己的生命，经常保持生命不被物化，不物化的生命才是真实的生命，因为它表示了'生'的特质。此生命当然是精神的生命，不是自然的生命。"① 亦如程颢所说："'生生之谓易'，生则一时生，皆完此理。人则能推，物则气昏，推不得，不可道他物不与有也。人只为自私，将自家躯壳上头起意，故看得道理小了佗底，放这身来，都在万物中一例看，大小大快活。"② 不被"物化"的生命才是创造、创新的源泉，克服了"自私"才能有高尚的灵魂。这是一个重大而深刻的时代命题，是一个关系着人之生命存续的重大课题。如果说生命像流水一样生生不息，那么其保持生生不息的内在原因则在于"德"之纯粹。纯粹之"德"才能进行生命的创造，而恶之德性结出的则是恶果、毒果。科技工作者的"德"如果是纯粹的，其发明创造将会给人带来福音，如果他的思想是阴暗的，其发明创造将会给人类带来灾难；经商者、企业家的"德"如果是纯粹的，其活动将是光明正大的，是按照商业逻辑、企业运营规律开展的，如果他们品德不纯，居心不良，他们将为了一己之私利，什么肮脏的手段、卑鄙的做法都使得出来，古人所谓"无商不奸"就是生动的写照；为政者的"德"如果是纯正的，他们将会以人民的利益为根本出发点，所做决策将惠及广大人民，如果无德之人居高位，他将播恶于众，以权谋私、贪污受贿无所不用其极。在市场经济条件下，要特别重视仁德的建设，用二程建立

① 牟宗三：《中国哲学的特质》，（台北）学生书局，1984，第34页。
② 程颢、程颐：《二程集》，中华书局，2004，第33~34页。

在"公心"思想基础上的仁德来重塑人的灵魂，为人生命的成长、事业的创造、社会管理的创新提供生生不息的精神力量。

"仁"与人类命运共同体的贯通。程颢"仁者，以天地万物为一体"所展现的宏大视野，蕴含着"仁"与人类命运共同体、与宇宙共同体的关系。在程颢看来，天地万物是包含天、地、人在内的世界所有存在的"物"，这些"物"都是相互依存且应该相互关爱的命运共同体。"若夫至仁，则天地为一身，而天地之间，品物万形为四肢百体。夫人岂有视四肢百体而不爱者哉？圣人，仁之至也，独能体是心而已。"[①]程颢把天地万物比喻为一人，万千事物林林总总就像人的四肢百体，人岂有对自己的身体不爱的？就人类来说，都有恻隐、慈爱之心，不管贫富、高低贵贱，都应该彼此平等相待、互相关心爱护。中国古代从孟子开始提出的人性善，为中华文明赋予了恻隐、慈爱的内涵，与西方的丛林法则，为了个人利益而嗜血、屠杀、殖民、侵略区分开来，这是中华文明的独特优势。

"仁者，以天地万物为一体"的意蕴中所包含的仁者与宇宙为一体的含义，在当前动荡不安的世界局势中，更具有意义。仁者的悲天悯人、悯鸟兽、悯瓦石、悯草木思维与天人合一的世界观，是实现宇宙生生不息、永续循环的根本保证，是拯救地球、拯救宇宙的德性力量。习近平总书记在秘鲁进行国事访问时说："中国人历来'以至诚为道，以至仁为德'。'仁者，以天地万物为一体。'"[②]至仁为德，蕴含的就是中华优秀传统文化中仁者爱人的优良文化基因，而程颢的"仁者，以天地万物为一体"则是中华文化中天下观、世界观、宇宙观的现代表达。习近平总书记的引用，则彰显了"仁者，以天地万物为一体"的时代价值。

三 义利

义利的核心在于节制人非分的嗜欲，明义利之辨。义和利是人类生存和发展必须面对的首要问题，义利之辨在中国儒学思想中处于核心位置，以义制利、先义后利、利不妨义、舍生取义是儒学倡导的理想价值追求，代表了儒学乃至古代社会高扬的道义精神、文明精神，在今天仍有诠释与

---

① 程颢、程颐：《二程集》，中华书局，2004，第74页。
② 《习近平在秘鲁国会的演讲》，《人民日报》2016年11月23日，第2版。

发展的时代价值。

二程的义利观与普通民众的道德原则。虽然孔孟都提出了先义后利、见得思义的观点，但义与利是不是截然分开的？是不可调和的吗？追求义就不能追求利吗？二程给出了明确的答案。程颐说："圣人以义为利，义安处便为利。"① 在他看来，义就是利，一个人做出了对他人、对社会有益的事情，有正义之举，就会给他人、给社会带来好处，而自己也会心安，这就是给自己带来的利益。这句话实际上是说义中蕴含着利，义与利是相辅相成的，并不是截然分开的。程颢也说过同样意思的话："大凡出义则入利，出利则入义。天下之事，惟义利而已。"② 过去人们认为儒家是不讲利的，典型代表是董仲舒的"正其义不谋其利，明其道不计其功"。实际上从儒家经典来看，儒家并不反对合理的利益追求，孔子曾说过，"富而可求也，虽执鞭之士，吾亦为之。如不可求，从吾所好"。这里的"富而可求"，就是说符合义的前提的利是可求的。程颐在解释孔子的"子罕言利"时说："'子罕言利'，非使人去利而就害也，盖人不当以利为心。《易》曰：'利者义之和。'以义而致利斯可矣。罕言仁者，以其道大故也。"③ 孔子很少说到利，并不是让人不去追求利，而是说人不应当将利作为自己一切行为的出发点。《易经》说"利者义之和"，就是说利是在义的前提下出现的，是义的结果，而不是义的前提，用义去获取利是可以的。孔子之所以很少说到利，是因为他有大道在心，考虑问题深远。以义为利，以义致利，是人们为人处世的根本原则，也是经商者应遵循的道义准则。当一个人用道义的标准去从事经营活动时，他不坑不骗，必定获得良好的口碑和信誉，能迎来顾客盈门，必定赢利；相反，采取坑蒙拐骗的手法，发不义之财，可能会赢得一时之利，但终究不能长远。

二程的义利观与干部政德建设、廉政建设。如前所述，二程的义利观的核心是以义为根本价值取向的，是对一己之私的超越与升华，是人精神境界的最高追求。虽然程颐说过"富，人之所欲也，苟于义可求，虽屈己可也"，但当遇到利与义不符合的情况时，则要"宁贫贱以守其志"，这样

① 程颢、程颐：《二程集》，中华书局，2004，第173页。
② 程颢、程颐：《二程集》，中华书局，2004，第124页。
③ 程颢、程颐：《二程集》，中华书局，2004，第383页。

做，非乐于贫贱，而是"义"不可舍弃。这句话的核心，在于"义不可去"，是要人坚守"道义"原则，不能为了"富"而舍弃做人的基本"道义原则"。程颢则提出了"道义"的最高原则是"至公无私，大同无我"，是对一己之私的超越的最高追求，是一种以天地万物为一体的至仁的境界，有了这种境界，"虽眇然一身，在天地之间，而与天地无以异也"，就能与天地合德，与日月同光，与天地同存，万古流芳。历史上那些以人民利益为重，以天下为己任，为了人民利益不惜牺牲个人的人，名存史册、光耀千秋！相反，那些积累了富可敌国的财富的人，由于是不义所得，终究逃不出富不过三代的命运。

在市场经济条件下，处理好利与义的关系，是干部政德、廉政建设的根本。一要明确社会主义国家的干部应是社会主义制度的信仰者，是践行社会主义思想的典范。社会主义制度是以人民利益为核心的制度，作为社会主义制度的执行者，社会主义的国家干部，应是人民利益的代表，除了自己应得的合法利益之外，社会主义的国家干部没有其他特殊的利益，更不能利用职权谋取私利。社会主义思想是以人民利益为根本追求的思想，从长远目标来看，是以共同富裕为根本指向的。干部应是带领人民为实现人民的根本利益而奋斗的先进分子，不能在其中掺杂个人私利。二要明确在市场经济条件下，干部政德、廉政建设的根本任务是处理好义与利的关系，也就是公与私的关系。要在干部中旗帜鲜明地大力弘扬公私分明、大公无私、公而忘私、无私奉献的精神，树立无私、无畏的浩然正气，堂堂正正做人，清清白白做事。三要发挥中华优秀传统文化在干部政德、廉政建设中的固本铸魂的作用。中华优秀传统文化既是我们党理论创新的宝贵文化资源，也是干部政德、廉政建设的宝贵思想资源。就二程理学来说，二程的义利观、节制嗜欲思想、浩然之气相关论述，对于干部树立正确的人生观、义利观，知荣辱、明廉耻是有积极启示意义的。在中华民族的历史上，诸多读圣贤书、受中华优秀传统文化滋养而成长的志士仁人，就是明证。同时这也说明，在革命文化、社会主义先进文化和中华优秀传统文化的滋养下，将我们的干部培养成胸怀天下、为民造福、有浩然正气的典范是完全可能的。

二程的义利观与公民道德建设。2001年9月20日，中共中央印发《公民道德建设实施纲要》（以下简称《纲要》）。《纲要》提出公民道德建设的主要内容是："从我国历史和现实的国情出发，社会主义道德建设要坚持以为人民服务为核心，以集体主义为原则，以爱祖国、爱人民、爱劳动、爱科学、爱社会主义为基本要求，以社会公德、职业道德、家庭美德为着力点。"事实上，在市场经济条件下，要搞好公民的道德建设，根本在于处理好义与利、公与私的关系，树立社会主义的义利观。这是因为思想是灵魂，对道德起统领的作用。思想的坍塌是道德堕落的开始，带来的将是价值观的错位。按照儒学的观点，人既是善良的，又是自私的。从私心出发，人天生具有逐利的倾向。在漫长的人类进化过程中，人们懂得了义与利的区别，懂得了利不妨义，这是人类思想的进步。新中国成立后，在社会主义思想引领下，革命文化曾极大地提高了人们的思想道德水平。社会主义市场经济条件下，思想道德建设面临着新的挑战，义与利的关系成为道德建设不可回避的问题。要使全体公民明确在社会主义市场经济条件下，符合社会主义原则的"利"是可追求的，比如勤劳、守法、诚实致富等，相反，投机取巧、违法犯罪、坑蒙拐骗等损人利己的不义行为则是要反对的。在社会主义市场经济条件下，社会主义的思想观念、价值理想与金钱至上、个人利益至上的思想观念是有根本区别的。虽然社会主义鼓励人人为个人利益而奋斗，但这种奋斗的前提是守法、诚实、勤劳，同时，当个人利益与集体利益、国家利益发生冲突时，个人利益应服从集体利益、国家利益。社会主义既为人人合法劳动、合法致富创造条件，又要以正确的义利观、价值观规范、提升人们的道德水平，使人们从自私自利的个人洞穴走出，融入社会主义共同富裕的大家庭。这是中国式现代化对公民道德建设提出的根本要求，引领着道德建设的方向。

　　二程的义利观在公民道德建设中具有重新诠释与升华的价值。前面已经说过，二程认为义与利是统一的，义是利的前提和基础，决定着利的性质、获取的途径、使用的方向和价值。普通公民为了自己的生存，家庭的幸福，集体、国家的利益而奋斗、获取利益，是正当的、符合"义"的范畴的，是应该鼓励、受到国家法律保护的；在获取利的过程中，应依靠自己的聪明才智、勤劳、诚实的努力，在国家法律规定的范围内从事合法的劳动，而不应违反国家的法律政策，做出有损于他人、集体、国家的"不义"之事，做到如二程所说的"利不妨义"，即追求个人利益不能违反基本道德规范，损害他人、集体、国家利益；在利的使用上，应从社会主义共同富裕的"大义"、全局出发，做到扶弱济困、奉献爱心，彰显大义情怀。应当指出，对先富起来的阶层而言，做到"富而有责，富而有义，富而有爱"，对于树立正确的社会主义的义利观，引领社会风尚，具有重要的作用。这个阶层具有行大义的物质基础，应有行大义的责任感；这个阶层行大义的示范效应，将引领整个社会的文明进程，促进整个社会的和谐稳定。

四 节欲

节欲，即节制嗜欲。欲与义是人生道德修养的根本问题，在市场经济条件下日益凸显。天理人欲之辨是二程理学的重要命题，也是整个儒家学派所关注的核心命题。二程天理人欲之辨的核心有三：一是承认人的正常欲望的合理性；二是要节制人的非分欲望；三是坚守道义底线，节制嗜欲。二程曰："人虽不能无欲，然当有以制之，无以制之，而惟欲之从，则人道废而入于禽兽矣。"① 儒家经典中早就提出"以道制欲"："君子乐得其道，小人乐得其欲。以道制欲则乐而不乱，以欲忘道则惑而不乐。"（《礼记·乐记》）在道德规范制约下追求幸福生活，则得来的幸福是使内心充满快乐的，不会给人带来不安；而放纵欲望追求的幸福则会使人心灵迷失而带来危害。在市场经济条件下，如何对待利与义？如何处理正常追求个人利益与嗜欲的关系？上述论断对我们应有启发意义。首先，在符合国家法律法规、符合道德的前提下，人们可以大胆地去追求个人利益。同时，当个人利益与国家法律法规相冲突，或者违反基本道德、属于不义之财时，就要断然拒绝。现实中一些人坑蒙拐骗、掺杂使假，一些行使公权力者收受贿赂、以权谋私就是不能明辨利与义的结果。关于个人欲望与嗜欲的关系问题，首先要明确个人欲望与嗜欲的界限。个人欲望是无止境的，人们对美好生活的向往也是无止境的。随着社会的进步，人的欲望也在发展，这种随社会进步而发展的欲望是合理的。为了满足嗜欲而铤而走险、谋财害命，则是嗜欲发展的恶果，就属于犯罪了。因此，我们要在坚守道义底线的前提下，追求正当的个人利益；同时要节制非分的欲望，抑制嗜欲。

当代哲学是以人的道德重建为使命的哲学。在社会主义市场经济条件

---

① 参见《诗集传》，载朱熹著，朱杰人、严佐之、刘永翔主编《朱子全书》第一册，上海古籍出版社，2002，第447页。

下，解决理欲之辨、公私之辨是道德哲学的核心命题。天理，是中国人的道义自觉和道德理想，已沉淀在中国人的心灵深处，凝练为中国人的价值观。我们的先民有对"上天"的崇拜与敬畏："上天"就是普通民众心中的道德信仰。古人说"举头三尺有神明"，"人在做，天在看"，就是在告诫人不能做伤天害理之事，否则将受到天谴。节嗜欲，是市场经济条件下道德建设的永恒主题，是人生哲学、道德哲学的核心命题。二程利不妨义的义利观、公私观，节制嗜欲的道德修养观，养浩然之气的思想，是干部政德教育、廉政教育，公民道德教育的宝贵思想资源，具有跨越时空、历久弥新的时代价值。道德哲学的本质是处理义与利、公与私、正常欲望与非分欲望的关系，真诚去私，克己正心，是市场经济条件下道德建设的根本问题。正如陈来所说："要把马克思主义思想体系中的作为价值理想的概念落实在我们自己的生活当中，真诚去私，保持操守，不断培养自己的德性。"①

习近平总书记指出："中国优秀传统文化的丰富哲学思想、人文精神、教化思想、道德理念等，可以为人们认识和改造世界提供有益启迪，可以为治国理政提供有益启示，也可以为道德建设提供有益启发。"② 为二程"存天理、节嗜欲"这一影响中国社会近千年的核心思想赋予新的时代内涵，进行新的诠释和升华，使之成为中国哲学新的话语，将使中国哲学更贴近日常生活，在人的价值观重建中发挥积极作用。

五 诚敬

"诚敬"思想作为中华优秀传统文化的核心内容之一，正是由于二程的推崇与阐发，才日益成为人们修身、处事、为学所遵循的圭臬与准则。这是二程对中华优秀传统文化传承与创新做出的重要贡献。我们今天所使用的诚实、诚信、诚心、诚意、真诚、恭敬、敬畏、敬业等就是二程"诚敬"语录的流变与发展。"诚敬"思想是二程理学思想的重要内容，是二程贡献给中华民族最具当代价值的思想，是社会主义核心价值观的文化渊源之一，也是当前进行思想道德建设、建设诚信社会的宝贵思想资源。

二程"诚敬"思想对于加强思想道德建设和诚信社会建设的意义如下。

---

① 陈来：《儒学美德论》，生活·读书·新知三联书店，2019，第13页。
② 《习近平著作选读》第一卷，人民出版社，2023，第278页。

一是以诚养心，使人心正，心正则诚。程颐说："心之躁者，不热而烦，不寒而栗，无所恶而怒，无所悦而喜，无所取而起。君子莫大于正其气，欲正其气，莫若正其志。其志既正，则虽热不烦，虽寒不栗，无所怒，无所喜，无所取，去就犹是，死生犹是，夫是之谓不动心。"① 意思是对于君子，莫大于使其气正，而要想正其气，不如正其志。其志正了，则虽热也不会感到烦躁，虽寒也不会发生战栗，没有感到可怒的事、可高兴的事、可刻意获取的事，遇到个人利益的得与失也是这样，遇到死与生也是这样，达到这样的境界，就是所谓不动心。在市场经济条件下，人们面临的最大诱惑是利益，能够面对金钱、财富的诱惑而不动心，保持高洁之志，就是对人最大的考验。而要做到不动心，就要心诚，心诚就要做到无私，程颐说："至诚无私，可以蹈险难者，乾之行也。无私，天德也。"②

二是以诚立心。以诚立心，即要以诚心来建立人的精神信仰。精神信仰是人生命的灵魂，是人全部行为的主宰。没有信仰的人是没有思想的芦苇，是行尸走肉。在当前，实现中国式现代化是全体人民的共同目标，社会主义核心价值观就是全体人民的共同信仰。全体人民要将社会主义核心价值观内化于心、外化于行，诚心诚意、知行合一地认真践行。经商者要诚实守信；企业家要守法经营；公务员要公正廉洁；教师要为人师表；各行各业都要恪守职业道德。

三是以诚立德。解决精神信仰危机的关键在于以诚立德，而以诚立德，关键在于去除一己之私。精神信仰的危机，源于西方个人主义、利己思想对社会主义信仰的解构与消解。"君子之德风，小人之德草，草上之风必偃。"当社会的精英道德沦丧，引起的必定是整个社会信仰的瓦解。而信仰瓦解的根源在于利己主义思想的侵蚀。要重建人的精神信仰大厦，就要先从社会精英、人民公仆真诚去私、树立社会主义公心思想做起，真诚坚定社会主义理想信念，将诚心诚意化为实际行动，率先垂范起到带头作用。当人们看到身边的领导干部、公务员具有圣贤之德、君子之风，在真诚地为百姓谋利益的时候，就会被感化，进而成风化俗。

四是以敬制欲。"敬"是发自内心的敬畏，是思无邪的外在表现。"敬

---

① 程颢、程颐：《二程集》，中华书局，2004，第 321 页。
② 程颢、程颐：《二程集》，中华书局，2004，第 764 页。

以直内"，就是"敬"可以使内心正直，而内心正直则是"敬"所以能制欲的根本。程颢早在十岁时就写出了"中心如自固，外物岂能迁？"的诗句，表达了心志高洁是抵御外物诱惑的根基。程颢说"主一之谓敬"，"敬"之所以能制欲，就在于"敬"有"主一"之志，"主一"之志，即心有所主，即心有崇高的追求，有远大的目标，不为眼前的蝇头小利所惑。领导者要"敬"，既要敬畏党纪国法，又要有内心崇高的追求，远大的理想，以为天下百姓谋利益之志，建不世之功业，扬名于后世。普通民众要"敬"，既要敬畏法律，以不违法为基本底线，又要有为家庭、为后世立德，光宗耀祖之志。企业家要"敬"，既要敬畏法律法规，又要有为国家、为天下百姓造福之志。这样，以"敬"制欲，才能时刻保持敬畏之心，不被欲望所驱使，进而使人的欲望化为有崇高目标的行为。

五是要以诚修身、治事、临民。程颐说："诚无不动者，修身则身正，治事则事理，临人则人化。"① "诚"有感动、感化、教化的作用，用"诚"来修身，可以使人身正，这是因为"诚"无私无欲、无虚妄、无非分之邪念，人做到了"诚"，就会心正、身修；用"诚"来治事，既能从事纷繁复杂的工作，也能把事情处理得井井有条，使事情得到治理。这是因为有诚心，就会专心致志、心无旁骛、不厌其烦把事情处理好；用"诚"来临人，即管理人，就会使人受到感化，人们也就会自觉地受到影响，服从、拥护管理。这是因为管理者有诚心，无私无欲，一心为民，事事率先垂范，自然使民众受到感化，得到民众的拥护。修身以诚，治事以诚，临人以诚，三者是因果关系。人有无私无欲之心，专一用心做事，自然使民众受到感化，得到民众的拥护。这既是为政之道，也是为人之道，人做到了以诚修身，以诚理事，也能使接近的人受到感化。程颢说："诚者天之道，敬者人事之本。敬则诚。" "敬"为人事之本，是说"敬"是为人处世的根本。"敬"是笃敬、恭敬的态度，包含着心主一事，无邪念、无欺诈，有敬畏之义。程颐说："主一无适，敬以直内，便有浩然之气。浩然须要实识得他刚大直，不习无不利。"② 程颢说："'思无邪'，'无不敬'，只此二句，循而

① 程颢、程颐：《二程集》，中华书局，2004，第 1170 页。
② 程颢、程颐：《二程集》，中华书局，2004，第 143 页。

行之，安得有差？有差者，皆由不敬不正也。"①"敬胜百邪。"以"敬"处事，就是面对需要处理的事情，不敢有一丝马虎、一丝懈怠；不能杂以私心，假公济私，要有人在干、天在看、周围有人监督的警醒，有不欺心、不愧心、不愧天的良心、良知；面对不义之财，面对送上门的贿赂，面对可谋私的机会，做到心存敬畏，敬守本心，保持心志高洁。

"诚敬"是二程贡献给中华民族最具当代价值的思想。孔孟提出了仁义思想，而要将仁义落实，就要有"诚敬"之心，没有"诚敬"之心，就不能施仁行义，也不能行礼用智。正如前述所论，在诸多思想家中，对"诚敬"有深刻而周延的论说的，尚不多见。正如朱熹所说："自秦汉以来，诸儒皆不识这'敬'字，直至程子方说得亲切。"② 面对当前信仰缺失、道德滑坡、诚信失范的现象，二程的"诚敬"思想极具时代价值。

中华民族现代文明是中国式现代化的文化形态，包含着内化于心、外化于行，日用而不觉的道德实践。产生于宋代的二程理学，其"明理、公心、节欲、义利、诚敬"理念对中国社会影响深远。在新的历史时期，对这些概念进行阐释和升华，可以为中华民族现代文明建设提供有益借鉴。

---

① 程颢、程颐：《二程集》，中华书局，2004，第 20 页。
② 《朱子语类》卷十二，中华书局，1986，第 207 页。

参考文献

1. 程颢、程颐：《二程集》，中华书局，2004。

2. 《朱子文集》，中华书局，1985。

3. 牟宗三：《中国哲学的特质》，（台北）学生书局，1984。

4. 牟宗三：《心体与性体》，吉林出版集团有限责任公司，2013。

5. 冯友兰：《三松堂全集》，河南人民出版社，2000。

6. 张岱年：《中国哲学大纲》，中国社会科学出版社，1982。

7. 钱穆：《宋明理学概述》，九州出版社，2022。

8. 熊十力：《原儒》，岳麓书社，2013。

9. 蒙培元：《理学的范畴系统》，人民出版社，1989。

10. 李中华：《中国文化通义》，世界图书出版公司。2020。

11. 陈来：《宋明理学》，辽宁教育出版社，1991。

12. 陈来：《宋代理学话语的形成》，安徽教育出版社，2007。

13. 陈来：《仁学本体论》，生活·读书·新知三联书店，2019。

14. 陈来：《中华文明的核心价值》，生活·读书·新知三联书店，2015。

15. 田文军：《冯友兰新理学研究》，武汉出版社，1990。

16. 崔大华：《儒学引论》，人民出版社，2001。

17. 《儒家文明论坛》，山东大学出版社，2021。

18. 吴震：《朱子与阳明学》，北京大学出版社，2022。

19. 李敬峰：《二程后学研究》，中国社会科学出版社，2020。

图书在版编目（CIP）数据

二程理学思想及其当代价值研究／刘振江等著. --
北京：社会科学文献出版社，2024.7（2015.1 重印）
　ISBN 978-7-5228-3632-4

Ⅰ.①二… Ⅱ.①刘… Ⅲ.①程颢（1032-1085）-
哲学思想-研究②程颐（1033-1107）-哲学思想-研究
Ⅳ.①B244.65

中国国家版本馆 CIP 数据核字（2024）第 092176 号

二程理学思想及其当代价值研究

著　　者／刘振江　吴建设　张　丽　任金帅

出 版 人／冀祥德
责任编辑／王小艳
文稿编辑／张静阳
责任印制／王京美

出　　版／社会科学文献出版社·马克思主义分社（010）59367126
　　　　　地址：北京市北三环中路甲 29 号院华龙大厦　邮编：100029
　　　　　网址：www.ssap.com.cn
发　　行／社会科学文献出版社（010）59367028
印　　装／唐山玺诚印务有限公司

规　　格／开　本：787mm×1092mm　1/16
　　　　　印　张：13.75　字　数：225 千字
版　　次／2024 年 7 月第 1 版　2025 年 1 月第 2 次印刷
书　　号／ISBN 978-7-5228-3632-4
定　　价／89.00 元

读者服务电话：4008918866